König / Volmer (Hrsg.)
Praxis der Systemischen Organisationsberatung

System und Organisation
Band 3

Herausgegeben von Eckard König

# Praxis der Systemischen Organisationsberatung

Herausgegeben von
Eckard König und Gerda Volmer

Mit Beiträgen von
Gisela Bolbrügge, Markus Brust, Axel Hillbrink,
Jutta Honikel, Christoph Jahnke, Eckard König,
Helmut Kutschbach, Jochen Lindig, Peter Nieborg,
Ulrich Plattmann, Franziskus Sauer,
Ludwig Stehberger, Gerda Volmer,
Siegfried Ziegler und Manfred Zink

3. Auflage

Beltz Verlag · Weinheim und Basel

Über die Herausgeberin und den Herausgeber:

Dr. *Eckard König,* Jg. 44, hat einen Lehrstuhl mit dem Arbeitsschwerpunkt Weiterbildung/Organisationsberatung an der Universität Paderborn.

*Dr. Gerda Volmer, Jg. 56,* ist nach mehrjähriger Forschungs- und Projekttätigkeit Leiterin des Wissenschaftlichen Instituts für Beratung und Kommunikation in Paderborn.

1. Auflage 1997
2. Auflage 1999
3. Auflage 2003

Die 1. und 2. Auflage ist im Deutschen Studien Verlag, Weinheim, erschienen.



Druck nach Typoskript



Programm: Deutscher Studien Verlag
www.beltz.de
Herstellung der Druckvorlage: Gabi Plöger, Borchen
Druck: DruckPartner Rübelmann, Hemsbach
Printed in Germany

ISBN 3-407-32039-6

# Inhaltsverzeichnis

Vorwort ... 7

**1. Systemisches Projektmanagement** ... 9

*Eckard König/Gerda Volmer:*
Was ist Systemisches Projektmanagement? ... 11

*Ludwig Stehberger:*
Projektauftrag, Projektplanung und Projektorganisation aus systemischer Sicht ... 26

*Jutta Honikel:*
Systemdiagnose im Projektverlauf ... 36

*Gisela Bolbrügge:*
Führungsprobleme in einem Projekt aus systemischer Sicht ... 44

**2. Systemische Organisationsberatung bei der Veränderung von Führungsstrukturen** ... 53

*Christoph Janke:*
System im Netz der Traditionen. Änderung des Führungsverhaltens auf einem Steinkohlenbergwerk ... 55

*Ulrich Plattmann:*
Abschied von der Anweisung: Systemische Beratung als Mittel der Personalführung ... 62

**3. Systemische Organisationsberatung in neuen Organisationsformen** ... 73

*Siegfried Ziegler:*
Was leisten systemische Konzepte für die Weiterentwicklung von Gruppenarbeit? ... 75

*Peter Nieborg:*
Systemische Organisationsberatung bei der Einführung von Lean Production 89

*Manfred Zink:*
Multiplikatoren in einer Lernenden Organisation ........................ 102

**4. Systemische Bildungsbedarfsanalyse** ............................ 113

*Eckard König/Axel Hillbrink:*
Schritte der Systemischen Bildungsbedarfsanalyse ...................... 115

*Helmut Kutschbach/Markus Brust:*
Der systemische Weg zum Bildungsauftrag:
Vom Erstgespräch zur Bildungsbedarfsanalyse ........................... 131

**5. Systemische Organisationsberatung in unterschiedlichen Feldern** .... 139

*Jochen Lindig:*
Systemische Organisationsberatung im Landesverband Rheinland-Düsseldorf
des Deutschen Jugendherbergswerks e.V. ............................... 141

*Franziskus Sauer:*
Systemische Organisationsentwicklung an der Hochschule für Technik und
Wirtschaft des Saarlandes im Bereich Forschung und Entwicklung (F&E) ... 153

Literaturverzeichnis .................................................. 165

Zu den Autorinnen und Autoren ......................................... 169

# Vorwort

Systemische Organisationsberatung ist ein Konzept, das Organisationen und einzelne Personen innerhalb der Organisation bei Veränderungsprozessen unterstützt. Dabei ist das Augenmerk nicht nur auf einzelne Faktoren (z.B. einzelne Abläufe), sondern auf das gesamte soziale System (die hier tätigen Menschen, ihre Gedanken und Einstellungen, die Regeln und Verhaltensmuster in dem sozialen System usw.) gerichtet. D.h. es wird gefragt:

- Welche Faktoren im sozialen System behindern oder gefährden eine positive Entwicklung?
- Welche Faktoren können eine solche Entwicklung unterstützen?
- Was können die Menschen in dem jeweiligen sozialen System tun, um die Entwicklung in einer sinnvollen Weise voranzutreiben?

In den letzten Jahren sind eine Reihe neuer Ansätze und Instrumente Systemischer Organisationsberatung entwickelt worden. Dieses Buch stellt diese Konzepte und ihre Anwendung in der Praxis dar:

- Kap. 1 behandelt das Konzept Systemischen Projektmanagements. Ausgangspunkt dafür ist die Erfahrung, daß Ursache für das Scheitern von Projekten häufig nicht inhaltliche Probleme sind, sondern der „menschliche Faktor“: Verschiedene Projektmitglieder konkurrieren miteinander, das Projekt wird von Linienvorgesetzten sabotiert, es fehlt die Akzeptanz im Unternehmen, es gibt „geheime Regeln“, die den Projekterfolg verhindern usw. Systemisches Projektmanagement berücksichtigt neben der inhaltlichen die „systemische Seite“ des Projektes, d.h. behandelt die Einbindung des Projektes in das gesamte soziale System, die Regeln der Organisation, die ein Projekt unterstützen oder behindern usw. Der Beitrag von *König/Volmer* bietet in diesem Zusammenhang eine grundsätzliche Einführung in das Vorgehen Systemischen Projektmanagements, die Beiträge von *Stehberger*, *Honikel* und *Bolbrügge* verdeutlichen die Umsetzung anhand konkreter Beispiele.
- Kap. 2 zeigt das Vorgehen Systemischer Organisationsberatung bei der Veränderung von Führungsstrukturen in Organisationen anhand von zwei konkreten Praxisfällen (*Janke, Plattmann*).
- Ausgangspunkt für Kap. 3 sind die auf der Systemebene begründeten Schwierigkeiten bei der Einführung neuer Organisationsstrukturen wie Gruppenarbeit, KVP, Reengineering usw. Dargestellt werden systemische Ansätze bei der Einführung

von Gruppenarbeit (*Ziegler*), systemische Veränderungsprozesse im Rahmen von KVP (*Nieborg*) und die Einführung von Multiplikatoren im Rahmen einer lernenden Organisation (*Zink*).

- Veränderungsprozesse in Organisationen gehen stets mit neuen Anforderungen an Mitarbeiterinnen und Mitarbeiter einher. Damit stellt sich die Aufgabe, den jeweiligen Bildungsbedarf zu erheben. Doch Bildungsbedarf läßt sich nicht „von außen" erfassen, sondern wird grundsätzlich aus der Sicht des jeweiligen sozialen Systems definiert. In diesem Zusammenhang werden in Kap. 4 Fragen der Systemischen Bildungsbedarfsanalyse diskutiert. Der Beitrag von *König/Hillbrink* zeigt die Schritte einer solchen systemischen Bildungsbedarfsanalyse auf, daran schließt sich ein Praxisbericht über das konkrete Vorgehen bei der Erhebung des Bildungsbedarfs in der Anfangsphase eines OE-Prozesses (*Kutschbach/Brust*) an.
- Das abschließende Kap. 5 stellt Systemische Organisationsberatung in zwei weiteren Bereichen vor: im Non-Profit-Bereich am Beispiel eines Landesverbandes des Deutschen Jugendherbergswerkes (*Lindig*) sowie am Beispiel einer Fachhochschule (*Sauer*).

Gemeinsam ist allen Beiträgen dieses Bandes, daß sie die Anwendung Systemischer Organisationsberatung auf dem Hintergrund konkreter praktischer Erfahrungen aufzeigen. Die in diesem Band enthaltenen Informationen bieten den Leserinnen und Lesern das Handwerkszeug, das sie benötigen, um entsprechende Verfahren in der Praxis selbst anwenden zu können.

Paderborn, im Dezember 1996 — Eckard König/Gerda Volmer

# 1. Systemisches Projektmanagement

**Eckard König/Gerda Volmer**

# Was ist Systemisches Projektmanagement?

## 1. Einleitung

Seitdem in den 70er Jahren zunächst die Automobilindustrie verstärkt dazu überging, größere Entwicklungen in Form von Projekten zu planen und durchzuführen, gehört Projektmanagement zu den klassischen Planungsverfahren: Größere Vorhaben wie z.B. die Entwicklung einer neuen Baureihe, die Einführung einer neuen Technologie, die Umstellung der EDV oder auch die Neuorganisation eines Unternehmens sind so komplex, daß sie sich überhaupt nur als Projekte erfolgreich bewältigen lassen.

Projektmanagement ist durch eine Fülle konkreter Verfahren gekennzeichnet: Da gibt es bestimmte Regeln zur Formulierung des Projektauftrags oder für die Projektorganisation (z.B. mit der Unterscheidung zwischen reiner Projektorganisation und Matrixorganisation); es gibt eine Fülle von Planungsverfahren für Struktur-, Ablauf-, Termin- oder Kostenplanung, es gibt Verfahren zur EDV-Unterstützung von Projekten usw. (vgl. z.B. Burghardt 1993; Schelle u.a. 1994; Wirtz/Mehrmann 1992).

Trotzdem scheitern zahlreiche Projekte und bringen nicht den gewünschten Erfolg. Sie scheitern, diese Erfahrung hat wohl jeder gemacht, der in Projekten arbeitet, häufig auch dann, wenn die entsprechenden Verfahren korrekt angewandt wurden, wenn also z.B. die einzelnen Arbeitspakete (die Tätigkeiten, die innerhalb des Projektes durchzuführen sind) korrekt festgelegt wurden, wenn Nutzwertanalysen und Netzpläne detailliert erstellt wurden usw. Woran liegt es nun, wenn Projekte trotzdem scheitern?

Es liegt daran, daß bei Projektmanagement in der Regel das Schwergewicht auf die technische oder inhaltliche Seite gelegt wird, aber die „menschliche Seite" häufig zu wenig in den Blick kommt: Es wird übersehen, daß ein Projekt z.B. daran scheitern kann, daß zwei Projektmitglieder aus verschiedenen Bereichen sich nicht verstehen oder daß ein Vorgesetzter (möglicherweise sogar einer, der von dem Projekt überhaupt nicht unmittelbar betroffen ist) das Projekt unterläuft. Es wird übersehen, daß ein Projekt nicht in einem luftleeren Raum stattfindet, sondern in einem sozialen System, wo die Sympathie und Antipathie der Menschen in diesem System und die Abläufe, die sich zwischen den Menschen heranbilden, letztlich über den Erfolg des Projektes mit entscheiden.

Eben das ist der Ansatzpunkt für Systemisches Projektmanagement: Systemisches Projektmanagement thematisiert neben der inhaltlichen Seite eines Projektes die systemische Seite, d.h. die Prozesse, die in dem sozialen System, in die das Projekt eingebunden ist, ablaufen. Das bedeutet, daß im Rahmen Systemischen Projektmanagements neben den klassischen Verfahren des Projektmanagements zusätzliche Verfahren zur Diagnose des sozialen Systems und zur Steuerung des Projektes im sozialen System erforderlich sind.

## 2. Diagnose des sozialen Systems

Wenn der Erfolg eines Projektes von den Prozessen in sozialen Systemen abhängt, dann stellt sich als erstes die Frage, welches die relevanten Faktoren der sozialen Systeme sind, die ein Projekt beeinflussen. D.h. aber, es ist eine Diagnose des sozialen Systems zu leisten.

Ausgehend von den verschiedenen Ebenen sozialer Systeme (König/Volmer 1999, 35ff.) stellen sich hierbei folgende Fragen:

- Welche Personen des sozialen Systems sind für das Projekt relevant?
- Was sind die subjektiven Deutungen der betreffenden Personen in Bezug auf das Projekt? D.h. was sind die Gedanken, die sich diese Personen über das Projekt machen und die ihr Verhalten gegenüber dem Projekt bestimmen?
- Welche Regeln des sozialen Systems beeinflussen den Erfolg des Projektes?
- Welche Interaktionsstrukturen, d.h. welche regelmäßig wiederkehrenden Verhaltensmuster im sozialen System beeinflussen den Erfolg?
- Wie ist der Entwicklungsstand des sozialen Systems hinsichtlich des Projektes?

Im folgenden werden diese Fragen im einzelnen diskutiert.

### 2.1 Festlegung des Primärsystems für das Projekt

Grundsätzlich können alle Personen des gesamten sozialen Systems, in das das Projekt eingebunden ist (also das gesamte Unternehmen, der Bereich usw.), in irgendeiner Weise Einfluß auf das Projekt ausüben. Trotzdem ist es sinnvoll, hier zu unterscheiden zwischen Personen, die in stärkerem und relevantem Maße Einfluß auf das Projekt ausüben (dem sog. „Primärsystem des Projektes"), und dem Gesamtsystem (des Bereiches oder Unternehmens), in das das Projekt eingebunden ist.

Das Primärsystem eines Projektes ist damit nicht das Projektteam, auch nicht das System aus Projektleiter und Auftraggeber oder der Bereich, innerhalb dessen das Projekt durchgeführt wird. Sondern das Primärsysten eines Projektes ist gleichsam eine theoretische Konstruktion, die alle Personen umfaßt, die den Projekterfolg maßgeblich beeinflussen und damit das Projekt relevant behindern oder unterstützen können – gleichgültig, ob diese Personen im Einzelfall etwas miteinander zu tun haben oder nicht, ob sie dem Projektteam angehören oder vom Projekt betroffene Vorgesetzte oder mögliche andere Personen des Unternehmens sind. Das Primärsystem des Projektes ist damit weniger von der Organisationsstruktur des Unternehmens oder der Abteilung abhängig als von den tatsächlichen Machtverhältnissen.

Doch wer sind nun die Personen des Primärsystems, d.h. diejenigen Personen, von denen der Erfolg des Projektes abhängt? Das werden in der Regel sein

- der Projektleiter bzw. die Projektleiterin
- der Auftraggeber
- die Mitglieder des Projektteams.

Darüber hinaus sind je nach der Situation andere Personen zu diesem Primärsystem zu zählen, z.B.:

- Linienvorgesetzte, die ein Projekt dadurch beeinflussen können, daß sie die Projektmitglieder, die auch ihre Mitarbeiter sind, an der Abarbeitung ihrer Arbeitspakete aus dem Projekt hindern oder unterstützen.
- Möglicherweise auch einflußreiche Personen im Hintergrund, die vielleicht gar nicht unmittelbar von dem Projekt betroffen sind: ein Bereichsleiter, der das Projekt vielleicht lieber in seinem Bereich angesiedelt hätte und es jetzt sabotiert.

An dieser Auflistung wird zweierlei deutlich:

(1) Es gibt keine scharfen Kriterien, aufgrund derer das Primärsystem zu definieren wäre. Sondern es ist jeweils im Einzelfall zu klären, wer in Bezug auf das gegebene Projekt den Projekterfolg maßgeblich beeinflussen kann. Sicher werden Projektleiter und Auftraggeber in der Regel dazu gehören. Darüber hinaus können aber in bestimmten Situationen z.B. auch die Sekretärin des Projektleiters oder der Assistent des Auftraggebers oder ein Linienvorgesetzter für das Projekt relevant sein und sind dann dem Primärsystem zuzuordnen.

(2) In vielen Fällen ist es zweckmäßig, dem Primärsystem nicht ganze Subsysteme, sondern nur „typische“ Personen daraus zuzuordnen: D.h. man ordnet nicht alle Linienvorgesetzten dem Primärsystem zu, sondern beschränkt sich auf zwei Linienvorgesetzte – z.B. einen engagierten Linienvorgesetzten und einen, der dem Projekt besonders skeptisch gegenübersteht. Oder man wird nicht das gesamte Projektteam berücksichtigen, sondern aus dem Projektteam nur einzelne Personen dem Primärsystem zuordnen, die innerhalb des Gesamtsystems eine besondere Rolle spielen.

Wir haben in der Begleitung von unterschiedlichen Projekten immer wieder die Erfahrung gemacht, daß es z.B. für den Projektleiter außerordentlich wichtig ist, das Primärsystem zu kennen: Nur so kann er abschätzen, von wo Einwände zu erwarten sind, nur so kann er entsprechend agieren und vorbeugen. Doch wie kann etwa eine Projektleiterin herausfinden, wer dem Primärsystem für das Projekt zuzuordnen ist? Grundsätzlich sind dabei zwei Situationen zu unterscheiden:

Wenn die Projektleiterin selbst dem sozialen System (z.B. dem Unternehmensbereich) angehört, verfügt sie in der Regel bereits zuvor über umfangreiches Wissen: Sie weiß, welche Personen das Projekt maßgeblich beeinflussen können. Vielleicht hat sie selbst schon positive Erfahrungen mit einer Abteilungsleiterin gemacht, die Projekten gegenüber aufgeschlossen ist. Oder sie hat einen guten Draht zum Auftraggeber. Oder sie weiß, wer im Hintergrund bei ähnlichen Projekten die Fäden gezogen hat und sie zu Fall brachte.

Allerdings ist dieses Wissen über das Primärsystem in vielen Fällen ein „latentes

Wissen“, das nicht unmittelbar zur Verfügung steht. D.h. Aufgabe der Projektleiterin ist es hier, sich selbst über das Primärsystem klarzuwerden. Dies kann dadurch geschehen, daß sie sich selbst fragt, wer das Projekt maßgeblich beeinflussen kann und sich die betreffenden Namen aufschreibt. Das kann in einem Rahmen einer Systemdiagnose mit Karten geschehen (vgl. König/Volmer 1999, 113ff.; Honikel in diesem Band). Oder im Rahmen eines Coachingprozesses kann die Projektleiterin darin unterstützt werden, sich selbst über das Primärsystem Klarheit zu verschaffen.

Wenn Projektleiter oder Projektleiterin nicht von vornherein über die entsprechende Systemkenntnis verfügen (etwa dann, wenn es sich um einen externen Projektleiter handelt), ist die Identifizierung des Primärsystems weitaus schwerer zu leisten. Grundsätzlich bieten sich dabei folgende Möglichkeiten:

(1) Erfassung des Primärsystems auf der Basis teilnehmender Beobachtung
Aus teilnehmender Beobachtung (z.B. Flick 1995, 157ff.; Lamnek 1993, 259ff.) ergeben sich Hinweise, wer hinderliche und förderliche Personen des Primärsystems sind. So läßt sich etwa im Rahmen einer Projektpräsentation häufig schnell herausfinden, von welcher Seite Einwände und von welcher Seite Unterstützung vorgebracht werden. Der Nachteil dieses Verfahrens liegt darin, daß teilnehmende Beobachtung manchmal nur relativ spät möglich ist: Für eine externe Projektleiterin wäre es hilfreich, mögliche Einwände schon zuvor zu erkennen und nicht erst bei der Vorstellung des Projektes zu erleben.

(2) Erfassung des Primärsystems auf der Basis qualitativer Interviews
Dabei kann man die Frage, wer das Projekt maßgeblich unterstützen oder behindern kann, direkt als Leitfrage für das Interview übernehmen (vgl. Flick 1995, 94ff.; König/Volmer 1999, 145ff.; Lamnek 1993, 68ff.). Die Schwierigkeit für einen externen Projektleiter bei diesem Vorgehen liegt darin, daß das jeweilige soziale System die relevanten Informationen in der Regel Außenstehenden nicht sofort zur Verfügung stellt: Eine Abteilungsleiterin wird in der Regel einem Außenstehenden nicht erzählen, daß die entscheidende Figur im Hintergrund der Bereichsleiter eines anderen Bereiches ist, der enge Verbindung zu dem Geschäftsführer hat. Sondern sie wird diese Information erst dann weitergeben, wenn sie von der Integrität des externen Projektleiters überzeugt ist. Das bedeutet, daß gerade für einen externen Projektleiter oder Berater, der eine Systemdiagnose durchführen will, entscheidend ist, schrittweise Akzeptanz aufzubauen und interne Gesprächspartner zu gewinnen, die ihm zuverlässige Information über das soziale System geben können.

## 2.2 Erfassung subjektiver Deutungen

Subjektive Deutungen der Personen des Primärsystems sind die Gedanken, die sich diese Personen zu dem Projekt machen und die ihr Verhalten dem Projekt gegenüber bestimmen. Wenn z.B. ein benachbarter Bereichsleiter das Projekt als Bedrohung sieht (so seine subjektive Deutung der Situation), dann wird er versuchen, es abzuwehren. Wenn er andererseits im Projekt eine Möglichkeit sieht, seine eigene Position

zu festigen, wird er es unterstützen. D.h. für den Projektleiter oder den Projektberater ist es zunächst einmal notwendig, die subjektiven Deutungen der Personen des Primärsystems zu erfassen.
Folgende Leitfragen haben sich hierzu bewährt:

- Was sind die Ziele der betreffenden Personen? Was wollen sie erreichen oder vermeiden?
- Wie bewerten die Personen das Projekt? Haben sie mit diesem Projekt (dem Projektleiter) oder ähnlichen Projekten in der Vergangenheit gute oder schlechte Erfahrungen gemacht?
- Was gewinnen bzw. verlieren die einzelnen Personen bei Erfolg des Projektes?

Gerade die letzte Frage nach Gewinn bzw. Verlust ist in vielen Fällen die entscheidende: Es gibt stets bei neuen Maßnahmen (z.B. einem neuen Projekt) Personen, die dadurch gewinnen, und solche, die dadurch verlieren. Gewinnen wird derjenige, der einen möglichen Erfolg des Projektes für sich persönlich als Erfolg buchen und zur Festigung seiner Position oder seiner Karriere nutzen kann. Verlierer kann jemand sein, der durch das Projekt eigene Vorhaben nicht verwirklichen kann oder in den Hintergrund gedrängt wird – und deshalb möglicherweise nun daran arbeitet, das Projekt scheitern zu lassen. Gewinn und Verlust, das zeigt sich damit, sind in vielen Fällen weniger sachlich begründet als auf die eigene Person bezogen: Entscheidend für die Einstellung dem Projekt gegenüber ist oft nicht der sachliche Erfolg, sondern der Erfolg im Blick auf die eigene Karriere und das Ansehen, das der Betreffende dadurch im Unternehmen gewinnt oder verliert.

### 2.3 Soziale Regeln

Bei den von uns in den letzten Jahren durchgeführten Analysen von Projektverläufen sind wir auf eine Reihe von Projekten gestoßen, die aufgrund geltender Regeln in den betreffenden sozialen Systemen gescheitert sind. So kann z.B. die These „wir gehen harmonisch miteinander um“ verdeckt die Regel implizieren, daß Konflikte nicht ausgetragen werden dürfen. Eine solche Regel führt dann zwangsläufig dazu, daß Konflikte zwischen Projekt und Linie oder auch zwischen verschiedenen Projektmitgliedern verdeckt werden: Der andere wird nicht kritisiert, wenn er bestimmte Termine nicht eingehalten hat (denn es gilt die Regel, harmonisch miteinander umzugehen) – was aber letztlich zum Mißerfolg des Projektes führt.

Die für das Projekt relevanten Regeln sind teilweise schwer zu erfassen (vgl. auch König/Volmer 1999, 180ff.). Möglichkeiten sind auch hier wieder teilnehmende Beobachtung und qualitative Interviews:

- Man kann mit Hilfe teilnehmender Beobachtung immer wiederkehrende Abläufe oder Sanktionen, die bestimmte Regeln stützen, erfassen. Z.B. kann man beobachten, daß im Projektteam Termine nicht eingehalten werden und darauf keine negativen Sanktionen folgen usw.

- Man kann versuchen, die in dem betreffenden System geltenden Regeln mit Hilfe von Interviews zu erfassen. Die Schwierigkeit ist dabei die Formulierung von Leitfragen, die tatsächlich geltende Regeln aufdecken. Möglichkeiten wären etwa:
  „Was sollte der Projektleiter tun, damit das Projekt ein Erfolg wird?"
  „Was muß der Projektleiter tun, um das Projekt in diesem Unternehmen zum Scheitern zu bringen?"
  „Was darf im System nicht angesprochen werden?"

## 2.4 Projektrelevante Interaktionsstrukturen

Interaktionsstrukturen sind Verhaltensweisen, die immer wieder auftreten und meistens aus bestimmten subjektiven Deutungen oder bestimmten Regeln aus der früheren Erfahrung resultieren (vgl. König/Volmer 1999, 201ff.). Interaktionsstrukturen können für das System funktional oder dysfunktional sein. Mögliche für Projekte dysfunktionale Interaktionsstrukturen können etwa sein:

- Es wird alles bis zum letzten diskutiert, ohne daß man zu einem Ergebnis gelangt.
- Jeder schottet seinen Bereich soweit als möglich ab.
- Vereinbarungen werden getroffen, aber nicht gehalten.
- Neue Aktionen werden mit großem Enthusiasmus begrüßt, aber versanden im Laufe der Zeit.

Solche Interaktionsstrukturen können entweder mit Hilfe von teilnehmenden Beobachtungen erfaßt oder auch wieder auf der Basis von Interviews erfragt werden. Leitfragen bzw. Gesichtspunkte für die Beobachtung könnten z.B. sein:

- Was passiert in diesem sozialen System immer wieder?
- Was passiert nie?

## 2.5 Der Entwicklungsstand des sozialen Systems hinsichtlich des Projektes

Der Erfolg eines Projektes wird auch davon abhängen, wie die Vorgeschichte des sozialen Systems hinsichtlich Projektmanagement verlaufen ist:

- Ist Projektmanagement in diesem sozialen System bereits bekannt? Oder handelt es sich um einen ersten Versuch, Projektmanagement einzuführen?
- Was sind die Vorerfahrungen hinsichtlich Projektmanagement? Gibt es erfolgreiche Projekte? Welche Projekte sind gescheitert? Woran lag das?
- Was ist die Vorgeschichte hinsichtlich des gegenwärtigen Projektes? Hat es vorausgegangene Versuche gegeben, das betreffende Thema zu bearbeiten? Wenn ja, woran sind sie gescheitert? Wie war der bisherige Entscheidungsprozeß für die Durchführung des Projektes? Gab es von Anfang an eine gemeinsame Linie? Oder war der Entscheidungsprozeß umstritten?

Erst aufgrund einer Systemdiagnose, in der das Primärsystem, die subjektiven Deutungen, soziale Regeln, Interaktionsstrukturen und Entwicklungsstand erfaßt werden, lassen sich überhaupt Chancen für eine erfolgreiche Durchführung des Projektes im sozialen System abschätzen. Hat das Projekt überhaupt eine Chance? Oder sind zunächst Interventionen im sozialen System erforderlich, um die Akzeptanz für das Projekt herzustellen? Oder ist diese Akzeptanz vorhanden, so daß das Projekt ohne zusätzliche Maßnahmen durchgeführt werden kann?

## 3. Die Bildung des Projektteams als Systembildung

Das Projektteam ist ein „Subsystem auf Zeit“ innerhalb des Gesamtsystems (der Organisation, des Bereiches usw.). Die Bildung des Projektteams ist damit nichts anderes als die Bildung eines neuen sozialen Systems: Aus einzelnen Mitarbeitern und Mitarbeiterinnen mit unterschiedlichen Zielen und Vorstellungen entsteht ein soziales System mit einer gemeinsamen Sprache, gemeinsamen Regeln und gemeinsamen Deutungen, das die an das Projekt gestellten Aufgaben erfüllen kann (vgl. König/Volmer 1999, 243ff.; ferner z.B. auch Langmaack/Braune-Krickau 1995; Litke 1993, 176ff.)

Zwei Aufgaben sind dabei zu leisten: Diagnose der unterschiedlichen subjektiven Deutungen und Entwicklung eines gemeinsamen Regelsystems.

### 3.1 Diagnose subjektiver Deutungen im Projektteam

Bei der Diagnosephase sind die subjektiven Deutungen der einzelnen Mitglieder des Projektteams zu erfassen:

- Was ist die Einstellung der Teammitglieder zu dem Projekt? Welche Erfahrungen haben sie mit Projekten gemacht?
- Was sind ihre subjektiven Ziele? Möchten sie in der Karriere vorankommen? Möchten sie möglichst wenig Arbeit investieren?
- Was sind die Hoffnungen und Befürchtungen der Teammitglieder hinsichtlich des Projektes? Erwarten sie sich durch das Projekt Unterstützung bei ihrer Karriere? Sehen sie sich lediglich als Verlierer, die aus den normalen Aufgaben herausgelöst werden? Befürchten sie zusätzliche Arbeit?
- Wie schätzen sich die einzelnen Projektmitglieder selbst ein? Wo sehen sie ihre Stärken und Schwächen? Wie ist die Einschätzung untereinander? Wo bestehen Sympathie und Antipathie?

Eine solche Diagnosephase innerhalb des Projektteams ist in zweifacher Hinsicht von Bedeutung: Zum einen gibt sie Information darüber, wieweit unter den Mitgliedern des Projektteams überhaupt Gemeinsamkeiten bestehen bzw. wieweit die einzelnen Sichtweisen unterschiedlich oder gar gegensätzlich sind. Zum anderen führt das Kennenlernen der unterschiedlichen Sichtweisen gleichsam von selbst zu wechselseitigem

Verständnis und zur Angleichung und stellt damit einen wichtigen Schritt bei der Bildung des sozialen Systems dar.

### 3.2 Etablierung gemeinsamer Regeln im Projektteam

Bildung eines sozialen Systems bedeutet Bildung gemeinsamer Regeln, die die Abläufe innerhalb des sozialen Systems und auch Abgrenzungen nach außen steuern. Die Zusammenarbeit und die Effizienz eines Projektteams (wie auch von Teams überhaupt) ist abhängig davon, wieweit es gelingt, ein System sinnvoller gemeinsamer Regeln zu etablieren.
Solche Regeln können verschiedene Bereiche betreffen:

(1) Regeln zur Steuerung der Arbeitsabläufe
Diese Regeln sind zumindest teilweise bereits innerhalb des klassischen Projektmanagements vertraut: Regeln über die Tagesordnung, die Liste offener Punkte, Planungsmethoden, aber auch Regeln darüber, was im Projektteam und was in Problemlösungsgruppen behandelt wird, wie lange inhaltlich diskutiert werden soll, wie Fragen der Priorität zwischen Linienaufgaben und Projektaufgaben geregelt werden usw.

(2) Regeln für die Zusammenarbeit
Diese Regeln betreffen den persönlichen Umgang miteinander:
Wieweit wird Kritik zugelassen (oder gilt die Regel, daß man „lieb“ miteinander umgeht)?
Wie werden Problempunkte angesprochen?
Wie werden Konflikte geregelt?
Wieweit sind persönliche Themen unter den Projektmitgliedern zugelassen? Wieweit erzählen einzelne von sich selbst?
Wie geht das Projekt mit persönlichen Problemen von Projektmitgliedern um?

(3) Regeln für die Abgrenzung des Projektes nach außen
Welche Informationen werden an wen wie weitergegeben? Was darf nicht weitergegeben werden?
Wie werden Informationen von außerhalb in das Projekt geholt?
Wer hat in welchem Umfang Zugang zu dem Projekt?

Regelbildung in sozialen Systemen ist ein hochkomplexer Prozeß, der entscheidend für den Erfolg des Sozialsystems sein kann: Wenn z.B. in einem Team die Regel besteht „jeder darf solange reden, wie er will, und darf nicht unterbrochen werden“, führt diese Regel zu endlosen Projektteamsitzungen, und wenn es nicht gelingt, diese Regel abzuändern, ist effiziente Projektarbeit unmöglich.

Die Etablierung eines gemeinsamen bzw. besseren Regelsystems für das Projektteam kann in unterschiedlicher Weise geschehen:

(1) Eine Reihe von gemeinsamen Regeln bringen die Mitglieder des Projektteams üblicherweise bereits mit, z.B. gemeinsame Regeln etwa der Zusammenarbeit oder Regeln, die aus früheren Projekten bekannt sind. Allerdings müssen diese eingebrachten Regeln nicht immer funktional sein, sondern sind neu zu überprüfen. So haben wir in Projekten häufiger erlebt, daß hier Regeln von Projektmitgliedern eingebracht wurden, wie „die Linienaufgaben haben Vorrang vor Projektaufgaben“ oder „Kritik ist nicht zugelassen“.

(2) Regeln können durch den Projektleiter während der Projektsitzung direkt eingeführt werden.
Jeder Projektleiter führt allein durch sein Auftreten bestimmte Regeln ein:
- Wieweit fragt er bei den Berichten einzelner Projektmitglieder nach, um mögliche Probleme aufzudecken – womit die Regel „Probleme sollen offen angesprochen werden“ gestützt wird?
- Wieweit unterbricht er Diskussionen zwischen einzelnen Projektmitgliedern? Wie lange läßt er fachliche Diskussionen zu? Wieweit toleriert er das Zuspätkommen von Projektmitgliedern?

(3) Regeln oder Regelabänderungen können in den Team-Sitzungen explizit vereinbart werden.
Solche Situationen ergeben sich in der konkreten Projektarbeit z.B. dann, wenn Fachgespräche zwischen zwei Mitgliedern die gesamte Arbeit blockieren. Hier ist es sinnvoll, das Problem zu thematisieren (indem etwa auf den Zeitverlust hingewiesen wird) und neue Regeln zu vereinbaren – entweder die Regel, daß solche Themen in Problemlösungsgruppen behandelt werden. Oder es werden Regeln vereinbart, wie mit unpünktlichen Teilnehmern umgegangen werden soll, es werden dafür Sanktionen festgelegt usw.

(4) Regeln können schließlich im Rahmen von Teamentwicklungsmaßnahmen vereinbart werden. Gerade dann, wenn die Regeln des Projektmanagements in einer Organisation noch nicht vertraut sind, können Teamentwicklungs-Seminare für das Projektteam hilfreich sein. Dabei besteht zum einen die Möglichkeit, z.B. in das Thema Projektmanagement einzuführen, aber auch subjektive Deutungen der einzelnen Teammitglieder kennenzulernen und gemeinsame Regeln im Umgang miteinander festzulegen und anhand erster Arbeitsphasen zu erproben.

## 4. Projektdurchführung

Üblicherweise richtet sich bei der Projektdurchführung die Aufmerksamkeit vorwiegend auf die fachlichen Inhalte des Projektes: Sind die einzelnen Arbeitspakete abgearbeitet? Sind Verzögerungen aufgetreten? Sind Problemlösebesprechungen erforderlich? Was sind die Ergebnisse der Problemlösegruppen?

Systemisches Projektmanagement bedeutet, zusätzlich den Blick auf das soziale System zu richten: Treten hier Probleme auf? Wachsen Bedenken gegenüber dem Projekt? Stellt es sich heraus, daß Regeln im Blick auf den Projektablauf nicht mehr funktional sind? Gibt es wiederkehrende Verhaltensstrukturen, die die Projektarbeit belasten?

Dabei sind zwei unterschiedliche Systeme zu thematisieren: Das Projektteam als eigenes System und das Primärsystem. Für beide soziale Systeme sind unterschiedliche Maßnahmen notwendig.

## 4.1 Systemische Interventionen auf der Ebene des Projektteams

Die Laufzeit des Projektes stellt für das Projektteam den zeitlichen Rahmen dar, in dem es sich als soziales System entwickelt. Und es wird in dieser Entwicklung unterschiedliche Phasen durchlaufen, wie sie von Teams und anderen Gruppen bekannt sind: Es wird (wenn man die klassische Unterscheidung der Phasen der Gruppenentwicklung zugrundelegt) auch im Projektteam Phasen geben, wo sich ein System etabliert (norming), es wird Konfliktphasen geben (storming), in denen bestehende Regeln sich als nicht funktional erweisen oder wo einzelne Personen versuchen, ihre Position innerhalb des Systems zu verändern. Es wird dann wieder die Festlegung neuer Regeln geben (forming) und es wird Arbeitsphasen (performing) geben, die ein effizientes Arbeiten ermöglichen – bis dann möglicherweise neue Konfliktphasen auftreten.

In jeder Phase sind im Projektteam unterschiedliche Aufgaben zu lösen: Es sind z.B. gemeinsame Regeln zu etablieren, es sind Konflikte auszutragen, oder es sind erfolgreiche Abläufe zu tradieren, um effizientes Arbeiten zu sichern.

Das bedeutet, daß innerhalb des Projektteams während der gesamten Laufzeit des Projektes immer wieder Diagnosephasen und gezielte Interventionen erforderlich sind: Diagnosephasen, um mögliche Störungen frühzeitig zu erkennen, Interventionen, um das Projektteam als soziales System zu stabilisieren und funktionsfähig zu erhalten. Im einzelnen stehen dabei folgende Aufgaben an:

(1) Diagnose des sozialen Systems des Projektteams
Ausgehend von der Tatsache, daß Probleme innerhalb des Projektteams auf unterschiedlichen Ebenen auftreten können (durch subjektive Deutungen, Regeln und Verhaltensstrukturen), muß sich die Diagnose auf eben diese Ebenen erstrecken:

- Ist die Einschätzung des Projektes negativer geworden? Was sind die Ursachen dafür?
- Gibt es Regeln, die sich im Blick auf die Arbeit in der gegenwärtigen Phase als nicht mehr funktional erweisen?
- Gibt es hinderliche Interaktionsstrukturen, d.h. Verhaltensmuster wie längere Auseinandersetzungen, die den Fortgang behindern?

Für solche Diagnosen stehen eine Reihe von unterschiedlichen Möglichkeiten zur Verfügung:
- Teambefragungen mit Hilfe von Fragebogen, Punktabfrage, Kartenabfrage usw.

- Rundgespräche im Team: Was gibt es an Problemen? Was soll zur Verbesserung getan werden?
- Verhaltensbeobachtungen: Welche Verhaltensmuster fallen in den Projektsitzungen auf?
- Interviews mit einzelnen Projektmitgliedern: Wie deutet der einzelne die bisherige Entwicklung im Projektteam? Was hat sich verbessert? Wo sind Probleme aufgetreten? Was sollte getan werden?
- Analoge Verfahren wie z.B. Erstellen einer Teamskulptur oder gemeinsames Malen eines Bildes, Wahl von Symbolen für das Team usw.

(2) Interventionsmöglichkeiten

Veränderung des Projektteams als soziales System bedeutet Änderung von subjektiven Deutungen, von Regeln und Verhaltensstrukturen. Wie das geschieht, wird sicherlich von Fall zu Fall unterschiedlich sein. Hier seien nur einige Möglichkeiten angesprochen:

- Vereinbaren neuer Kontrakte innerhalb des gesamten Teams
  Dieses Verfahren empfiehlt sich insbesondere bei der Abänderung von Regeln: Eine neue funktionale Regel ist bewußt zu machen, ihre Zustimmung ist abzusichern (gibt es noch Einwände gegen diese Regel?), es sind Sanktionen (was geschieht, wenn jemand die Regel nicht einhält?) und Checkpunkte (wann wird die Zweckmäßigkeit der Regel überprüft?) festzulegen.

- Bildung von Problemlösegruppen
  So bietet sich z.B. an, Probleme zwischen Projekt- und Linien-Vorgesetzten in einer gemeinsamen Problemlösegruppe zu bearbeiten. Die Ergebnisse dieser Problemlösegruppe werden dann im Projektteam diskutiert mit der Zielsetzung, neue Vereinbarungen festzulegen.

- Gespräche mit einzelnen Projektmitgliedern
  Dieses kann z.B. dadurch geschehen, daß der Projektleiter einzelne Mitglieder unterstützt, ihre Rolle genauer zu definieren und Schwachpunkte zu bearbeiten. Oder es können einzelne Projektmitglieder in besonderen Situationen gecoacht werden.

- Bearbeitung von Konflikten
  Das kann bereits im gesamten Team geschehen oder unter den Betroffenen allein, wobei hier in vielen Fällen Unterstützung entweder durch den Projektleiter oder eine externe Moderatorin bzw. einen externen Moderator hilfreich ist: Wo genau liegen Probleme? Was sind Wünsche, die hinter diesem Konflikt stehen? Was sind Möglichkeiten, die für jeden akzeptabel sind?

- Durchführung von gemeinsamen Aktionen (Teamausflug, Stammtisch usw.) mit der Zielsetzung, neben den offiziellen Arbeitsphasen Zeit zu haben, miteinander ins Gespräch zu kommen.

- Durchführung von zusätzlichen Teamentwicklungs-Maßnahmen
  In vielen Fällen haben sich follow-up-Tage von Teamentwicklungs-Seminaren bewährt. Abgeklärt werden kann dann (wieder außerhalb der Alltagssituation), wieweit sich das Team stabilisiert hat, wo zwischenzeitlich Probleme aufgetreten sind usw. Und es gibt die Möglichkeit, neue Kontrakte zu schließen oder mit Hilfe analoger Verfahren (z.B. Ist-Soll- Skulptur) Veränderungen in die Wege zu leiten.

### 4.2 Systemische Intervention auf der Ebene des Primärsystems

Das Primärsystem eines Projektes bleibt in der Regel nicht während des ganzen Projektverlaufes stabil, sondern verändert sich. Ein bisheriger, das Projekt unterstützender Bereichsleiter tritt in Ruhestand, und sein Nachfolger möchte sich profilieren und steht dem Projekt kritisch gegenüber. Oder ein bisher an dem Projekt nicht interessierter Vorgesetzter eines anderen Bereiches fühlt sich plötzlich durch das Projekt in seiner Kompetenz eingeschränkt. Es verändern sich Einstellungen von Personen des Primärsystems, Veränderungen innerhalb der Unternehmenspolitik insgesamt können Einfluß auf das Projekt haben usw.

Die Konsequenz davon ist, daß auch in Bezug auf das Primärsystem während der gesamten Laufzeit des Projektes Diagnosephasen und systemische Interventionen durchzuführen sind.

Was die Diagnosephase betrifft, so ist hier der Zugang wieder schwieriger als auf der Ebene des Projektteams, weil das Primärsystem mehr im Hintergrund bleibt und die relevanten Veränderungen etwa dem Projektleiter häufig erst sehr spät bekannt werden.

Sinnvoll ist hier, so etwas wie ein „Frühaufklärungssystem" (Krystek/Müller-Stewens 1993) zu etablieren, das frühzeitig Informationen über relevante Veränderungen ermöglicht. Als ein solches Frühwarnsystem sind die offiziellen Informationswege einer Organisation in der Regel weniger geeignet als inoffizielle: Es gibt in jeder Organisation Personen, die über mögliche oder wahrscheinliche Veränderungen überdurchschnittlich gut informiert sind. Günstig ist es, wenn es gelingt, solche Personen zu identifizieren und zu ihnen Kontakt und ein gegenseitiges Vertrauensverhältnis aufzubauen. In vielen Fällen erhält man dann frühzeitig relevante Informationen und kann im Projekt rechtzeitig reagieren.

Interventionsmaßnahmen im Blick auf das Primärsystem zielen im wesentlichen darauf, die Akzeptanz gegenüber dem Projekt zu steigern oder zu sichern. Grundsätzlich gibt es dafür wieder eine Reihe unterschiedlicher Möglichkeiten:

(1) Wichtige Möglichkeiten sind (informelle) Einzelgespräche, bei denen sowohl Informationen eingeholt als auch mögliche Problempunkte bearbeitet werden können. Und vor allem gilt dabei: der Gesprächspartner fühlt sich einbezogen.

Solche Einzelgespräche können auf unterschiedlichen Ebenen ablaufen, z.B.:

- informelle Gespräche zwischen Projektleiter und Auftraggeber unabhängig von den offiziell vereinbarten Meilensteinen

- informelle Gespräche zwischen Projektleiter und den jeweiligen Linien-Vorgesetzten der Projektmitglieder: der Vorgesetzte fühlt sich einbezogen und hat außerdem die Möglichkeit, Bedenken und Probleme inoffiziell zu äußern. In vielen Fällen lassen sich dadurch mögliche Reibungspunkte im Vorfeld beseitigen
- regelmäßige Gespräche zwischen Projektmitgliedern und ihren Linienvorgesetzten über das Projekt. Die Vorgesetzten müssen wissen, was die Mitarbeiter zu tun haben, wie ihre Arbeit läuft und warum sie für die Routineaufgaben in der Linie weniger zur Verfügung stehen. Gleichzeitig muß dem Vorgesetzten aber auch deutlich werden, daß ein Mitarbeiter ihm gegenüber loyal bleibt.
- Informationsgespräche mit anderen Personen des Primärsystems
  Hier wird in vielen Fällen das „offizielle" Thema sein, den Betreffenden über das Projekt zu informieren. Gleichzeitig bietet sich dabei die Möglichkeit, um Verständnis zu werben, Reibungspunkte informell zu bearbeiten und Vereinbarungen über das weitere Vorgehen (etwa über einen lockeren Informationsaustausch) zu treffen.

Generell gilt, daß Projekte umso erfolgreicher verlaufen, je sorgfältiger auf der Systemebene Diagnosen und Interventionen durchgeführt werden. Andererseits wird ein solches Vorgehen leicht sehr zeitaufwendig, so daß man hier z.B. als Projektleiter sehr schnell an Kapazitätsgrenzen stößt.

Günstig und auch effizient ist es, dann die Arbeit „auf mehrere Schultern" zu verteilen. D.h. nicht der Projektleiter (oder eine externe Beraterin, der Projektunterstützer usw.) muß alles selbst tun, sondern es wird überlegt, wer wen ansprechen kann. Es kann sein, daß eine regelmäßige Information des Vorgesetzten durch das betreffende Projektmitglied ausreicht und daß nur gelegentlich der Projektleiter nachfragt. Es kann sein, daß z.B. der Projektleiter überhaupt keine Möglichkeit hat, eine einflußreiche „graue Emminenz" im Hintergrund anzusprechen – daß es aber ein Kollege im Ruhestand eher tun kann, zu dem der Projektleiter guten Kontakt aufgebaut hat. Und es ist möglicherweise günstiger, daß z.B. das Mitglied des Betriebsrats aus dem Projektteam das Projekt vor dem Betriebsrat vorstellt, als wenn es der Projektleiter tut, oder der Projektleiter und das entsprechende Mitglied teilen sich die Aufgabe.

Was hier geschieht, ist, sozusagen ein zusätzliches Subsystem möglicher Multiplikatoren zu etablieren, die auf unterschiedlichen Ebenen und in unterschiedlichen Formen für das Projekt „werben" können und alle gemeinsam in der Regel wesentlich erfolgreicher sind als der Projektleiter allein.

## 5. Projektabschluß

In inhaltlicher Sicht bedeutet Projektabschluß die Beendigung einzelner Tätigkeiten und Präsentation des Ergebnisses. In systemischer Sicht bedeutet der Projektabschluß die Auflösung eines sozialen Systems, nämlich des Projektteams. Je nachdem, wie intensiv die Arbeit im Projektteam und wie stark die Bindung der einzelnen an das soziale System waren, wird der Projektabschluß mit Unsicherheit, Befürchtungen und Ängsten verbunden sein: Welche Aufgaben werden an die Stelle des Projektes treten?

Wie wird die Position in der ursprünglichen Abteilung sein? Wird das ehemalige Projektmitglied seine Erfahrungen aus dem Projekt einbringen und auch für seine Position nutzen können oder gerät es in eine Außenseiterposition? Wie soll es sich in der Alltagsarbeit wieder zurechtfinden?

Konsequenz davon ist, daß ein Projektabschluß als Auflösung des sozialen Systems geplant und durchgeführt werden muß. Damit stehen folgende Aufgaben an:

- Es ist längerfristig die Wieder-Einbindung der Projektmitglieder in die Linie zu planen, um nicht unmittelbar vor oder nach Abschluß davon überrascht zu werden. D.h. es ist zu überlegen, was mit den Teammitgliedern nach Abschluß des Projektes geschieht: Welche Aufgaben werden sie haben? Was kann jetzt getan werden, um sie für ihre zukünftigen Aufgaben vorzubereiten? Was kann getan werden, um ihre Stellung in der ursprünglichen Abteilung wieder zu festigen?
- Es ist der Projektabschluß als Auflösung des sozialen Systems eindeutig zu kennzeichnen. Wenn ein Projektteam sich immer nochmals trifft, um irgendwelche Restarbeiten weiterzuführen, dann wird dadurch letztlich die Unsicherheit nur größer. Sondern es muß ein eindeutiger Abschluß erkennbar sein und erlebt werden: etwa die Abschlußpräsentation vor der Werksleitung, das anschließende Essen usw.
- Es ist schließlich zu überlegen, wie die Arbeit der ehemaligen Projektmitglieder in der Linie unterstützt werden kann. So können sich Subsysteme bilden, etwa indem zwei Mitarbeiter benachbarter Bereiche engen Kontakt halten und anstehende Aufgaben und Probleme informell miteinander absprechen. Es können gute Beziehungen zwischen ehemaligen Projektmitgliedern genutzt werden, um über Bereichsgrenzen hinweg Kontakt miteinander aufzunehmen und Informationen einzuholen. Oder es kann überlegt werden, ob es sinnvoll ist, ehemalige Projektmitglieder im Blick auf ihre jetzige Position kurzzeitig zu coachen.

## 6. Projektmanagement als Steuerung sozialer Systeme

Projektmanagement, so das Ergebnis, ist mehr als Steuerung inhaltlicher Abläufe. Projektmanagement ist zugleich immer auch Steuerung hochkomplexer sozialer Systeme. Damit hängt der Erfolg des Projektes entscheidend von der Fähigkeit des Projektleiters oder der Projektleiterin ab, solche komplexen sozialen Prozesse diagnostizieren und steuern zu können.
Das hat Konsequenzen für die Qualifizierung von Projektleitern:

- Hilfreich ist, die herkömmliche Ausbildung von Projektmanagement im Blick auf die Systemebene zu ergänzen: Ausbildung im Projektmanagement bedeutet dann auch, sensibel zu werden für das, was im sozialen Umfeld eines Projektes abläuft, und Qualifikationen zu erwerben, um systemische Diagnosen und Interventionen durchführen zu können.

- Hilfreich ist ferner, dem Projektleiter bzw. der Projektleiterin einen Coach zur Seite zu stellen. Ein solcher Coach bietet Expertenwissen sowohl über den Ablauf von Projekten, als auch über Abläufe in sozialen Systemen: Gleichzeitig ist er Prozeßberater, der den Projektleiter (und die übrigen Projektmitglieder) dabei unterstützen kann, sich über ihre Ziele, über ihre Befürchtungen und über mögliche Lösungsmöglichkeiten Klarheit zu verschaffen. Und er bietet schließlich als Ergänzung zur internen Sicht des Projektteams eine externe Perspektive, die auf mögliche Problempunkte aufmerksam machen kann.

Ludwig Stehberger

# Projektauftrag, Projektplanung und Projektorganisation aus systemischer Sicht

## 1. Der „menschliche Faktor" im Projektmanagement

Ein Projekt ist in vielen Fällen ein komplexes Vorhaben, das, soll es Aussicht auf Erfolg haben, nur durch genaues Planen, mit entsprechender Organisation und vor allem mit Menschen, meist aus unterschiedlichen Organisationen, durchgeführt wird.

Es ist ein Unterschied, ob ein Projekt durchgeführt wird oder Routineaufgaben abgearbeitet werden. Dieser Unterschied besteht hauptsächlich darin, daß Routineaufgaben, wie der Name schon besagt, mit handwerksmäßiger Gewandtheit, wiederkehrend und schon dagewesen, erfüllt werden.

Dagegen stellt sich ein Projekt als ein umfangreiches Vorhaben dar, das sich durch folgende Eigenschaften auszeichnet (vgl. z.B. Boy u.a. 1994, 20; Daenzer 1988, 122):

- es weist eine Einmaligkeit auf
- es sind interdisziplinäre Funktionen aus verschiedenen Organisationen beteiligt (intern/extern)
- es hat ein genau definiertes Ziel
- es ist in Teilaufgaben gegliedert
- es hat eine eigene Organisation
- es ist zeitlich begrenzt (Start und Ende)
- es hat ein Budgetlimit
- es kann auch scheitern (Risiko).

Sind diese oben genannten Eigenschaften gegeben, so kann ein Vorhaben mit gutem Gewissen Projekt genannt werden.

Das Vorhandensein der Projekt-Eigenschaften allein sagt über das tatsächliche Endergebnis leider nichts aus. Doch die Chance, das gesetzte Ziel zu erreichen, und davon ist auszugehen, erhöht sich um ein Vielfaches.

Viel zu einseitig gedacht wäre es, würde man nur die rein funktionalen Aspekte eines Projektes hervorheben. Von sicherlich entscheidender Wichtigkeit ist, daß ein Projekt eben in seiner Gesamtheit betrachtet und geplant wird und vor allem denen eine besondere Aufmerksamkeit zukommt, die ein Projekt zum Erfolg führen oder zum Scheitern bringen können, nämlich, den Menschen in den Organisationen.

Projektmanagement, so in vielen wissenschaftlichen Abhandlungen aufgeführt, teilt sich in zwei große Gebiete (vgl. z.B. Daenzer 1988, 123ff.):

**a) Das funktionale Projektmanagement,**
es beschreibt das Was eines Projektes, also die Planung der Ablauf- u. Aufbauorganisation, der Termine, der Meilensteine, des Budgets, des Informationssystems und der Dokumentation.

Hierzu gibt es klare und eindeutige Vorgehensweisen, in vielen Fällen sogar Vordrucke, die zu verwenden sind. Dies alles ist sicherlich sehr nützlich und sinnvoll. Oftmals sind die Abläufe von Projekten (z.B. Neuentwicklung eines Automobils) vorgegeben. Des weiteren sind klar und eindeutig festgelegt:
- die Meilensteine
- das Budget
- der/die Entscheider
- der Gesamtprojektleiter
- die Teilprojektleiter

Hier wird weitestgehendst auf den Erfahrungen vorangegangener Projekte aufgebaut.

**b) Das institutionelle Projektmanagement,**
es beschreibt das Wie eines Projektes, also das Führen eines Projektes zum Ziel, mittels einer entsprechenden Projektorganisation, die sich definiert aus Auftraggeber, Projektleiter, Steuerkreis, Entscheiderkreis, Teilprojektgruppen sowie deren Aufgaben und Kompetenzen. Diesem Teil eines Projektes muß besondere Aufmerksamkeit geschenkt werden. Der Schlüssel des Erfolges oder des Scheiterns eines Projektes ist im institutionellen Projektmanagement zu suchen.

Wir müssen die Menschen, die in Projekte eingebunden sind, näher betrachten. Seien sie Entscheider oder Projektleiter; Projektmitglieder oder Auftraggeber.

In den wenigsten bekannten Fällen ist ein Flugzeug wegen eines technischen Defekts abgestürzt, hat eine Maschine von sich aus ein Teil zu Schrott gemacht, hat ein Auto ohne fremdes Einwirken plötzlich beschleunigt und ist aus der Kurve geflogen.

Der Pilot hatte im entscheidenden Moment anstatt beschleunigt, gebremst. Der Maschinist besprach sich gerade mit einem Kollegen. Der Fahrzeuglenker hatte nicht bemerkt, daß die Straße naß war.Wir müssen immer wieder feststellen, daß nicht das Werkzeug etwas gelingen oder mißlingen läßt, sondern derjenige, der es führt.

Wir haben es hier ausschließlich mit Beziehungen zu tun, mit Beziehungen von:
- Mensch zu Mensch
- Mensch zu Techniken
- Mensch zu Methoden.

Wenn Watzlawick davon spricht, daß die Beziehung den Inhalt definiert (Watzlawick u.a. 1969, 56), so gilt das auch für Projekte: Auch hier definiert die Beziehung den Inhalt, d.h. das Ergebnis des Projektes: Je besser ein Projekt gemanagt wird, je besser man auf die am Projekt beteiligten Personen eingeht, je mehr man das soziale System analysiert, je intensiver die vorhandenen Strukturen erfasst werden, desto effizienter wird das gesteckte Ziel erreicht und gelebt.

Im folgenden wird diese These an einem Beispielprojekt verdeutlicht. Dabei ist die Darstellung auf die, wie ich meine, entscheidenden Punkte gerichtet: Projektauftrag,

Projektplanung, konkreter Zielfindungsprozeß, Ablauforganisation und Aufbauorganisation. Die Durchführung bleibt in der gesamten Behandlung des Themas weitgehend unberücksichtigt.

Stellen wir uns ein Projekt vor mit dem Arbeitstitel „Services Project", das folgende Eigenschaften aufweist:

1) Es gibt keine vergleichbaren Beispiele, die für dieses Projekt als Orientierung dienen können (Einmaligkeit).
2) Es sind alle Service-Funktionen einer Matrixorganisation eingebunden (interdisziplinäre Zusammensetzung).
3) Das Ziel lautet: Verknüpfung aller Serviceleistungen, die für die zu betrachtenden Organisationen geleistet werden, um effizienter in der Geschwindigkeit und in der Qualität zu werden (definiertes Ziel).
4) Es hat eine Dauer von sechs Monaten (zeitliche Begrenzung).
5) Es ist in Teilaufgaben gegliedert:
   - Welche Serviceleistungen werden erbracht?
   - Für wen werden die Serviceleistungen erbracht?
   - Wozu werden die Serviceleistungen erbracht?
   - Wer erbringt die Serviceleistungen?
   - Wer sind die Auftraggeber der Serviceleistungen?

## 2. Klassischer und systemischer Projektauftrag

Ein Projektauftrag gibt darüber Auskunft, welche besondere Charakteristika das Projekt aufzuweisen hat. Im einzelnen sind darin zu benennen:

- der Name des Projektes
- der Auftraggeber
- der verantwortliche Projektleiter
- die Aufgabenstellung
- die Zielsetzung
- die zu erarbeitenden Ergebnisse
- die Randbedingungen
- die Meilensteine
- der Endtermin.

### 2.1 Klassischer Projektauftrag

In unserem Beispielprojekt wird das klassische Projektmanagement-Vorgehen praktiziert.

Der Personalleiter, als Teil der Unternehmensleitung, committet sich mit seinen Ressortkollegen aus Controlling, Planung und Produktion in folgender Form:

**„Wir können doch mal die gesamten Serviceleistungen des Unternehmens auf deren Effizienz hin untersuchen!“**

Dieser „Auftrag“ wird in den Kreis der Personalleitung eingebracht. Die direkten Mitarbeiter des Personalleiters greifen diesen „Auftrag“ auf, schmieden ihn in ein Korsett (Projektplanung) und benennen gemeinsam aus den eigenen Reihen einen verantwortlichen Projektleiter:

**„Das fällt doch in Ihren Verantwortungsbereich Herr Huber. Formulieren's doch mal was, damit's nach etwas aussieht!“**

Diese Vorgehensweise entspricht, wenn überhaupt, dem der Übertragung einer Aufgabe durch einen Vorgesetzten an seinen Mitarbeiter.

## 2.2 Systemischer Projektauftrag

Die Fragen, die sich für viele in einem sozialen System befindlichen Personen oft stellen, lauten in der Regel:

**Wie kommt denn so ein Auftrag schon wieder zustande?**
**Wer kam denn auf diese Idee?**
**Wollen die sich noch mehr Probleme schaffen?**

Was aber läßt diese Fragen entstehen? Die Antwort ist in vielen Fällen in der Unternehmenskultur, also in dessen Regelwerk zu suchen.

Die früher gemachten Erfahrungen mit Veränderungsprozessen lassen den einen oder anderen positiv oder negativ auf bestimmte Signale reagieren. Ist jemand Teil des Systems, das verändert werden soll, und fehlen die konkreten Informationen, die ihm Aufschluß über den angestrebten Zustand geben, kann dies zu den genannten Fragen führen.

Darüber hinaus verändert die Ungewißheit (subjektive Theorie) hinsichtlich der Frage – „was genau soll verändert werden?“ – die Motivation bei allen im System befindlichen Personen. In unserem Beispiel ist es von entscheidender Bedeutung, daß die verantwortlichen Führungspersonen der Unternehmensleitung folgende Punkte für sich klären:

- Sind die Mitarbeiter reif für solche Veränderungen?
- Wollen wir eine Veränderung um jeden Preis?
- Was passiert mit den evtl. freiwerdenden Mitarbeitern?
- Wer konkret hat die letzte Entscheidung?
- Was konkret darf nicht passieren?

Diese und u.U. weitere Fragen sind zu klären, bevor der Projekauftrag in allen Einzelheiten formuliert wird.

Hier bewegt man sich auf dem Feld der Diagnose von sozialen Systemen (vgl. König/Volmer 1999, S. 140ff.).

## 3. Klassische und systemische Projektplanung

### 3.1 Klassische Projektplanung / Zielfindungsprozeß

In unserem Beispiel lautet das Projektziel:

**„Verknüpfung aller Serviceleistungen, die für die zu betrachtenden Organisationen geleistet werden, um effizienter in Geschwindigkeit und Qualität zu werden."**

Auf dieses Ziel hin werden alle Planungen ausgerichtet. Man kann sowohl beim Zielfindungsprozeß als auch bei der Projektplanung, die zielgeleitet sein muß, davon ausgehen, daß sich das Ergebnis in diesen Elementen widerspiegelt.

In unserem Beispiel wurde die klassische Vorgehensweise beim Zielfindungsprozeß gewählt. Daß das Ziel genauso definiert wurde wie der Auftrag, der durch die Diskussion im Kreise der Unternehmensleitung geboren wurde, läßt die Vermutung zu, daß das Ergebnis der „Laune der Natur" überlassen wird.

Ein Ziel, das weder konkret noch meßbar ist, unterliegt ohne Zweifel der Willkür aller am Projekt beteiligten Personen.

### 3.2 Systemische Projektplanung / Zielfindungsprozeß

Ausgehend vom zu erreichenden Zielzustand und den Ergebnissen aus der Systemanalyse ist die gesamte Projektplanung zu gestalten.

Bevor das Ziel in seiner Endgültigkeit formuliert wird, muß das Projektvorhaben den betroffenen sozialen Systemen offenkundig sein.

Die Beteiligung der Vertreter der betroffenen Organisationen am Zielfindungsprozeß ist von eminenter Notwendigkeit.

**Regeln zur Zielformulierung:**

**1) Die Ziele sollen die Wirkungen beschreiben.**
So z.B. „Ein Genehmigungsvorgang zur Freigabe von Geldern für Betriebsmittel über 2000 DM soll innerhalb von einer Woche erfolgt sein."

**2) Nicht nur erwünschte Wirkungen, sondern auch unerwünschte Wirkungen soll ein Ziel beinhalten.**
Z.B. „Dem Bezieher von Betriebsmitteln sollen in seiner Entscheidung nicht nur die Beschaffungskosten leiten, sondern auch die Betreibungskosten."

**3) Ziele können auch mehrere Spezifika aufweisen.**
Z.B. ein Ottomotor:
- Hubraum 2800 ccm
- Leistung 150 KW
- Verbrauch max. 4 l Normalbenzin/100 km im Drittelmix
- Kurbelgehäuse u. Zylinderkopf aus Aluminium
- usw.

**4) Ziele sollen präzise formuliert sein.**
Z.B. sind festgeschriebene Werte wie Zeitspanne, Geldsumme, Höhe, Gewicht usw. eindeutig und überprüfbar. Dagegen sind Begriffe wie Schönheit, Image, Verbessern, Kostensituation usw. sehr schwammig und lassen Interpretationen zu. Ziele müssen eindeutig kommunizierbar sein.

**5) Ziele beinhalten sowohl Muß- als auch Wunschziele.**
Mußziele sind diejenigen Ziele, die unbedingt zu erreichen sind. Dagegen sind Wunschziele jene Ziele, die zur späteren Lösungsfindung wichtige Beiträge leisten können. Z.B. soll eine Informationstafel zum Thema Umweltschutz außer den Inhalten und der Größe noch die Eigenschaften faltbar und von einer Person transportierbar aufweisen.

**6) Zielkonflikte müssen bewältigt werden.**
Ziele sind von den Personen in sozialen Systemen (König/Volmer 1999, 37ff.) zu formulieren, wobei Ziele und deren Deutungen Auswirkungen auf sie haben. Diese Auswirkungen werden von den Personen unterschiedlich wahrgenommen. Das bedeutet, daß die Verschiedenartigkeit der Interessen zu Konflikten führen kann, diese aber diskutiert und beseitigt werden müssen. Machtorientierte Entscheidungen machen sich spätestens in der Ergebnisumsetzung bemerkbar.

Werden diese Regeln mit der entsprechenden Ernsthaftigkeit erfüllt, und werden die Beiträge der am Zielfindungsprozeß beteiligten Personen aufgenommen, so steht der abschließenden Zielformulierung nichts mehr im Wege.

## 4. Klassische und systemische Projektorganisation

### 4.1 Klassische Ablauforganisation

Die klassischen Vorgehensweisen in vielen Projekten gleichen oft denen eines Bergwanderers, der bei strahlendem Sonnenschein aufs gradewohl in den Tag marschiert und überrascht ist, daß das Wetter von einer Minute zur anderen von Sonnenschein in Hagel übergeht. Die schützende Hütte hatte er vor zwei Stunden passiert.

Die Befürchtungen der sogenannten „Pessimisten“, werden meist mit den Hinweisen abgetan:

- das schaffen wir schon!
- das kann doch gar nicht anders funktionieren!

– laßt es uns doch einfach angehen!
– wir haben jetzt keine Zeit, uns auch noch mit Nebensächlichkeiten zu beschäftigen usw.

Spätestens bei der zweiten Projektbesprechung, sei es in der Teilprojektgruppe, im Steuerkreis oder im Entscheiderkreis, wird festgestellt werden:
– da müssen wir noch nachschärfen!
– darüber können wir erst befinden, wenn ... geklärt ist!

## 4.2 Systemische Ablauforganisation

Wie im 1. Abschnitt schon angeführt, ist für das Projekt eine Ablauforganisation zu erstellen, die Aufschluß darüber gibt, wie die einzelnen Teilaufgaben des Projektes voneinander abhängen und in welcher Reihenfolge sie abzuarbeiten sind.

Ein hervorragendes Instrument bietet hierzu die Netzplantechnik, trotz vieler Kritik. Ein Beispiel, wie wichtig und sinnvoll dieses Instument ist, kann am Zusammenbau eines Automobils verdeutlicht werden: Die einzelnen Teile müssen so geplant und montiert werden, daß keine gegenseitige Behinderung auftritt.

Zuerst sind die Achsen zu montieren, dann die Räder ...!

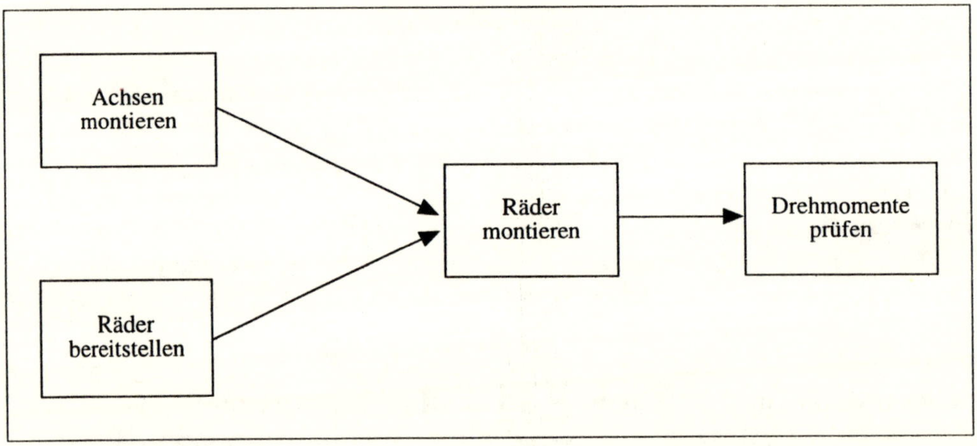


Diese Erstellung sollte mit den Personen vorgenommen werden, die für den jeweiligen Baustein des Projektes verantwortlich sind. Hierbei ist zu klären:
– was muß in Reihe abgearbeitet werden? – was kann parallel bearbeitet werden?
– wann muß der jeweilige Baustein spätestens abgeschlossen sein? (Meilenstein)
– wo ist der kritische Pfad?
– welche Konsequenzen bedeuten Meilensteinüberschreitungen?

Eine endgültige Festlegung der Ablauforganisation sollte nach Möglichkeit erst nach Rücksprache mit den Durchführenden erfolgen. Nur so kann das Wissen des sozialen Systems genutzt werden.

## 4.3 Klassische Aufbauorganisation

Es ist immer wieder erstaunlich zu beobachten, mit welchem Einfaltsreichtum die Projektmitglieder, Projektleiter und Teilprojektleiter ausgewählt werden.

Ein Mitarbeiter wird deshalb zum Projektleiter „gemacht", weil im Augenblick keine konkrete Aufgabe für ihn vorhanden ist, weil ihn sein Vorgesetzter schlecht beurteilt hat und er nun eine Chance zur Rehabilitierung bekommt, weil ihm bewiesen werden soll, daß er das Projekt nie ans Ziel führen kann (Scheinprojekt).

Derlei fadenscheinige Gründe werden sehr häufig angeführt mit dem Erfolg, daß sowohl das Projektziel als auch die am Projekt Beteiligten auf der Strecke bleiben.

Die Aufbauorganisation unseres Beispielprojektes fällt nicht in diese Kategorie. Und doch ist zu befürchten, daß aufgrund der unzureichenden Diskussion im Kreis der Personalleitung, wer kann Projektleiter sein, welche Eigenschaften, Qualifikationen und Kompetenzen soll er haben, das Projekt keine Chance zur Realisierung hat. Die unzureichende Diskussion kann daran festgemacht werden, daß keine Bausteine wie Zielfindungsprozeß, Zielformulierung, Ablaufplanung und Aufbauorganisation, klar formuliert worden sind.

## 4.4 Systemische Aufbauorganisation

Die Auswahl, wer Projektleiter sein soll, ist vom Auftraggeber allein oder in Absprache mit dem Entscheiderkreis zu treffen. Diese Entscheidung hat einen hohen Einfluß auf die Projektzielerreichung. Die Leistungen, die einem Projektleiter abverlangt werden, gestalten sich so vielfältig, wie das Projekt an Komplexität aufweist. Die Spanne reicht von Moderator, Motivator, Diplomat, Koordinator und Spezialist in einer Disziplin, bis hin zum Seelsorger und Richter. Auch trägt er Verantwortung für Sach-, Termin- und Kostenziele. Dies trifft umso mehr zu, je größer ein Projekt ist, und hängt zugleich von der gewährten Ablauforganisation ab.

Es ist bei den herkömmlichen (kleineren) Projekten meist nicht der Fall, daß eine reine Projektorganisation geschaffen wird. Vielmehr sind die Aufgaben, die aus einem Projekt erwachsen, zusätzlich zu den originären Alltagsaufgaben zu leisten (Matrix-Projektorganisation). Das bedeutet aber, daß eine sehr genaue Planung der Ressourcen und der Kompetenzen zu erfolgen hat.

Dem Projektleiter kommt hier eine besondere Rolle zu, eine tragfähige Aufbauorganisation zu schaffen, die den Widrigkeiten, die mit Sicherheit auf jedes Projekt zukommen, standhält. Eine starke Konzentration ist der Auswahl der Projektmitglieder zu widmen. Dabei gilt es, die Linienvorgesetzten der möglichen Projektmitglieder von dem Projektvorhaben zu überzeugen. Sie haben die „Macht", über die Kapazitäten ihrer Mitarbeiter zu entscheiden.

Unzureichend ist, wenn nur der Projektleiter mit dem Linienvorgesetzten ausschließlich über die möglichen Kapazitäten seines, am Projekt beteiligten Mitarbeiters spricht und über dessen Verfügbarkeit verhandelt. Statt dessen ist ein Kontrakt im sozialen System zu schließen, der zwischen Projektleiter, Projektmitglied, dessen Vorgesetzten und den Kollegen des Projektmitgliedes zu vereinbaren ist. Der Grund ist darin zu suchen, daß nur dann eine absolute Unterstützung gegeben ist, wenn auch diejenigen, die in der Abwesenheit des Projektmitgliedes dessen Aufgaben mit übernehmen, in die Kapazitätsplanung mit einbezogen sind.

Ein weiterer wichtiger Punkt des Kontraktes ist die genaue Definition und Abklärung des Kompetenzspielraums des Projektmitgliedes.

Konkret soll hierbei bei einem evtl. Hineinwirken eines Projektes in die Linienorganisation der Kompetenzspielraum des Projektmitgliedes festgelegt werden, um notwendige Entscheidungen selbst treffen zu können. Ebenso ist die Informationspflicht der Projektmitglieder und des Projektleiters an die Linienorganisationen (zu und von der Linienorganisation) zu kontraktieren und mit Sanktionen bei Nichteinhaltung zu regeln. Die Befolgung von Regeln ist durch Sanktionen zu stützen (vgl. König/Volmer 1999, 195ff.)

Dies gilt es, mit allen am Projekt beteiligten Personen und deren Vorgesetzten und betroffenen Kollegen, in der genannten Form durchzuführen.

Der Projektleiter muß gewährleisten, daß die vereinbarten Kontrakte mit dem Auftraggeber / Steuerkreis / Entscheiderkreis des Projektes besprochen werden und dessen Zustimmung gegeben ist.

Der gesamte Umfang der Vereinbarungen ist das Regelwerk des Projektes und ist zum Start des Projektes allen am Projekt direkt oder indirekt Beteiligten transparent zu machen.

Diesem Regelwerk hat der Projektleiter, in der Lebensdauer des Projektes, gegenüber allen Projektgremien Verantwortung zu tragen und das gesamte Projektmanagement darauf abzustimmen.

Elementar ist auch, daß für abzuarbeitende Arbeitspakete die entsprechenden Arbeitsgruppen gebildet werden. Für die jeweilige Arbeitsgruppe ist ein Teilprojektleiter verantwortlich.

## 5. Zusammenfassung

Wenn ein Projekt ins Leben gerufen wird, hat es zum Ziel, Bestehendes zu verändern oder Neues zu schaffen. Dabei sind in erster Linie zwei Elemente zu berücksichtigen:

1) Das funktionale Projektmanagement
2) Das institutionelle Projektmanagement

Beschreibt das funktionale Projektmanagement das WAS eines Projektes, so definiert das institutionelle Projektmanagement das WIE.

Beiden Elementen muß eine entsprechende Wertigkeit beigemessen werden, wobei die Erfahrungen zeigen, daß dem institutionellen Projektmanagement mehr Aufmerksamkeit geschenkt werden muß.

Begründet ist dies dadurch, daß die Konzentration sich dabei weitgehend auf das soziale System richtet.

Das soziale System, in unserem Beispiel eine Projektgruppe mit ihrem entsprechenden Umfeld, besteht aus einer Anzahl von Einzelpersonen die nicht lediglich reagieren, sondern ihr Verhalten ist von Gedanken, persönlichen Zielen und Absichten sowie von ihren Empfindungen bestimmt (König/Volmer 1999, 35).

Das muß zur Folge haben, daß das soziale System im Vorfeld sehr genau zu analysieren ist dahingehend, welche vorhandenen Regeln im System vorherrschen. Z.B. scheiterte das oben beschriebene Projekt, da nicht darauf geachtet wurde, daß eine Reihe von Mitgliedern des Unternehmensleitungskreises gegen das Projekt mit dieser Zielsetzung waren, weil sie dadurch die Aufdeckung der eigenen Unzulänglichkeit im Bereich der Seviceleister befürchteten.

Der Findung des Projektleiters und der Projektmitglieder kommt ebenso eine zentrale Bedeutung zu. Erstens hat der Projektleiter mit seinen Projektmitgliedern das gesamte Projekt zu verantworten und wird sicherlich auch zur Verantwortung gezogen werden. Das Konfliktpotential zweitens, das in einem Projekt steckt, erfordert, daß der Projektleiter ein hohes Maß an Managementwissen und Fähigkeit besitzt, um eine Ausgewogenheit zwischen Veränderung und Verstärkung des Verhaltens der Serviceleister zu erreichen.

Projekte managen heißt weiter, in jeder Lebensphase eines Projektes ein Höchstmaß an Information jedermann zur Verfügung zu stellen.

Nichts ist tödlicher, als in einem Projekt bei den Projekbeteiligten und den Betroffenen ein Gefühl aufkommen zu lassen, „hier wird etwas hinter unserem Rücken entwickelt“ oder „da wird doch etwas verschwiegen“.

Projekte machen es notwendig, daß ein gesamtheitliches, systemisches Projektmanagement durchgeführt wird. Das Individuum, die sozialen Systeme und das jeweils im Kontext stehende Umfeld in jedweden Unternehmen werden es zu honorieren wissen.

Jutta Honikel

# Systemdiagnose im Projektverlauf

## 1. Schilderung der Problemsituation: Worum geht es in dem Projekt?

Systemisches Projektmanagement baut auf einem sehr gründlichen Wissen über das Projektsystem auf. Da es häufig nicht möglich oder zu aufwendig ist, die notwendigen Informationen in Interviews mit den Beteiligten zu erhalten, müssen andere Methoden zur Systemanalyse herangezogen werden. Eine einfache und erfolgreiche Methode der Analyse ist die Visualisierung des Projektsystems. Im folgenden werde ich das konkrete Vorgehen dazu anhand eines Beispieles vorstellen:

In dem Projekt innerhalb eines Großunternehmens geht es darum, ein neues System zur elektronischen Archivierung von Dokumenten einzuführen. Das System soll zunächst in einer Pilotphase vom mittleren Management genutzt werden.

Die Ist-Situation läßt sich wie folgt beschreiben:

Für die Realisierung der Anforderungen mußten innovative Lösungen umgesetzt werden. Die erste Version des Pilotsystems steht jetzt zur Verfügung. Aufgrund von Fehlern und Mängel kann nur ein Teilsystem eingeführt werden. Die Schulung der Pilotteilnehmer steht unmittelbar bevor.

Die Rahmenbedingungen für das Projekt haben sich jedoch geändert. Die Prioritäten für das Projekt haben sich verschoben, und der Abzug von zwei Teammitgliedern steht unmittelbar bevor. Die Projektplanung, insbesondere die Termine, sind an die geänderten Bedingungen angepaßt worden. Zusätzliche Ressourcen zur Durchführung der Einführung sind beantragt und genehmigt.

Der Projektleiter benötigt also dringend Informationen über die Chancen des Projektes, bevor er weitere Maßnahmen einleiten kann. Der Berater schlägt deshalb eine visualisierende Systemdiagnose vor.

## 2. Festlegung des Primärsystems

Bei der Systemdiagnose ist zunächst zu klären, welche Personen in dem Projekt eine Rolle spielen. Dies hängt allein ab von der subjektiven Sicht des Klienten, hier des Projektleiters. Die relevanten Personen werden von ihm im Hinblick auf seine Problemsituation definiert. Die formale Projektorganisation oder Aufbauorganisation des Unternehmens spielt dabei keine Rolle.

Zur Diagnose werden Fragen zu folgenden Punkten gestellt:
- Wer sind die relevanten Personen in dem Projekt?
- Was gewinnen/bzw. verlieren sie in dem Projekt?
- Wer unterstützt/bzw. behindert das Projekt?
- Was wollen die relevanten Personen erreichen/ vermeiden?
- Welche Regeln oder Verhaltensweisen gibt es, die zu berücksichtigen sind?
- Welche Konsequenzen ergeben sich daraus für die Einführung des Systems?
- Welches sind die subjektiven Ziele des Projektleiters? Was hält er für wichtig?

Für das vorliegende Projekt ergibt sich folgendes Primärsystem der für das Projekt relevanten Personen:
- der Auftragnehmer, ein externer Projektleiter, im folgenden **PLex** genannt,
- der Auftraggeber für das Projekt, ein Abteilungsleiter, im folgenden **ABL** genannt, direkter Vorgesetzter von 6 Gruppenleitern (GL#, GL1-GL5),
- der Vorgesetzte des internen Projektleiters, Gruppenleiter GL#,
- 5 weitere Gruppenleiter der Abteilung, die zusammen mit dem Abteilungsleiter ABL und GL# die wichtigsten Pilotteilnehmer und die Meinungsmacher in dem sozialen System sind, im folgenden **GL1-GL5** genannt,
- der interne Projektleiter, der **Star**.

## 3. Visualisierung des Primärsystems

Zur Visualisierung des Systems wählt der Projektleiter runde Metaplankarten und ordnet die Symbole wie folgt an:

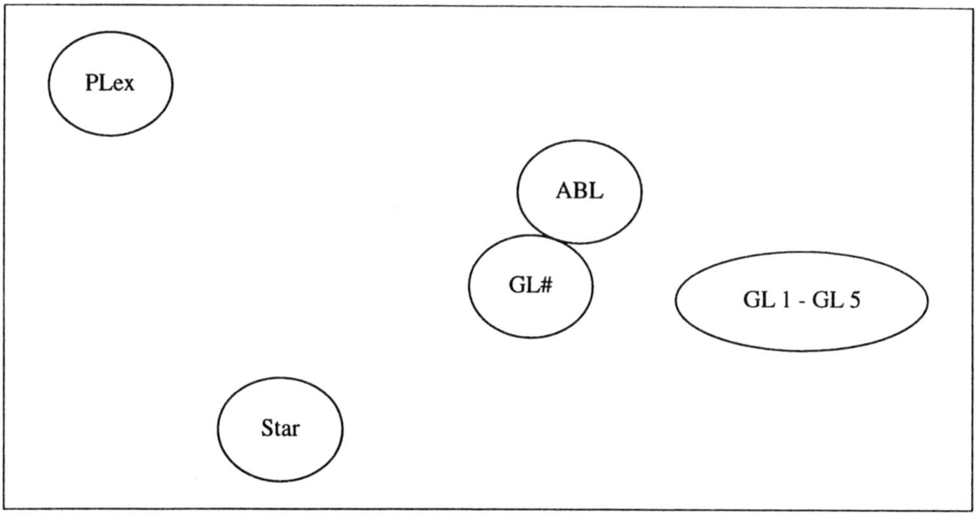


*Abbildung 1: Visualisierung des Primärsystems*

## 4. Prozeßarbeit 1: Klärung des bestehenden Systems

Ausgangssituation für die Klärung der Ist-Situation in dem bestehenden sozialen System sind die Beobachtungen über die Anordnung der Metaplankarten. Dabei ist ein besonderes Augenmerk auf den Abstand zwischen den Symbolen zu legen. Die Klärung der Situation erfolgt in der Prozeßarbeit. Das bedeutet, daß der Berater keine Lösung von außen vorgibt, sondern den Star dabei unterstützt, die zur Verfügung stehenden Ressourcen zu nutzen, um seine Situation zu klären und eine Lösung zu finden, die von ihm als seine eigene akzeptiert wird. Er stellt für die Klärung im wesentlichen die bereits unter (2) genannten Fragen.

*Nähe und Distanz zwischen den Symbolen*

- Es fällt auf, daß der interne Projektleiter die engste Verbindung zu seinem direkten Vorgesetzten (GL#) hat. Der Abstand zu seinem Auftraggeber (ABL) ist relativ groß. Ein Zugang ist zwar möglich, aber kaum ohne den eigenen Vorgesetzten (GL#) zu tangieren. Der Gruppenleiter (GL#) und der Abteilungsleiter (ABL) sind sich sehr nah. Auffällig ist auch, daß der Star keinen direkten Zugang zu den fünf Gruppenleitern (GL1-GL5) hat. Diese sind nur über den Auftraggeber (ABL) oder über den Gruppenleiter (GL#) zu erreichen. Zum externen Projektleiter (PLex) besteht ebenfalls eine recht großer Abstand. Eine direkte Zugangsmöglichkeit ist aber vorhanden.
- Dem Star wird anhand der symbolhaften Darstellung seines sozialen Systems deutlich, daß er als verantwortlicher Projektleiter keinen Zugang zu den Meinungsmachern und künftigen Anwendern (GL1-GL5) hat. Gleichzeitig ist der Zugang zu seinem Auftraggeber (ABL) nur über seinen direkten Vorgesetzten möglich. Dem Star wird bewußt, daß die Nähe zwischen dem Auftraggeber (ABL) und seinem Vorgesetzten (GL#) für sein Projekt problematisch ist. Er kommt selbst nur schwer an seinen Auftraggeber ran. Zusätzlich tauscht sein direkter Vorgesetzter (GL#) Informationen über den Projektverlauf mit dem Auftraggeber (Abteilungsleiter ABL) aus. Die Kommunikation mit dem Auftraggeber (ABL) läuft sogar meistens über den Gruppenleiter (GL#), der dann auch wichtige Maßnahmen beeinflußt.
- Die Stellung des externen Projektleiters (PLex) ist wesentlich problematischer als ursprünglich angenommen. Der Star erkennt, daß der externe Auftragnehmer weder Kontakt zu dem Auftraggeber noch zu den Gruppenleitern hat. Gleichzeitig stellt er fest, daß sich ein Subsystem bestehend aus dem Abteilungsleiter (ABL) und den Gruppenleitern (GL#, GL1-GL5) andeutet.

*Was wollen die relevanten Personen erreichen bzw. vermeiden? Welche Ziele verfolgen sie?*

Der Star meint, daß die Personen folgende Ziele haben:

- Der Auftraggeber (ABL) will
  Konflikte in seinem Subsystem vermeiden,

zeitlich wenig belastet werden
und den Aufwand für das interne Projekt minimieren.
Er glaubt aufgrund seiner hierarchischen Stellung Akzeptanz anordnen zu können.

- Der Vorgesetzte des Stars (GL#) will
  den internen Projektleiter für andere Projekte, für die er selbst Auftraggeber ist, schnellst möglich einsetzen können.
  Er möchte ein möglichst schnelles Ende des Projektes.
  Er möchte innerhalb des sozialen Sytems, vor allem innerhalb seines Subsystems, verdeutlichen können, daß er als Unterstützer des Stars einen Beitrag zu der innovativen Lösung geleistet hat.

- Die fünf Gruppenleiter (GL1-GL5) wollen als Anwender eine Entlastung beim Archivieren und Verteilen ihrer Dokumente. Sie möchten keinen zusätzlichen Aufwand durch eine Übergangslösung.
  Sie sind nur bedingt bereit, sich mit der Neuerung auseinanderzusetzen und würden lieber die alte Arbeitsweise beibehalten, zumal sie ihnen mehr Möglichkeiten zur Delegation an ihre Mitarbeiter gibt. Sie wollen eine Entlastung durch mehr Delegation erreichen und nicht durch eine grundlegende Veränderung ihrer Dokumentenarchivierung. Sie sind aufgrund von Gruppendenken nur bedingt bereit, Dokumente in ein gemeinsames elektronisches Archiv einzustellen und damit allen Beteiligten Einsicht in ihre Dokumente zu geben.
  Die Bereitschaft, sich mit innovativen Lösungen auseinanderzusetzen, ist generell gering, da ihnen in ihrem Alltag dafür kaum Zeit bleibt.

- Der externe Auftragnehmer (PLex) will das Projekt ohne Zeitverzögerung abschließen können, da er anschließend in den Ruhestand geht.
  Er will das Projekt unbedingt innerhalb des Budgets halten und den Einführungsaufwand möglichst gering halten.

- Der Star will
  die Akzeptanz des sozialen Systems erzielen.
  Er will aus den Erfahrungen lernen.
  Er will die Innovation einführen und verdeutlichen, welche Veränderungen das Thema Archiv für alle Gruppen bringen wird.

Für den Star ist es wichtig, daß das eigene soziale System das erste im Unternehmen ist, das sich mit dem Thema Archiv auseinandersetzt und dafür eine ausbaufähige, konzeptionelle Basis geschaffen hat.

## 5. Prozeßarbeit 2: Veränderung des sozialen Systems

Nach Klärung der unterschiedlichen Zielsetzungen stellt sich jetzt für den Star die Frage, welche Veränderungen in seinem sozialen System möglich und sinnvoll sind.

Für das Erarbeiten der Änderungsmöglichkeiten ist es wichtig zu wissen, daß nur der Star selbst seine Position verändern darf, weil nur er seine Situation in der Realität verändern kann. Die anderen Systemelemente werden dann auf die Veränderungen des Stars reagieren. Mögliche Auswirkungen als Reaktion auf die Handlungen des Stars können schon jetzt in die Prozeßarbeit einbezogen werden. Der Star hat somit auch die Möglichkeit, unterschiedliche Handlungsalternativen auszuprobieren. Stellt sich heraus, daß eine Alternative ungeeignet ist, ist die Ausgangssituation wieder herzustellen.

Vom Star wurden folgende Veränderungen seiner Position ins Auge gefaßt:

*1. Handlungsalternative*
Zunächst wendet er sich an den Auftraggeber, um mit ihm die Möglichkeiten für eine erfolgreiche Einführung abzustimmen. Dabei wird ihm aber bewußt, daß er damit seinen Vorgesetzten (GL#) zu den übrigen Gruppenleitern (GL1-GL5) drängt. Aufgrund seiner Nähe zu dem Auftraggeber wird dies sein Vorgesetzter (GL# ) nicht gern sehen.

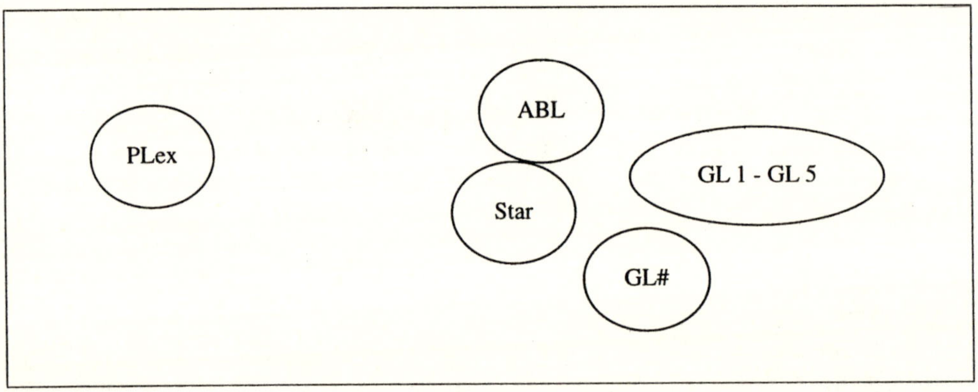


*Abbildung 2: Veränderung des sozialen Systems / 1. Handlungsalternative*

*2. Handlungsalternative*
Die zweite Möglichkeit, die vom Star erörtert wird, ist, gleichzeitig auf den externen Projektleiter (PLex) und seinen Vorgesetzten (GL#) zuzugehen. Er möchte ihnen erläutern, welchen persönlichen Nutzen sie aus einer erfolgreichen Einführung haben könnten. Er möchte sowohl den externen Projektleiter (PLex ) als auch seinen Vorgesetzten (GL#) dafür gewinnen, gemeinsam mit ihm den Auftraggeber um eine stärkere Unterstützung für die Einführung zu bitten. Der Auftraggeber könnte stärker als Promotor für das Pilotprojekt fungieren.

Damit erreicht er folgende Position:

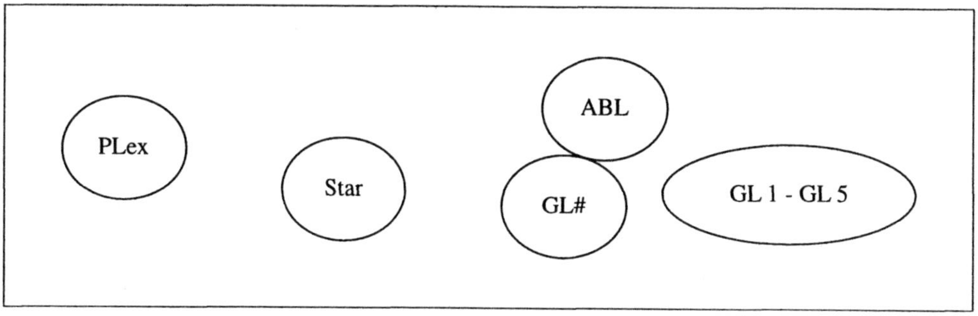


*Abbildung 3: Veränderung des sozialen Systems / 2. Handlungsalternative*

## 6. Transferphase: Was bedeuten die Schritte für die reale Situation des Stars?

In dieser Phase der Systemdiagnose ist herauszuarbeiten, wie die symbolischen Veränderungen in der Realität umgesetzt werden können.

- Auf den externen Projektleiter (PLex) zugehen bedeutet für den Star, die Einführung stärker mit ihm zu koordinieren und die nächsten Schritte detailliert mit ihm zu planen. Dabei ist es wichtig, ihm zu verdeutlichen, daß er nur durch eine gemeinsame Vorgehensweise sein Ziel, schnell zum Abschluß des Projektes zu kommen, ereichen kann. Gleichzeitig bedeutet dies, ihn dafür zu gewinnen, zusammen mit dem Vorgesetzten (GL#) auf den Auftraggeber (ABL) zuzugehen, um von ihm eine stärkere Unterstützung für die Einführung zu bekommen. Dabei will der Star ein besonderes Augenmerk auf die Vorbereitung der künftigen Anwender richten. Er will schon im Vorfeld, anhand der Arbeitsabläufe aus den einzelnen Gruppen, die Schulung vorbereiten und an konkreten Fällen ausrichten.

- Auf seinen Vorgesetzten zugehen bedeutet für den Star, seine Sonderstellung in dem Projekt zu nutzen und ihm zu erläutern, welchen Nutzen er aus der Einführung der Archivanwendung gewinnen kann. Der Star würde schneller wieder für andere Projekte frei werden. Der Star wird jedenfalls nicht auf den Auftraggeber zugehen, ohne seinen Vorgesetzten (GL#) einzubeziehen. Mit dem Vorgesetzten (GL#) möchte der Star die konkreten Erleichterungen erörtern, die durch die Einführung in seiner Gruppe erreicht werden könnten. Er will beispielhaft mit ihm die künftigen Abläufe planen. Zusätzlich möchte er ihn dafür gewinnen, seine Ergebnisse den anderen Gruppenleitern (GL1-GL5) zur Verfügung zu stellen, um diese zu einer Beteiligung zu gewinnen. Dies würde auch ein zusätzliches Angebot an sie beinhalten, bei der Vorbereitung der Umsetzung stärker zu unterstützen. Wenn es dadurch dem Star gelingt, bessere Bedingungen für ein konstruktives Handeln der Einzelnen zu schaffen, könnte der Erfolg der Einführung noch gesichert werden.

– Auf den externen Projektleiter (PLex) und den Vorgesetzten (GL#) zugehen bedeutet für den Star auch, den Auftraggeber (ABL) nicht wesentlich stärker mit der Einführung zu belasten. Der Star schätzt die Erfolgsaussichten relativ gut ein, weil durch die vorbereitenden ablauforganisatorischen Maßnahmen der Nutzen der neuen Anwendung transparenter wird.

Wenn diese Schritte Erfolg haben, wäre es auch möglich, daß der Zugang zu den Gruppenleitern (GL1-GL5) für den Star nicht länger versperrt wäre. Dann könnte sich als Reaktion auf die dargestellte Vorgehensweise folgende vom Star angestrebte Position ergeben:

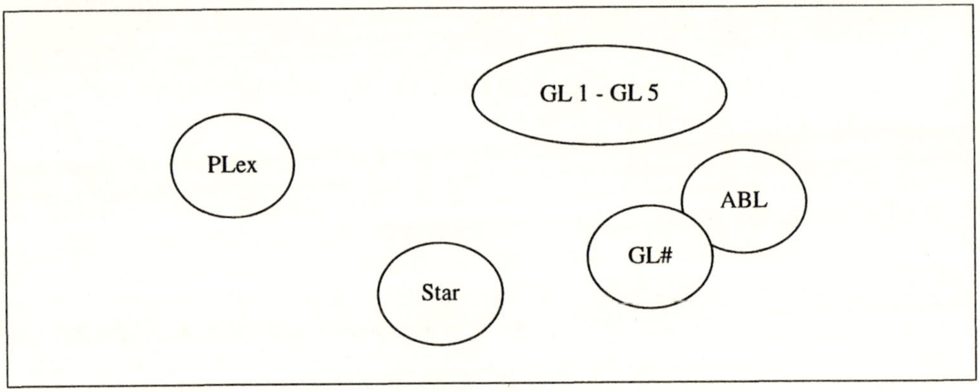


*Abbildung 4: Angstrebte Position des Stars*

## 7. Wie wurde das Ergebnis der Systemdiagnose umgesetzt?

Zunächst gelang es dem Star in einem persönlichen Gespräch mit dem externen Projektleiter (PLex), die Aktionen für die Einführung im Detail zu planen. Dabei bekräftigte er, daß es auch für ihn wichtig sei, das Projekt schnell zum Abschluß zu bringen. Dazu überlegte er mit ihm, welche Möglichkeiten bestehen würden, noch zusätzliche Ressourcen zur Einführung des neuen Systems heranzuziehen. Gemeinsam wurde dann festgelegt, die Einführung mit einer externen Trainerin durchzuführen, deren Hauptaufgabe darin bestand, bei der Planung der künftigen Arbeitsabläufe zu unterstützen. Damit konnten schnell exemplarische Fallbeispiele für die Systemschulung vorbereitet werden, so daß am Ende der Schulung die Gruppenleiter bereits konkrete Lösungen für das Archivieren der Dokumente umgesetzt hatten.

Für diesen konkreten Einführungsplan konnten der Star und der externe Projektleiter auch den Vorgesetzten (GL#) gewinnen, der jetzt bereit war, als erster seine Abläufe umzustellen. Dabei wurden die Erleichterungen, die mit dem neuen Archivsystem erreicht werden können, transparent. Der Vorgesetzte (GL#) unterstützte dann die weitere Einführung, indem er seine beispielhafte Lösung den anderen Gruppenleitern zu Verfügung stellte.

Dem Star ist es so zusammen mit dem externen Projektleiter und seinem Vorgesetzten gelungen, die Bereitschaft für ein konstruktives Handeln in der Einführungsphase zu erhöhen. Durch die Unterstützung des Vorgesetzten gelang es auch, die Widerstände der anderen Gruppenleiter abzuschwächen, so daß eine vernünftige Auseinandersetzung mit dem neuen System möglich war. Die Gruppenleiter (GL1-GL5) beteiligten sich aktiv an der Pilotphase.

## 8. Fazit

In dem vorliegenden Projekt waren die geänderten Prioritäten und die Ressourcenknappheit als die vordergründigen Ursachen für die Risiken zu erkennen. Entsprechend dem klassischen Projektmanagement wurden die Aktivitäten und die Projektplanung an diese Veränderungen angepaßt. Für das Abwägen der eigentlichen Chancen und Risiken bieten jedoch klassische Projektmanagementverfahren keine Instrumente an. Somit ist es nicht möglich, konkrete Schritte abzuleiten, die für das soziale System verträglich sind. In dem vorliegenden Fallbeispiel war es für den Erfolg der Einführung besonders wichtig, die Sonderstellung des Vorgesetzten (GL#) zu nutzen und nicht ohne ihn die Einführung zu planen.

Systemische Verfahren, wie die hier verwendete Systemdiagnose, liefern Instrumente, die die Ursachen für ein mögliches Scheitern im sozialen System im Vorfeld transparent machen. Durch die Systemdiagnose wurde unbewußtes Wissen des internen Projektleiters aktiviert, so daß auf vorhandene, aber nicht abrufbare Ressourcen zurückgegriffen werden konnte.

Für die weitere Vorgehensweise war es wichtig, zu erkennen, wie sich die Nähe des Vorgesetzten (GL#) zum Auftraggeber auf das Projekt auswirkt. Die Anwendung der klassischen Verfahren hätte für den Star bedeutet, sich aufgrund der formalen Projektorganisation stärker auf den Auftraggeber zu stützen, mit ihm die Einführung vorzubereiten und sich auf die Anpassung der Terminpläne und Beschaffung zusätzlicher Ressourcen zu beschränken. Selbst bei optimaler Planung wären die eigentlichen Risiken nicht erkannt worden.

Gisela Bolbrügge

# Führungsprobleme in einem Projekt aus systemischer Sicht

Wie wollen Mitarbeiter geführt sein? Welcher Führungsstil ist zeitgemäß, welcher erfolgsversprechend?

Fragen dieser Art sind ein zentrales Thema vieler Führungskräfte, werden sie doch ständig mit immer neuen Schlagworten, wie „situativ führen", „evolutionäres Management", „strategisches Management" und nun auch noch „systemisch führen" usw. in einschlägigen Publikationen konfrontiert.

In diesem Beitrag wird anhand eines konkreten Falles dargestellt, welche Hilfestellung die Diagnose-Instrumente der systemischen Organisationsberatung (vgl. König/ Volmer 1999) einer Führungskraft bieten können, um den eigenen Führungsstil zu überprüfen und auf das jeweilige Team und Unternehmen (System) auszurichten.

## 1. Die Ausgangslage

Projektleiter Müller*, Mitarbeiter in einem Beratungsunternehmen, wurde von einem mittelständischen Dienstleistungsunternehmen GBM GmbH (ca. 300 Mitarbeiter) verpflichtet, über ein durchschnittlich komplexes Projekt Projektmanagement-Methoden im Unternehmen einzuführen und dabei die Mitarbeiter quasi on-the-job zu trainieren. Das Unternehmen sagte ihm dabei alle erdenkliche Hilfe und Unterstützung zu. Da Projektleiter Müller das Unternehmen und die Mitarbeiter bereits von früheren Aufträgen her kannte, willigte er ohne Bedenken ein, diesen Auftrag zu erfüllen. Als Fachmann auf dem Gebiet Projekt-Management hatte er bereits mehrere Projekte erfolgreich geleitet. Er bevorzugte den kooperativen Führungsstil und verstand diesen als angemessen, um ein Team von Experten, von deren spezifischem Fachwissen er in aller Regel wenig verstand, zum Erfolg zu führen. Die einschlägige Projektmanagement-Literatur und seine persönlichen Erfahrungen gaben ihm recht.

Das Unternehmen GBM GmbH kannte er als ein eher patriarchalisch geführtes Unternehmen, in dem die Führungskräfte den Mitarbeitern scheinbar relativ wenig zutrauten („Das können unsere Mitarbeiter nicht"). Herr Müller hatte auch den Eindruck, daß die Mitarbeiter der operationellen Ebene Entscheidungen vermieden bzw. nach oben delegierten. Die meisten, selbst relativ unwichtige Entscheidungen wurden von der Geschäftsführung selbst getroffen, wie auch die eingehende Post meist zuerst von der Geschäftsführung gesichtet wurde. Ein häufig von Herrn Müller beobachtetes Verhalten unter den Mitarbeitern bis hin zur Gruppen- und Abteilungsleiterebene war

* Die Namen der betreffenden Personen wurden geändert.

Nörgelei und Kritik am Führungsstil. Die Suche nach Ausreden, Entschuldigungen („Wir können ja nicht, weil...") und Sündenböcken („Die Geschäftsführung tut ja nichts") als Grund, weshalb Dinge nicht in Bewegung kamen, schienen Herrn Müller kennzeichnend für das Unternehmen zu sein.

Für Projektleiter Müller schien auf der Hand zu liegen, daß die Mitarbeiter nur ermutigt werden mußten, selbständig zu arbeiten, daß sie nur darauf warteten, endlich einmal mitbestimmen zu dürfen, ihr Können zu zeigen, und dies schien ihm nun ihm Rahmen dieses Projektes möglich. Er war überzeugt, daß allein diese Chance die Projektmitarbeiter motivieren müsse. Obendrein hatte er den persönlichen Ehrgeiz entwickelt, zu zeigen, daß der im Unternehmen vorherrschende patriarchalische Führungsstil überholt sei („Ich wollte etwas in Bewegung bringen.").

Doch relativ schnell kam es zu Schwierigkeiten zwischen dem Projektleiter und seinem Team. Die Teammitglieder erfüllten ihre Aufgaben nicht rechtzeitig. Sie schienen seine mäßige Kontrolle auszunutzen, indem einige die vereinbarten Arbeitszeiten nicht mehr genau einhielten und zu Teamsitzungen unpünktlich erschienen. Eine Situation, die Herr Müller überhaupt nicht verstand. Hatte er nicht die Mitarbeiter bei der Projektplanung eingebunden? Hatte er nicht mit ihnen ihre Aufgaben besprochen und ihre Wünsche berücksichtigt? Hatte er nicht versucht, ein gutes Klima im Team herzustellen? War er nicht ganz Ohr für die Probleme und Klagen, die in den Teamsitzungen an ihn herangetragen wurden? Versuchte er nicht die Teammitglieder zu ermuntern, ihre Arbeitsergebnisse in entsprechenden Ausschußsitzungen selbst ihren Führungskräften zu präsentieren, um ihnen auf diesem Wege Erfolgserlebnisse zu verschaffen?

Herr Müller war völlig fassungslos, daß alles, was er bisher als Projektleiter erfolgreich praktizierte hatte, nicht angenommen wurde. Er war aufgrund seiner bisherigen Erfahrungen felsenfest davon überzeugt, das Richtige zu tun und sein Bestes zu geben.

Die Probleme zwischen den Projektmitarbeitern und Projektleiter Müller wurden immer größer. Der Auftraggeber, das Unternehmen GBM GmbH war von Herrn Müller enttäuscht und unzufrieden, weil dieser die Erwartungen nicht erfüllte, die in ihn gesetzt wurden, und zog sich zurück. Die Situation schien allen Beteiligten zu entgleiten. Da das Unternehmen eine von Herrn Müller angeregte Teamentwicklung ablehnte, suchte Projektleiter Müller schließlich Hilfe bei einem Berater, um für sich die Situation zu klären.

## 2. Die Beratung

Der Berater ließ sich zunächst die Situation schildern. Er kam dabei zu dem Entschluß, verschiedene Verfahren aus der systemischen Organisationsberatung anzuwenden.

### 2.1 Visualisierung des sozialen Systems

Zunächst wurde eine Systemdiagnose durchgeführt, in der das soziale System des Projektteams visualisiert wurde (vgl. König/Volmer 1999, 113ff.), um die Situation des Projektleiters und seine Stellung im Team schärfer herauszuarbeiten.

Es geht dabei darum, daß sich in sozialen Systemen Subsysteme herausbilden, die durch ihre Nähe und Distanz zueinander bestimmt sind. Die Existenz solcher Subsysteme, d.h. Cliquen und /oder Koalitionen, kann aufgrund unterschiedlicher Interessenslagen zu Problemen führen. Im vorliegenden Fall wurde Visualisierung über Symbole gewählt, da Herr Müller als einzige Person aus dem System beraten wurde.

Während eine reine Gesprächsberatung nur sequentiell die Beziehungen behandeln kann und dabei wichtige Aspekte wieder verlorengehen können, bietet dieses Verfahren den Vorteil, daß alle genannten Beziehungen während der Beratung visuell präsent sind. Gleichzeitig wird auch viel unbewußtes Wissen um die Situation nutzbar gemacht.

Der Berater ließ sich vom Projektleiter zunächst Personen nennen, die für ihn im Zusammenhang mit dem Projekt wichtig sind. Es zeigte sich, daß neben dem Team noch einige andere Personen von Bedeutung waren, nämlich zum einen der Auftraggeber (AG) und zum anderen der Vorgesetzte eines Mitarbeiters (AL).

Der Berater schrieb die Namen dieser Personen auf runde Karten und ließ diese vom Projektleiter am Boden auslegen. Dabei ergab sich etwa folgendes Bild:

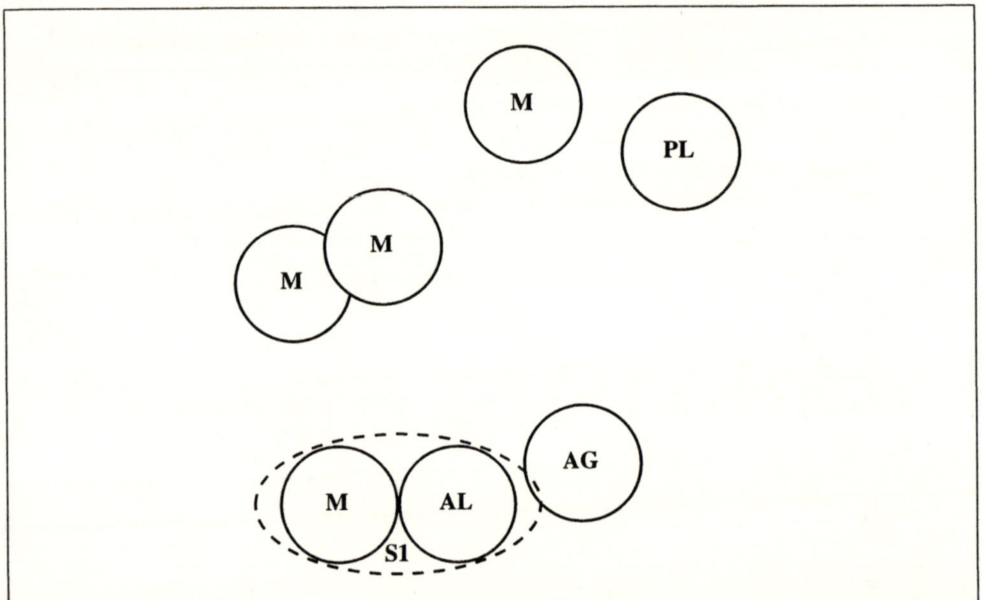


Es stellte sich heraus, daß sich zwei Subsysteme innerhalb des Teams gebildet hatten. Der einen Gruppe ($S_1$) gelang es durch die stillschweigende Duldung des AL, die Arbeit des gesamten Teams zu boykottieren, indem sie die Einhaltung von Terminen auf die verschiedensten Weisen verhinderten. Als konkretes Beispiel dafür erinnerte sich der Projektleiter an folgendes Geschehen: Wenn der Mitarbeiter im Rahmen der Gleitzeitregelung frei nehmen wollte, sprach er dies nur mit seinem zuständigen disziplinarischen Vorgesetzten ab, während er den Projektleiter allenfalls informierte. Obwohl AL um die terminliche Situation des Projektes wußte, hielt er keinerlei Rücksprache mit dem Projektleiter, sondern gewährte seinem Mitarbeiter die Freizeit. Dies widersprach zwar den schriftlich niedergelegten Regeln, die besagten, daß der disziplinarische Vorgesetzte nur in Absprache mit dem Projektleiter als fachlichem Vorgesetzten Freizeit gewähren darf. Das Verhalten von AL wurde jedoch nicht sanktioniert. Der Mitarbeiter konnte dadurch sehr geschickt die Teilung zwischen disziplinarischer und fachlicher Weisungsbefugnis, die für Matrix-Organisationen typisch ist (vgl. Bolbrügge 1990), ausnutzen.

Um hier Verbesserung zu erreichen, hätte Projektleiter Müller die Unterstützung von AG gebraucht. Doch gerade hier wurde ihm aufgrund der Visualisierung bewußt, daß er die Nähe zwischen AL und AG falsch eingeschätzt hatte.

Nachwievor hatte er zwar direkten Zugang zum AG, d.h. er konnte ihn jederzeit sprechen. Doch aufgrund anderer personeller Veränderungen im Unternehmen war der AG viel stärker zu AL hingerückt. Gleichzeitig war AG Vorgesetzter von AL und fachlich auf diesen angewiesen. Dem Projektleiter wurde ziemlich klar, daß er kaum Unterstützung von AG erwarten konnte, insbesondere nicht für die Lösung der Probleme mit AL. Herr Müller begründete diese Einschätzung damit, daß er AG als relativ konfliktscheu und harmoniebedürftig kennengelernt hatte.

## 2.2 Diagnose subjektiver Theorien

Menschen machen sich bestimmte Vorstellungen von der Realität. Sie interpretieren Situationen aufgrund ihrer Erfahrungen, Einstellungen usw., die sie im Laufe ihres Lebens erworben haben. Diese sog. subjektiven Theorien beeinflussen ihr alltägliches Handeln (vgl. König/Volmer 1999, 141ff.; Groeben u.a. 1988; Watzlawick 1992). Vielfach werden die subjektiven Theorien nicht überprüft, besonders dann, wenn es sich um Werte oder Normen handelt.

Schon während der Visualisierung des Systems kamen verschiedene subjektive Theorien des Projektleiters zutage.
Hier einige Beispiele von Herrn Müllers subjektiven Theorien:

„Alle Mitarbeiter wollen gefragt werden und mitsprechen."
„Alle Menschen sind kooperativ, man muß sie nur ensprechend behandeln."
Hinter diesen subjektiven Theorien zeigte sich sein Menschenbild, das auch seinen Führungsstil prägte. Bei den hier genannten Konstrukten handelt es sich um Verallgemeinerungen, Generalisierungen. Herr Müller ging davon aus, daß alle Menschen so behandelt werden möchten wie er selbst. Außerdem wurde ihm durch seine bisherige Führungserfahrung diese Meinung bestätigt. Es kam also darauf an, diese Generalisierungen aufzulösen und Herrn Müllers Sichtweise zu verändern:

M: „Alle Mitarbeiter wollen gefragt werden und mitsprechen."
B: „Woraus schließen Sie das?"
M: „Das weiß ich von mir selber und ich habe es häufig beobachtet. Außerdem liest man das auch in der neueren Management-Literatur."

B: „Haben Sie auch schon andere Menschen getroffen?"
M: „Ja, schon, aber das ist doch die Minderheit."
B: „Was könnte der Grund sein, daß manche Menschen gar nicht so gerne gefragt werden und mitreden wollen?"
M: „Sie brauchen dann keine Verantwortung zu übernehmen."
B: „Könnte das auf diese Mitarbeiter zutreffen?"
M: „Ja, klar."

Herr Müller gelangte schließlich zur Erkenntnis, daß er die Mitarbeiter des Unternehmens überforderte, wenn er von ihnen verlangte, Entscheidungen zu treffen und Verantwortung zu übernehmen. Die Neigung im Unternehmen, Entscheidungen nach oben zu delegieren, war ein Indiz dafür, daß die Mitarbeiter ein großes Bedürfnis hatten, sich abzusichern, Fehler zu vermeiden und Verantwortung abzugeben. Selbst bei großer Sympathie der Projektmitarbeiter für Herrn Müller war es für diese nur schwer möglich, mit dem Führungsstil von Herrn Müller klar zu kommen. Vielmehr fühlten sie sich von den neuen Anforderungen irritiert und verunsichert, was langsam zu einem latenten Ärger gegenüber dem Projektleiter führte.

Auf die Frage des Beraters, wie er seine neuen Erkenntnisse nutzen wolle, sah der Projektleiter folgende Möglichkeiten:

Er werde mehr akzeptieren, daß die Team-Mitarbeiter kaum Entscheidungen treffen, und ihnen damit auch Druck wegnehmen. Ferner wolle er künftig genauer erfragen, wer welche Entscheidungen treffen könne, und dann gleich an die entsprechenden Entscheidungsträger herantreten oder die Mitarbeiter bitten, das zu tun. Er glaube, sich damit systemkonformer zu verhalten.

## 2.3 Diagnose der Regeln

Ein soziales System benötigt gewisse Regeln (vgl. König/Volmer 1999, 180ff.), um den handelnden Personen Verhaltenssicherheit zu geben. In dem hier diskutierten Fall wird ersichtlich, daß ein Mitarbeiter, der neu in ein Unternehmen kommt, diese Regeln erst erlernen muß, um sich in diesem System zurechtzufinden.

Mit der Einführung von Projektmanagement war auch verbunden, daß neue Regeln etabliert werden mußten, und zwar Regeln, die zum Teil nicht in Übereinstimmung mit den bisher gelebten Regeln waren. Allerdings hatte der Projektleiter Müller als externer Mitarbeiter kaum die Möglichkeiten und die notwendige Macht, diese Regeln zu installieren. Auch aus seiner Rolle als Projektleiter mit der üblichen Trennung von disziplinarischer und fachlicher Weisungsbefugnis heraus fehlte ihm das Mittel der Sanktion, um neue oder veränderte Regeln durchzusetzen.

Mehrfach wurde bereits auf ein Verhalten hingewiesen, hinter dem wahrscheinlich folgende dysfunktionale Regel steckte: „Entscheidungen werden immer nach oben delegiert!" So mußte z.B. sehr viel Kleinkram von der Geschäftsleitung entschieden werden. Als Indiz dafür wertete der Projektleiter die Tatsache, daß alle eingehende Post zuerst dem zuständigen Geschäftsleiter vorgelegt und dann erst an den entsprechenden Sachbearbeiter verteilt wurde. Zumindest war dies ein Hinweis darauf, daß die Geschäftsleitung stets informiert sein wollte und damit eine starke Kontrolle ausübte. Eine wichtige Regel im Unternehmen lautete demnach: „Die Geschäftsleitung muß über alles informiert werden!“

Diese Regel, die entstanden war, als der Betrieb noch wesentlich kleiner war, wurde mit wachsendem Geschäftsvolumen unpraktikabel und damit dysfunktional. Zum einen führte es dazu, daß die Geschäftsführer reichlich überlastet waren und nur mit Mühe einen Termin pünktlich einhalten konnten. Weil Routinearbeit leicht zu erledigen ist und weil die täglich anfallende Masse an Geschäftsvorfällen erledigt werden mußte, wurde diese stets vorgezogen. Aus dem Rahmen fallende Entscheidungen hatten oft gegenüber der Tagesarbeit geringere Priorität. Dieser Zustand war für den Projektfortschritt sehr hinderlich, zumal in der Projektplanung auf diese schwer quantifizierbaren Besonderheiten keinerlei Rücksicht genommen wurde. Desweiteren war auf diese Regel zurückzuführen, daß Mitarbeiter kaum Entscheidungen treffen wollten. Insbesondere dann nicht, wenn es sich, wie bei einem Projekt, um Neuland handelte. So wurde innerhalb des Teams selten eine fachliche Entscheidung getroffen, da die Mitarbeiter sich gerne rückversichern wollten. Eine Ebene höher zeigten sich die mit großem Aufwand vorbereiteten Projektlenkungsausschuß-Sitzungen als reine Debattierclubs. Ergebnisse waren nur dann zu erzielen, wenn jemand aus der Geschäftsführung an diesen Sitzungen teilnahm.

Es stellte sich die Frage, inwieweit der Projektleiter diese Regel außer Kraft setzen konnte. Es ging zunächst einmal darum festzustellen, ob die inoffzielle und die offizielle Regel sich deutlich voneinder unterscheiden. Der Projektleiter wußte nur, daß er im Rahmen der Projekt-Richtlinien keinerlei fachliche Entscheidungen treffen durfte. Dies war Aufgabe des Lenkungsausschusses. Der Projektleiter sah eine Möglichkeit darin, die bestehende Regel für sich positiv zu nutzen, indem er stets die Geschäftsführung zu den Ausschuß-Sitzungen einlud, auch wenn dies nach seinen Vorstellungen ein bißchen überzogen war.

## 2.4 Interaktionsstrukturen

Auf dem theoretischen Hintergrund der Transaktionsanalyse konnten die Probleme analysiert werden, die sich aus dem Führungsverhalten von Herrn Müller ergaben (vgl. z.B. Berne 1970; Stewart/Joines 1990; Schlegel 1995).

Es handelt sich dabei im Groben um drei Positionen, aus denen Verhalten im Umgang mit anderen zustandekommt bzw. erklärt werden kann:

- das Eltern-Ich (EL): Umgangsweisen, wie ich sie von Eltern und anderen Autoritätspersonen übernommen habe.
- das Erwachsenen-Ich (ER): Ich handle aufgrund von „rationalen“ Überlegungen, ich wäge ab, ich entscheide
- das Kind-Ich (K): das Verhalten, daß ich hauptsächlich als Kind zeigte.

Führungskräfte, die autoritär oder patriarchalisch führen, handeln vorwiegend aus dem Eltern-Ich. Sie neigen dazu, den Mitarbeitern die Entscheidungen abzunehmen, den Mitarbeitern befehlsmäßig ihre Aufgaben zuzuweisen, sie übermäßig zu kontrollieren und sie für Fehler zu bestrafen.

Kooperative Führungskräfte hören sich die Meinungen ihrer Mitarbeiter an und berücksichtigen diese bei ihren Entscheidungen. Sie begründen den Mitarbeitern ihre Entscheidungen. Ihr Führungsstil kommt eher aus dem Erwachsenen-Ich.

In der Interaktion zwischen Projektleiter und Team mußte diese Konstellation zwangsläufig zu Problemen führen, was mit Hilfe der Transaktionsanalyse gut deutlich gemacht werden kann. Ein Gespräch verläuft ohne Probleme, solange der Gesprächspartner aus dem angesprochenen Ich-Zustand antwortet.

Problematisch wird eine Kommunikation jedoch dann, wenn gekreuzte Transaktionen auftreten, d.h. wenn der Gesprächspartner aus einem anderen als dem angeprochenen Ich-Zustand antwortet, so daß sich die Richtungen der Transaktionen überschneiden. Kennzeichnend für eine gekreuzte Transaktion ist, daß sie jäh abbricht und beide Kommunikationspartner mit schlechten Gefühlen zurückbleiben.

Im Falle von Projektleiter Müller wird klar, daß ein patriarchalischer Führungsstil eine Transaktion vom Eltern-Ich des Vorgesetzten an das Kind-Ich des Mitarbeiters darstellt. Reagiert der Mitarbeiter aus dem Kind-Ich, gibt es keine Probleme. Hinweise dafür, daß die Mitarbeiter von Projektleiter Müller tatsächlich so reagierten, sind beispielsweise, daß sie selten Fragen stellten, wenn ihnen eine Aufgabe nicht klar war, daß sie überwiegend nur das taten, was ihnen aufgetragen wurde. Sie verfielen sehr schnell in eine Rechtfertigungshaltung, wenn Kritik an ihrer Arbeit geäußert wurde. Dauernde Kontrolle der Arbeit war sehr wichtig. Entscheidungen konnten fast nie innerhalb des Teams erzielt werden, stets wollten die Mitarbeiter sich absichern. Ihre wachsende Unzufriedenheit mit dem Projektleiter zeigten sie dadurch, daß sie nur noch das Nötigste arbeiteten.

Projektleiter Müller dagegen wollte die Mitarbeiter ernst nehmen und bezog sie bei der Projektplanung mit ein. Zu Projektbeginn handelte es sich vorwiegend um Transaktionen aus dem Erwachsenen-Ich von Herrn Müller an das Erwachsenen-Ich der

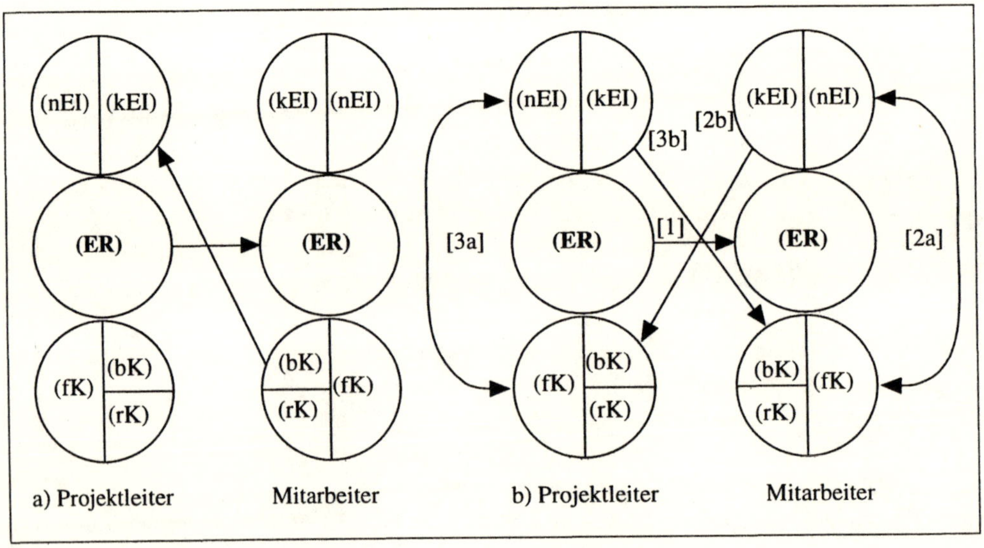

Teammitglieder. Da es sich jedoch zwischen Projektleiter und -mitarbeitern um ein Hierarchie-Verhältnis handelt, agierten die Mitarbeiter wie gewohnt aus dem Kind-Ich und es kam zu einer Serie von gekreuzten Transaktionen, die schließlich zu Unzufriedenheit auf beiden Seiten führten (s. Abb. S. 50).

Das Ergebnis war eine Kommunikation mit dem Team, die sich ständig verschlechterte, weil sie vorwiegend aus gekreuzten Transaktionen bestand.

Als Projektleiter Müller begriff, daß sein Führungsstil in diesem Unternehmen nur Irritationen auslöste, fiel es ihm auch leichter von seiner subjektiven Theorie über Führungsstile Abschied zu nehmen. Er sah ein, daß es Menschen gibt, die lieber mit starker Hand geführt werden, obwohl es ihm selbst nicht gefallen würde. Auf die Frage, ob er sich überhaupt auf einen solchen Führungsstil einlassen könne, meinte er, daß er es vielleicht jetzt könne, da er ihn nicht mehr als negativ bewerte.

## 3. Das Ergebnis

Die Systemdiagnose hatte gezeigt, daß Herr Müller sein Nähe/Distanz-Verhältnis zum Auftraggeber auf dem Hintergrund von früheren Begegnungen anders eingeschätzt hatte, als es sich im Augenblick darstellte. Er hatte dabei die übrigen Veränderungen im System ignoriert und verstand zunächst nicht, daß sich auch seine Beziehung zu AG verändert haben sollte. Allein die Visualiserung des Systems und die dazugehörige Beratung ergaben, daß er beschloß, diese Distanz zu akzeptieren, wenn nicht gar zu vergrößern. Er setzte dies auch in die Tat um und erreichte damit, daß die Arbeitsatmosphäre mit AG wieder entspannter und lockerer wurde. AG war sichtlich erleichtert, daß der Projektleiter nicht mehr von ihm unterschwellig forderte, bezüglich AL seine Partei zu ergreifen.

Projektleiter Müller verstand auch, daß seine Vorstellung, ein kooperativer Führungsstil sei der einzig richtige und alle Menschen wollten so geführt werden, revidiert werden mußte. Sein Führungsstil entsprach nicht dem des Systems GBM GmbH und führte zu Problemen. Die Mitarbeiter des Unternehmens wurden durch seinen Führungsstil eher verunsichert und überfordert. Die neuen Erkenntnisse bewegten Projektleiter Müller für die restliche Projektzeit, seinen Führungsstil dem Unternehmen anzupassen und so sich und anderen das Leben zu erleichtern. Dies half die Situation zu entschärfen und die Akzeptanz des Projektleiters wenigstens teilweise wiederherzustellen. Die Mitarbeiter des Teams konnten in einer vertrauteren Atmosphäre arbeiten, was sich auch auf ihre Motivation auswirkte.

Für Projektleiter Müller war die Situation sehr lehrreich. Die Überprüfung seiner subjektiven Theorien hatte ihm gezeigt, daß eine Verallgemeinerung von eigenen Erfahrungen sehr problematisch werden kann, wenn darauf Handlungsweisen basieren, die andere verunsichern. Er hat verstanden, daß er künftig sehr viel stärker darauf achten muß, welcher Führungsstil in einem System bereits etabliert ist und welchen Führungsstil die einzelnen Mitarbeiter gewohnt sind. Für Herrn Müller bedeutete dies eine Erweiterung seines Handlungsrepertoires und damit eine größere Flexibilität. Er hatte auch gelernt, daß sich Beziehungen zu Menschen aufgrund von Einflüssen verändern können, die völlig außerhalb von ihm liegen. Dies war eine große Erleichterung für ihn, denn er hatte sich schon ziemlich den Kopf darüber zerbrochen, welche Fehler er gemacht hatte.

Systemisch führen bedeutet also, das soziale System kennenzulernen, seine subjektiven Theorien zu erkennen, seine Regeln und Interaktionsstrukturen zu analysieren und dann entprechend seiner Möglichkeiten zu handeln. Systemisch führen heißt nicht, nach „Kochrezepten" zu führen, sondern die Besonderheiten der handelnden Personen und des Systems zu berücksichtigen und von dort aus Veränderungen einzuleiten; nicht gegen das System zu arbeiten, sondern mit ihm mitzugehen.

# 2. Systemische Organisationsberatung bei der Veränderung von Führungsstrukturen

Christoph Janke

# System im Netz der Traditionen. Änderung des Führungsverhaltens auf einem Steinkohlenbergwerk

## 1. Ausgangssituation

Der Steinkohlenbergbau ist einer der ältesten und damit traditionsreichsten Industriezweige Deutschlands. Das bedeutet, daß sich – oft über Generationen – traditionelle Organisationsstrukturen mit zahlreichen Führungsebenen, einem sehr personenbezogenen und letztlich deutlich autokratischen Führungsstil entwickelt haben. Dieser Führungsstil hatte sich nicht zuletzt angesichts der komplexen Aufgaben und der strengen Sicherheitsbedingungen für Arbeit „unter Tage" lange Zeit bewährt. Aber er wurde in dem Moment problematisch, in dem die allgemeine wirtschaftliche Situation eine Steigerung von Effizienz und Wirtschaftlichkeit erzwang.

Im folgenden wird ein auf einem Steinkohlenbergwerk mit externer Unterstützung durchgeführter Organisationsberatungsprozeß zur Veränderung des Führungsverhaltens dargestellt. Vorausgegangen waren seit Beginn der 90er Jahre durchgeführte bergwerks-interne Maßnahmen mit der Zielsetzung, Entscheidungskompetenz auf die unteren Ebenen zu verlagern, Kostenverursachung und Kostenverantwortung in stärkerem Maße zusammenzulegen, vorhandene Arbeitsgruppen zu teilautonomen Einheiten zu machen und insgesamt einen stärker kooperativen Führungsstil zu etablieren.

Kernstück dieses Veränderungsprozesses waren intensive Führungsseminare auf unterschiedlichen Führungsebenen, bei denen u.a. Fragen des Führungsstils, der Verteilung von Kompetenzen und der Informationsweitergabe behandelt wurden. Dabei zeigte sich im Verlauf dieses Prozesses ein auffälliges Phänomen: Für sich genommen waren die Seminare ein voller Erfolg und konnten bei allen Teilnehmern die Einsicht in die Notwendigkeit einer Veränderung wecken. Ergebnis waren klare Vorsätze zur Veränderung des Führungsverhaltens – nur diese Vorsätze wurden nicht in dem Maße im Alltag umgesetzt, wie es sich Werksleitung und auch die Teilnehmer selbst erhofft hatten: Geklagt wurde weiterhin über zuviel Gängelei von übergeordneten Führungsebenen, Durchregieren, mangelnde Zielvorgaben, zu wenig ausgeprägtes Teamgefühl, zu starke Betonung technischer Lösungen unter Vernachlässigung personeller Fragen. Es gelang zwar, allgemeine Führungsleitsätze mit Zustimmung der beteiligten Führungsebenen zu formulieren. Es gelang aber nicht, die Umsetzung dieser Leitlinien in der konkreten betrieblichen Praxis zu verankern. Es schien, daß die Umsetzung der neuen Leitlinien unbewußt oder bewußt behindert wurde. Die über Generationen gewachsene Führungsstruktur des Unternehmens ließ sich, das war das Ergebnis, auf der Basis intensiver Führungskräftequalifizierung nicht grundlegend verändern.

## 2. Der theoretische Rahmen

Woran lag es nun, daß das in Seminaren gründlich gelernte und auch von den Teilnehmern dort akzeptierte Führungsverhalten nicht in dem erhofften Maße im Betrieb umgesetzt wurde? Es lag, das stellte sich im nachhinein eindeutig heraus, nicht am guten Willen der Beteiligten, sondern daran, daß bei der Umsetzung die Systemebene bei der Organisationsveränderung zu wenig berücksichtigt wurde: Das soziale System Bergwerk hatte über Jahre, wenn nicht Jahrzehnte, bestimmte Abläufe stabilisiert und dabei auch Maßnahmen entwickelt, Veränderungen abzuwehren.

D.h. es war gelungen, die subjektiven Deutungen von Führungskräften in Seminaren zu verändern, aber nicht, auf der Basis dieser Deutungen veränderte Abläufe im sozialen System des Bergwerks zu etablieren:

- Das kooperative Führungsverhalten hatte sich kurzfristig verbessert, es fehlten jedoch neue, dieses Führungsverhalten stabilisierende Regeln.
- Die Seminare konnten zwar Verständnis und Einsicht wecken, es fehlte aber das Training on the job, d.h. die Konkretisierung in einzelnen Abläufen mit entsprechenden Korrektur-Mechanismen.
- Positive Reaktionen der Mitarbeiter auf das veränderte Führungsverhalten wurden erwartet und für selbstverständlich erachtet, ohne daß sich Führungskräfte (zunächst vor allem die Mitglieder der Werksleitung) darüber klar waren, daß Menschen eben nicht einfach auf Reize reagieren, sondern daß sie handelnde Subjekte sind, deren Verhalten von ihren Gedanken und Empfindungen bestimmt ist. D.h. bei der Erwartung, ein veränderter Führungsstil ließe sich unmittelbar umsetzen, wurde übersehen, daß sich Mitarbeiter über dieses veränderte Verhalten Gedanken machen und hierbei zu möglicherweise sehr unterschiedlichen Deutungen gelangen: Sie können dieses veränderte Führungsverhalten als positiv deuten, aber ebenso gut als Zeichen der Unsicherheit bei Führungskräften. Verändertes Führungsverhalten kann damit durchaus zu Unsicherheit bei Mitarbeitern führen und den Versuch provozieren, die ursprüngliche Stabilität wieder herzustellen.

## 3. Die Diagnosephase

### 3.1 Grundsätzliche Überlegungen

Welche Faktoren im sozialen System behindern nun die Umsetzung der neuen Führungsphilosophie?

Wenn ein System Widerstand gegen Veränderungen entwickelt, kann dieser Widerstand auf unterschiedlichen Ebenen liegen:

- Bei einzelnen Personen und ihren subjektiven Deutungen
  Bei Umstrukturierungsprozessen gibt es immer Personen, die sich bei einem solchen Prozeß als „Verlierer" sehen, die befürchten, dadurch z.B. Macht, Einfluß und

Kompetenz zu verlieren, und die damit Widerstand gegen eine solche Veränderung entwickeln.

- Bei den gemeinsamen Deutungen im sozialen System
  Wie wird die Veränderung des Führungsverhaltens angesehen: als Unterstützung oder als Modeströmung, die sich ohnehin bald im Sande verlaufen wird? Je nach dieser Deutung wird das soziale System auf eine Veränderung des Führungsverhaltens anders reagieren.
- Bei den Interaktionsstrukturen
  Welche Verhaltensmuster können die Umsetzung der neuen Führungsphilosophie behindern? Gibt es z.B. ein Muster, demzufolge Mitarbeiter auf wenige enge Vorgaben mit nachlassender Leistung reagieren – was dann wieder die Vorgesetzten zum Durchregieren zwingen würde?
- Bei den Regeln des sozialen Systems
  Welche Regeln für die Durchführung von Entscheidungsprozessen bestehen und welchen Einfluß haben diese Regeln auf Systemveränderungen? So kann z.B. die Regel „alle Entscheidungen müssen bei der nächst höheren Führungsebene abgesichert werden“ jeder Vergrößerung von Selbständigkeit und Selbstverantwortlichkeit entgegenstehen.
- Von der Ebene der Systemumwelt
  Als Systemumwelt war hier insbesondere das gesamte Unternehmen zu sehen, das bestimmte Vorgaben (z.B. über die Zahl der Führungsebenen) machte, die nicht vom Bergwerk selbst umgeändert werden konnten (erst zwei Jahre später wurden die entsprechenden Vorgaben im Rahmen eines umfassenden Organisationsberatungsprozesses für das Gesamtuntenehmen abgeändert).
- In der Entwicklung des sozialen Systems
  Hier ist insbesondere die starke Traditionsbewußtheit als Beleg zu sehen, wobei über Generationen bestimmte Einstellungen und Verhaltensweisen weiter tradiert wurden.

## 3.2 Vorgehen in der Diagnosephase

Welche konkreten Faktoren auf den genannten Ebenen tatsächlich die Umsetzung der neuen Führungsphilosophie behindern, steht nicht von vornherein fest, sondern kann von Fall zu Fall unterschiedlich sein. Konsequenz daraus war, daß im Rahmen Systemischer Organisationsberatung zunächst eine Diagnosephase durchgeführt wurde. Zielstellung war, herauszufinden, welche Faktoren innerhalb des sozialen Systems die Umsetzung der Führungsgrundsätze behindern.

Eine Fragebogenuntersuchung erwies sich dafür als wenig geeignet: Nachdem mögliche Faktoren, die die Umsetzung der Führungsphilosophie behindern, nicht von vornherein bekannt waren, schien es sinnvoll, eine offenere Frageform zu wählen. Zudem war noch zu beachten, daß auch den Betroffenen die jeweiligen Faktoren nicht sofort gegenwärtig sind, sondern daß es erst eines Klärungsprozesses bedarf, solche Faktoren zu identifizieren. Als Konsequenz daraus wurden qualitative Interviews in zwei Phasen durchgeführt:

**(1) Vorphase**

Einzelinterviews mit Werksleitung, Betriebsrat und jeweils einem Mitarbeiter auf unterschiedlichen Führungsebenen

Leitfragen der Einzelinterviews waren:

- Was erhoffen Sie sich von dieser Untersuchung? Was sollte bei dieser Untersuchung vermieden werden?
- Wo sind Schwachstellen im Bereich Führung? Was sind mögliche Ursachen dafür?
- Was sind Ansätze für eine Verbesserung des Führungsverhaltens?
- Was sollte getan werden, um Schwachstellen zu beseitigen und positive Ansätze zu verstärken?
- Stellen Sie sich vor, die Führung auf dem Bergwerk würde optimal laufen: Wie sähe das aus? Was wäre anders? Was müßte geschehen, daß diese Situation erreicht werden könnte?

**(2) Hauptphase**

Auf der Basis der Ergebnisse der Vorphase wurde das Design für die Befragung von insgesamt ca. 50 weiteren Mitarbeitern entwickelt. Durchgeführt wurden Einzelinterviews mit den Bereichsleitern und eine Kombination von schriftlicher Befragung mit offenen Fragen und Gruppendiskussionen mit Führungskräften aus unterschiedlichen Führungsebenen.

In der offenen schriftlichen Befragung wurde nach Stärken und Schwächen im Bereich Führung allgemein und insbesondere nach Faktoren gefragt, die die Umsetzung der neuen Führungsphilosophie behindern. In den Gruppendiskussionen wurden dann einzelne Punkte weiter konkretisiert und ansatzweise Lösungen entwickelt. Als wichtig erwies sich dabei gerade angesichts der schwer zu greifenden Thematik gezieltes Nachfragen: Wo genau liegen die Hindernisse bei der Umsetzung der neuen Führungsphilosophie? Was genau heißt z.B., daß Führungskräfte zuviel durchregieren? In welchen Situationen regieren sie durch, was wäre stattdessen sinnvoll? Wie könnte das erreicht werden?

Die Gespräche wurden auf Tonband aufgenommen und qualitativ sowie quantitativ inhaltsanalytisch ausgewertet:

- Die qualitative Auswertung gab eine Übersicht über die in den einzelnen Interviews und Gruppendiskussionen genannten Faktoren, die eine Umsetzung der Führungsphilosophie behindern, sowie über mögliche Ansätze für das weitere Vorgehen – unabhängig von der Zahl ihrer Nennungen. Ziel dieser qualitativen Auswertung ist es damit, das in sozialen Systemen latent vorhandene Wissen abzurufen, um daraus Hinweise für den weiteren Veränderungsprozeß zu erhalten.
- Ziel der quantitativen Auswertung war es, die Häufigkeit unterschiedlicher Nennungen und damit mögliche Trends genauer zu erfassen.

Bestätigt wurden in der Diagnosephase eine Reihe positiver Ansätze wie z.B.

- die Vorbildfunktion der Werksleitung bei der Einführung der neuen Führungsphilosophie:
  „Die Werksleitung ergreift die Initiative und füllt ihre Vorbildfunktion gut aus“

- der partnerschaftliche Umgangston und die Möglichkeit, „auf gleicher Ebene miteinander reden zu können"
- Die Offenheit der Führungskräfte (insbesondere der Werksleitung) für Fragen und Probleme der Mitarbeiter:
  „Man findet stets offene Türen bei den höheren Vorgesetzten und hat immer die Möglichkeit zu offenen Gesprächen"
- das gute Betriebsklima
- die große Identifikation mit dem Unternehmen.

Daneben wurden aber auch Schwachstellen deutlich, z.B.
- Rückfall in autokratisches Führungsverhalten in Problemsituationen:
  „Ad-hoc-Entscheidungen in schwierigen Situationen"
- fehlende Eindeutigkeit bei Zielvorgaben
  „Manchmal wird etwas butterweich gehandhabt, um den einen oder anderen zufriedenzustellen. Das geht am Ziel vorbei"
- fehlende Einhaltung von Absprachen:
  „Keiner hält sich an Absprachen."

Deutlich wurde, daß es nicht am guten Willen der betreffenden Mitarbeiter und Führungskräfte fehlte: Die Bereitschaft, aufeinander zuzugehen und miteinander Probleme zu lösen, war überall vorhanden. Was aber fehlte, waren Regeln, die die Umsetzung der neuen Führungsphilosophie sicherstellten: Es fehlten geregelte Abläufe für den Umgang in Krisensituationen, und es fehlte insbesondere ein Regelsystem, das Einhaltung von Absprachen kontrolliert und absichert.

Diese Ergebnisse wurden der obersten Führung, dem Betriebsrat und allen Befragten präsentiert. Die Erwartungen auf positive Befragungsergebnisse wurden dabei bestätigt, die zahlreichen negativen Äußerungen und kritischen Punkte aus dem Kreis der Betroffenen bezeugten aber zumindest ebenso hohe Betroffenheit. Was sich hier wieder bestätigt, ist die Wichtigkeit von Survey-feed-back-Verfahren: Dem sozialen System die unterschiedlichen Sichtweisen zurückzuspiegeln. Geht man davon aus, daß jeder Angehörige des Unternehmens das soziale System immer nur aus einer bestimmten Perspektive sieht, die notwendigerweise eingeschränkt ist, dann erhält hier das soziale System die Möglichkeit, sich selbst besser verstehen zu lernen. Und es kann sich dann auch das im sozialen System vorhandene Wissen über mögliche nächste Schritte bewußt machen und überhaupt erst nutzen.

## 4. Weiteres Vorgehen

Also stand für das soziale System an, das vorhandene Regelsystem im Blick auf die neue Führungsphilosophie abzuändern. Eine solche Abänderung kann, wenn man systemische Überlegungen zugrundelegt, nicht als bloße Vorgabe von außen erfolgen, sondern muß aus dem System selbst erwachsen. Konkret bedeutete dies:

- In Workshops wurden zwischen den Betroffenen im Blick auf das gesamte Bergwerk dysfunktionale Regeln identifiziert und alternative Regeln erarbeitet.
- Im Anschluß daran wurden zusammen mit der Werksleitung die neuen Regeln festgeschrieben und in Kraft gesetzt – oder bei fehlender Zustimmung nochmals überarbeitet, bis eine für alle akzeptable Lösung gefunden wurde.
- Diese neuen Regeln wurden von den Betroffenen schriftlich formuliert und als Checklisten verwendet.
- Und schließlich war ein zusätzliches Regelsystem zu etablieren, das die Weitergabe und Kontrolle dieser Regeln sicherte.

Dieses Vorgehen sei an einem Beispiel verdeutlicht:
Zu den in der Diagnosephase immer wieder genannten Schwachstellen gehörte das „Durchregieren“ oberer Führungsebenen bei Detailentscheidungen. Ein höherer Vorgesetzter sieht z.B. unter Tage bestimmte Probleme und weist unmittelbar einen Mitarbeiter vor Ort an, das Problem zu beseitigen. Doch eben dieses Verhalten steht der intendierten Führungsphilosophie (die auf stärkere Betonung der Eigenverantwortlichkeit abzielt) entgegen.

Zu fragen ist, wie die bisher geltende Regel „Führungskräfte dürfen bei Problemen jederzeit eingreifen“ abzuändern ist. Entwickelt wurde folgende Checkliste:

*Regeln zum Verhalten des Vorgesetzten vor Ort in problematischen Situationen*

| Probleme, die die Arbeitsicherheit betreffen (wenn Menschen in Gefahr sind) | sonstige Probleme, die für die Arbeitssicherheit nicht relevant sind |
|---|---|
| direkte Anweisung, das Problem abzustellen<br>* was genau ist zu tun?<br>* sofortiger Check, ob Anweisung ausgeführt wird | |
| in eigene LOP-Liste (Liste offener Punkte) aufnehmen:<br>* was ist mir aufgefallen?<br>* mit wem abzuklären? | |
| Gespräch mit zuständigem Vorgesetzten<br>* Darstellung des Problems<br>* was sind die nächsten Schritte zur Lösung des Problems?<br>Zielvereinbarung mit dem Vorgesetzten:<br>* Wie kann er absichern, daß das Problem in Zukunft nicht mehr auftritt?<br>* Festlegung des nächsten Gesprächs mit dem Vorgesetzten | Gespräch mit zuständigem Vorgesetzten<br>* Darstellung des Problems<br>* was sind die nächsten Schritte zur Lösung des Problems?<br>Zielvereinbarung mit dem Vorgesetzten:<br>* Wie kann er absichern, daß das Problem in Zukunft nicht mehr auftritt?<br>* Festlegung des nächsten Gesprächs mit dem Vorgesetzten |

Die zunächst möglicherweise naheliegende Lösung, Führungskräfte dürfen bei Problemen nicht unmittelbar eingreifen, macht, das wurde in einem Workshop deutlich, im Bergbau wenig Sinn, weil die Gefährlichkeit zahlreicher Situationen sofortiges Eingreifen erfordert. Daraus ergibt sich ein Regelsystem, das für unterschiedliche Situationen (solche, die im Blick auf die Arbeitssicherheit relevant sind, und solche, bei denen das nicht der Fall ist) unterschiedliches Vorgehen verlangt.

Festzulegen waren dann zusätzliche Abläufe, die die Stabilisierung dieser Regel sicherten. Dazu gehörten zum einen Besprechung des Vorgehens in den jeweiligen Teams, zum anderen aber auch kontinuierliche Überprüfung, wobei letztlich die Werksleitung selbst einbezogen wurde, um die Wichtigkeit dieser Änderung zu dokumentieren.

## 5. Ausblick

Es wurde deutlich, welche Schwierigkeiten zu überwinden sind, bis neue Führungsvorstellungen ins Bewußtsein der Führenden und Geführten gebracht werden und bis sie eine tatsächliche Änderung des Führungsverhaltens auslösen können. Umsetzung einer neuen Führungsphilosophie setzt voraus, daß das System insgesamt Informationen darüber erhält, wie die einzelnen Personen die neue Führungskonzeption sehen, welche Regeln und Mechanismen die Veränderung begünstigen oder behindern können. Nur eine solche Beratung des sozialen Systems gibt den einzelnen Mitgliedern des Systems die Möglichkeit, sich über Probleme bewußt zu werden, Änderungen selbst zu entwickeln und eben deshalb diese Änderungen zu akzeptieren, sie zu bejahen und die Bereitschaft zu entwickeln, sich in einer veränderten Organisationsform wiederfinden, bewegen und verhalten zu wollen. Jeder gut gemeinte Vorschlag, jeder von außen aufgesetzter Ansatz der Führungsphilosophie ist ansonsten in Gefahr, am sozialen System zu scheitern, d.h. an den Widerständen, die in den Vorstellungen, den subjektiven Deutungen und den Regeln des sozialen Systems liegen. Zudem wurde offenkundig, daß ein komplexes Organisationssystem wie ein Bergwerk die Unterstützung externer Hilfe in Anspruch nehmen sollte, um die eigentlichen Faktoren, die Veränderungen behindern oder unterstützen können, unmittelbar zu identifizieren. Dem stehen gerade die in der Berufswelt vorhandenen Abhängigkeiten und Ängste entgegen, die dem Einzelnen immer nur eine eingeschränkte Sicht des Systems ermöglichen. Diese eingeschränkte Sichtweise muß überwunden werden, damit das soziale System selbst neue Handlungsmöglichkeiten entwickeln kann.

Diagnose des sozialen Systems und Unterstützung bei der Veränderung können bei größeren Systemen aufwendig und zeitraubend sein. Dieses Vorgehen hat aber den Vorteil, daß bereits in der Diagnosephase die Beteiligten einbezogen sind und somit das Gesamtgeschehen mitverfolgen, mitverändern und mitgestalten können. Die Akzeptanz eines solchen Vorgehens ist damit auf eine völlig andere Basis gestellt, als es bei jeder anderen organisatorischen Veränderung sein könnte.

Ulrich Plattmann

# Abschied von der Anweisung: Systemische Beratung als Mittel der Personalführung

## 1. Der Wandel im Unternehmen erfordert neue Führungsstile

Seit geraumer Zeit orientieren sich die aufgeschreckten europäischen Unternehmen an neuen Organisationsformen und Arbeitsstilen. Die einst erfolgreiche, auf dem Prinzip der Arbeitsteilung basierende Unternehmensstruktur wird zunehmend zugunsten kooperativer Prozesse in den Hintergrund gedrängt. Diese ermöglichen es, schneller und flexibler auf die Anforderungen an ein Unternehmen zu reagieren.

Dabei ist der einzelne Mitarbeiter der entscheidende Faktor: Seine Fähigkeiten und Ressourcen könnten weitaus effektiver eingesetzt werden, wenn er nicht als „Funktion“ zur Erfüllung einer bestimmten Aufgabe, sondern als Teil eines komplexen sozialen Systems verstanden würde.

Vieles wurde inzwischen erreicht; und doch scheiterten Veränderungen häufig an alten Strukturen im Denken von Mitarbeitern und Führungskräften. Viele Führungskräfte behandeln ihre Mitarbeiter noch immer wie Durchführende, für die ein Großteil der Denkarbeit geleistet werden muß. Dies mag auch damit zusammenhängen, daß die Führungskräfte für sich selbst keine neuen Aufgaben sehen, wenn sie die Tagesarbeit allein den Mitarbeitern überlassen. Indessen ist eine Führungskraft allein zeitlich überfordert, wenn sie alle Arbeitsschritte in ihrer Abteilung initiieren, verantworten und kontrollieren will. Sie ist daher eigentlich gezwungen, die Abteilungen so zu organisieren, daß die Mitarbeiter die täglichen Anforderungen selbständig erledigen, ohne auf konkrete Anweisungen angewiesen zu sein. Dies bedeutet, daß die Führungskraft die Abteilung als selbständiges Teilsystem des Unternehmens begreifen und unterstützen muß. Die Führungskraft hat dann die durchaus nicht einfache Aufgabe, dieses System zu pflegen und zu entwickeln. Das kann sie jedoch nur, wenn sie sich im Vertrauen auf das Funktionieren des Systems weitgehend aus der Tagesarbeit zurückziehen und auf anderen Ebenen tätig werden kann. Der folgende Beitrag beschreibt diesen Schritt anhand eines erfolgreichen Beispiels aus der Unternehmenspraxis. Dabei werden Elemente der systemischen Organisationsberatung variiert und weiterentwickelt. Zu berücksichtigen ist dabei jedoch, daß ein Abteilungsleiter, der in seiner Abteilung systemisches Denken etablieren will, in einer gänzlich anderen Position steht als ein externer Organisationsberater: Dieser kann aus seiner Distanz heraus systemisches Denken anregen und einklagen. Der Abteilungsleiter dagegen muß die Veränderungen so sorgfältig vorbereiten, daß er auf die gewohnten Anweisungen verzichten kann, ohne die gesamte Arbeit zu gefährden. Er kann seine Mitarbeiter eben nicht wie Maschinen steuern und ihnen systemisches Denken verordnen. Er kann sie nur dazu einladen, Verantwortung selbst zu übernehmen.

## 2. Theoretischer Rahmen: Die eigene Abteilung als System

Die Abteilung eines Unternehmens wird hier als ein soziales Teilsystem verstanden, dem die Mitarbeiter der Abteilung angehören. Kollegen und Kolleginnen aus anderen Unternehmensbereichen stellen das Gesamtsystem dar. Das Ziel systemisch orientierten Führens ist es nun, daß die Abteilung als ein lebendiges soziales System wahrgenommen und unterstützt wird. Das bedeutet, daß neben die bisher übliche Gliederung einer Abteilung nach Arbeitsgebieten, Funktionen und Aufgaben nun eine weitere, übergelagerte Ebene tritt: Die Mitarbeiter werden als Mitglieder eines sozialen Systems wahrgenommen, die keineswegs nur auf der sachlichen Ebene miteinander in Kontakt treten. Vielmehr bestehen unabhängig von den unterschiedlichen Aufgaben vielfältige Beziehungen auf sechs unterschiedlichen Ebenen:

- Die Frage „Wer gehört dazu“ bedarf hier keiner näheren Erläuterung, auch wenn die Entscheidung „Wer soll in Zukunft nicht mehr dazugehören“ möglicherweise schwerwiegende Auswirkungen hat.

- Teilweise werden auch die Regeln eines solchen sozialen Systems bereits als Managementaufgabe angesehen. Zum Beispiel werden Verhaltensrichtlinien oder Verkaufsgrundsätze aufgestellt. Allerdings bewirkt das Aufstellen solcher Idealvorstellungen nur geringe Veränderungen, wenn es nicht gelingt, die entsprechenden Regeln tatsächlich zu etablieren. Systemisches Führen bedeutet hier, daß sinnvolle Regeln innerhalb des Systems entwickelt und nicht von außen aufgesetzt werden. Nur so können sie akzeptiert werden und die Arbeit wirksam beeinflussen.

- Entscheidend für systemische Führung ist das Erlernen völlig neuer Interaktionsstrukturen. Die bisher übliche lineare Kommunikation zwischen oben und unten muß durch einen eher ringförmigen Diskussionsprozeß abgelöst werden, indem die Führungskraft sich als Teil des Systems versteht. Konkret bedeutet dies für die Führungskraft eine Abkehr von den gewohnten Anweisungen, hin zu offenen Fragen an die Mitarbeiter. Auch offene Kritik an dem Vorgesetzten und gemeinsame Suche nach Lösungen gehören hier zu einem systemischen Führungsstil.

- Aus derart offenen Dialogen entsteht ein sichtbares Bild der subjektiven Deutungen der Mitarbeiter. Die Gedanken und Vorstellungen der einzelnen über spezielle Arbeitsvorgänge, über die Abteilung, über das Unternehmen und auch über die eigenen Fähigkeiten sind ein wesentlicher Bestandteil des sozialen Systems. Nur eine Führungskraft, die die Fähigkeiten und Schwächen der Mitarbeiter kennt, kann den Mitarbeitern zum einen entsprechende Aufträge übertragen und adäquate Arbeitsplätze zur Verfügung stellen. Zum anderen erlaubt diese Kenntnis gegenseitiges Vertrauen, ohne daß mit Repressionen gedroht werden muß.

- Thema dieser Diskussion sollte auch die zeitliche Entwicklung der Abteilung sein. Das bedeutet, daß die Mitarbeiter gemeinsam die Konzepte entwickeln, die später ihre Arbeit bestimmen. Die Führungskraft ist daran als Moderator und Richtungsgeber beteiligt, bestimmt den genauen Kurs jedoch nicht allein.

- Und schließlich stellt die Führungskraft eine wesentliche Verbindung zur Umwelt des Teilsystems, insbesondere zur Unternehmensleitung, dar. Die einzelnen Mitarbeiter pflegen Kontakte zu anderen Kollegen und zu den Kunden. Ziel ist es, die Anforderungen der Umwelt möglichst frühzeitig zu erkennen und adäquat darauf zu reagieren.

Ein derartiges Verständnis einer Abteilung läßt herkömmliche Führungsmechanismen nicht mehr zu: Wenn Mitarbeiter sich an der Entwicklung von Zielen beteiligen können, macht es keinen Sinn mehr, ihnen einzelne Arbeitsschritte vorzuschreiben. Tatsächlich sind die Mitarbeiter, wenn sie über die notwendigen Hintergrundinformationen (z.B. Kundenwünsche) verfügen, in Sachfragen wesentlich kompetenter als die Vorgesetzten.

Diesen fallen nun neue, andere Aufgaben zu, die sich nicht an den Sachfragen, sondern an den oben beschriebenen Systemebenen orientieren:

- Die Führungskraft hat dafür zu sorgen, daß die Mitarbeiter ihren persönlichen und fachlichen Fähigkeiten entsprechend optimal eingesetzt werden.
- Die Führungskraft sorgt für die Entwicklung funktionaler Regeln, nach denen sich das System verhalten kann.
- Die Führungskraft pflegt die Interaktionsstrukturen innerhalb der Abteilung, sie moderiert Entscheidungsprozesse und unterstützt konstruktive Diskussionsmethoden.
- Die Führungskraft entwickelt aus den einzelnen subjektiven Vorstellungen der Mitarbeiter ein gemeinsames Bild der Abteilung und ihrer Aufgaben.
- Die Führungskraft treibt die Entwicklung von Zukunftsperspektiven voran. Sie entwirft diese nicht allein, ist aber dafür verantwortlich, daß entsprechende Diskussionen stattfinden.
- Und schließlich pflegt die Führungskraft die Verbindungen des Teilsystems zum Gesamtsystem (Unternehmen) und zur Umwelt außerhalb des Unternehmens.

Damit hat sich die Aufgabe einer Führungskraft gewandelt: Wenn sie früher für die konkrete Erledigung der Arbeit verantwortlich war, ist sie jetzt dafür verantwortlich, daß eine Atmosphäre entsteht, in der die Mitarbeiter die anstehenden Aufgaben selbständig eledigen. Die Führungskraft gibt so Verantwortung und Entscheidungen aus der Hand. Sie wird auf dieser Ebene entlastet. Allerdings bedeutet dies nicht, die Abteilung quasi in dem Vertrauen auf ihre Autonomie sich selbst zu überlassen. Ein funktionierendes System muß zunächst etabliert und dann erhalten werden, wobei der Schwerpunkt dann in der Entwicklung der Systemeigenschaften liegt, die zur Bewältigung neuer Aufgaben und Herausforderungen notwendig sind.

# 3. Praxisbeispiel: Eine Abteilung wird systemisch

Es ist in der Praxis nicht möglich, einen ganzen Unternehmensbereich quasi per Knopfdruck auf eine systemorientierte Denkweise umzustellen. Selbst in dem günstigen Fall, daß ein neu berufener Abteilungsleiter einerseits über intime Kenntnis des Unternehmensbereiches und andererseits über eine fundierte systemtheoretische Ausbildung verfügt, kann dies nicht gelingen. Gerade innerhalb des systemischen Denkens verbietet sich die Annahme, der Abteilungsleiter könne seine Mitarbeiter einfach „umstellen": Die Abteilung ist eben keine Maschine, sondern ein komplexes soziales System, in dem systemisches Denken sorgfältig etabliert werden muß. Daß es auch dabei zu extremen Spannungen kommen kann, zeigt die im folgenden beschriebene Umstrukturierung der Bildungsabteilung eines Unternehmens.

## 3.1 Die Ausgangslage: Kultur der Rückdelegation

Die Hauptabteilung hatte vor der Umstrukturierung 140 Mitarbeiter und war in die vier Bereiche Bildungsplanung, kaufmännische Bildung, gewerblich-technische Bildung sowie die Verwaltung für die ersten drei Bereiche gegliedert. Die Abteilung war fünfstufig organisiert: Dem Hauptabteilungsleiter unterstanden also vier Abteilungsleiter. Darunter arbeiteten Hauptgruppenleiter, Gruppenleiter und schließlich die Dozenten der Weiterbildung und Erstausbildung, die die Aufgaben der Abteilung umzusetzen hatten.

Innerhalb dieser Organisation hatte sich eine Kultur der Rückdelegation entwickelt, in der kein Mitarbeiter tätig werden konnte, ohne sich bei dem jeweils nächsten Vorgesetzten Zustimmung einzuholen. Es bestand ein komplexes Regelsystem von Rücksprachen, welches weitgehend jede eigenverantwortliche Entscheidung von vornherein verhinderte und Flexibilität ausschloß. Gleichzeitig waren Führungskräfte einen großen Teil ihrer Zeit mit dem Absegnen von Entscheidungen der Mitarbeiter beschäftigt, so daß zwar der subjektive Eindruck von großer Bedeutung entstand, faktisch jedoch kaum produktive Arbeit geleistet werden konnte. Allerdings waren in einzelnen Bereichen der Abteilung bereits Ansätze einer neueren, auf Eigenverantwortung basierenden Struktur etabliert, die im folgenden Veränderungsprozeß ausgebaut werden konnten.

Eine wesentliche Einschränkung der Umstrukturierung bestimmte das Betriebsverfassungsgesetz, das für Umstrukturierungen spezielle Verfahren vorschreibt. Insbesondere die Vorschrift, daß der Betriebsrat vor den betroffenen Mitarbeitern von Umstrukturierungen informiert werden muß, war nicht mit einem systemisch orientierten Vorgehen vereinbar. Deshalb wurden sämtliche Gespräche über die zukünftige Struktur der Abteilung mit den Mitarbeitern im Konjunktiv geführt: Es wurden hypothetische Szenarien entworfen, die erst anschließend der Unternehmensleitung und dem Betriebsrat vorgestellt und damit offiziell etabliert wurden. Übrigens zeigte sich, daß der Betriebsrat dem Konzept relativ leicht zustimmen konnte, da es von den betroffenen Mitarbeitern selbst entwickelt worden war.

Schließlich mußten die notwendigen Veränderungen, wie häufig in der Praxis, schnell und überraschend durchgeführt werden: Ein bisheriger Abteilungsleiter wurde unerwartet zum Hauptabteilungsleiter ernannt und mußte sofort mit der Umstrukturierung der Abteilung und der Rettung eines von der Schließung bedrohten Teilbereiches beginnen: Eine Situation, die die Mitarbeiter verunsichert und so zum Festhalten an gewohntem Verhalten verleitet, die andererseits aber auch die Chance zu umfassenden Veränderungen bietet.

### 3.2 Zielvorstellung: Mehr Motivation mit weniger Mitarbeitern

Die Zielvorstellungen der anstehenden Veränderungen erscheinen zunächst als gegenläufig: Einerseits sollte die Abteilung noch effektiver werden. Dabei stand weniger die effektivere Durchführung von Aufgaben, als vielmehr die bessere Auswahl von Arbeitsfeldern im Vordergrund. Zu der schon vorher vorhandenen hohen Ergebnisorientiertheit sollte verstärkt gestalterische Innovationskraft hinzukommen. Die Kundenorientierung der Abteilung sollte verbessert werden. Auf der anderen Seite war ein gravierender Personalabbau (ca. 10% gesamter Bereich, ca. 40% in einem Teilbereich) notwendig. Damit verbunden war der Abbau von zwei Hierarchieebenen, um schneller, flexibler und kostengünstiger arbeiten zu können: Zwischen Hauptabteilungsleiter und Dozenten sollte im Sinne einer schlanken Organisation nur noch eine Führungsebene mit sieben anstelle der bisher 30 Führungskräfte etabliert werden. Grundlegendes Ziel des notwendigen Umstrukturierungsprozesses mußte es darüber hinaus sein, die Motivation der Mitarbeiter zu erhalten, Unsicherheiten zu verringern und so ein effektives Team aufzubauen.

### 3.3 Umsetzung: Beratungsgespräche auf vier Ebenen

Da der Erfolg der Abteilung eben nicht nur von den internen Strukturen (Regeln) abhängt, sondern vielmehr von den persönlichen Einstellungen, Zielen und Inhalten, die die jeweiligen Mitarbeiter mit der Organisationsform verbinden, begann der Veränderungsprozeß mit intensiven Gesprächen über diese subjektiven Deutungen. Diese sonst häufig in den Hintergrund gedrängte Ebene des sozialen Systems wurde hier bewußt in den Vordergrund gestellt, da nur so unvermeidliche Spannungen verringert werden können. Die Gespräche wurden vom Hauptabteilungsleiter im Sinne systemischer Beratungsgespräche geführt. D.h., es wurden keine Anweisungen gegeben, sondern Erwartungen und Vorstellungen erfragt und anschließend hypothetische Perspektiven entwickelt, die die Grundlage für die spätere Umstrukturierung bildeten. Je nach der Zielgruppe der Teilnehmer hatten diese Gespräche unterschiedliche Schwerpunkte. Dabei wurden vier Zielgruppen unterschieden:

- bisherige Führungskräfte
- Mitarbeiter, die mehr Verantwortung übernehmen sollen
- Mitarbeiter mit veränderten Arbeitsbereichen
- Mitarbeiter mit verändertem Arbeitsfeld

Die bisherigen Abteilungsleiter waren von den plötzlichen Veränderungen in der Abteilung besonders überrascht, und zumindest bei einzelnen hatte die plötzliche Ernennung eines Mitarbeiters der gleichen Ebene zum Hauptabteilungsleiter auch eigene Erwartungen zunichte gemacht. Die Situation wurde von vielen als emotional belastend empfunden und war zudem mit Veränderungen der Aufgabenbereiche und Kompetenzen verbunden. Entsprechend dienten die Beratungsgespräche mit dem neuen Vorgesezten zunächst der Aussprache und Orientierung. Dabei gab der Hauptabteilungsleiter keinerlei Anweisungen, vielmehr definierte er die Gespräche als gegenseitige Beratung über die Einschätzung der Situation und die persönlichen Erwartungen. Die Situation wurde so nicht als persönliche Abwertung gegenüber dem ehemaligen Kollegen empfunden, sondern als gemeinsames Bemühen um Lösungen. Einzelne Mitarbeiter hatten zunächst versucht, ihre eigenen Einflußbereiche zu sichern, beteiligten sich jedoch zunehmend an einer konstruktiven Diskussion zugunsten der allgemeinen Ziele der Abteilung. Anstelle der Aussage „Dies möchte ich nicht", traten Vorschläge: „So können wir dieses Problem vielleicht lösen." Vor allem auf dieser Ebene hatte der Verzicht des neuen Hauptabteilungsleiters auf die scheinbare Sicherheit seiner Position, aus der heraus er hätte Anweisungen geben können, zugunsten eines Moderationsprozesses zu kreativen, neuen Lösungen geführt, in dem die Abteilungsleiter ihren Chef voll unterstützen.

Weniger schwierig war die Diskussion mit der Gruppe von Mitarbeitern, die mehr Verantwortung übernehmen sollten. Hier entwickelte sich schnell Begeisterung für die neuen Aufgaben und Freiräume. In den zunächst auch hypothetisch geführten Gesprächen wurden besondere Interessengebiete und Fähigkeitsbereiche deutlich. Dies erleichterte die spätere Aufgabenverteilung. Leitfragen für dieses Gespräch waren:

„Wie würden Sie dies gegebenenfalls tun?"
„Wie könnten wir dieses angehen?"
„Was würden diese oder jene Mitarbeiterzuordnung praktisch bedeuten?"

Gerade hier entwickelte sich schnell eine konstruktive Teamarbeit, wobei der Hauptabteilungsleiter Ziele formulierte, aber keine Anweisungen gab. Er leitete die Gespräche als fragender Berater, so daß detaillierte Konzepte entwickelt werden konnten, die er allein niemals hätte aufstellen können.

Die dritte Gruppe war zum Teil von erheblichen Veränderungen der Aufgabenbereiche betroffen. Einige Mitarbeiter mußten hier disziplinarische Führungsverantwortung abgeben, um sich speziellen, keineswegs weniger wichtigen, Sachaufgaben zu widmen. Auch diese Gespräche wurden als Beratungen durchgeführt, indem die Stärken und Schwächen der Mitarbeiter thematisiert wurden, um daraus neue Perspektiven zu entwickeln. Der Vorgesetzte mußte hier die Richtung zum Teil deutlicher vorgeben, da die Abgabe von Führungsverantwortung zunächst als persönliche Abwertung verstanden wurde. Rückblickend erwies sich die Abgabe von Führungsverantwortung gerade entgegengesetzt als persönlicher Gewinn, da die Mitarbeiter sich mit geringerer Führungskompetenz auf ihre hohe Fachkompetenz konzentrieren konnten. Viele der hiervon betroffenen Mitarbeiter waren und sind Leistungsträger der Abteilung, deren Kräfte in Führungspositionen unnötig gebunden werden.

Diese Gespräche standen unter der Fragestellung:

„Können Sie sich vorstellen, diese Arbeitsbereiche zu übernehmen? Und was bedeutet es, wenn Sie eine wichtige Aufgabe haben, aber keine Führungsverantwortung?“

Wichtig war, daß die Beratungen hier über einen langen Zeitraum stattfanden, da die Mitarbeiter den Stand der Beratung jeweils reflektieren müssen. Insbesondere eine natürliche Betroffenheit zu Beginn mußte zunächst verarbeitet werden, bevor die Selbsteinschätzung korrigiert und neue Ideen entwickelt wurden.

Und schließlich wurden viertens auch jene Mitarbeiter in den Beratungsprozeß einbezogen, die keine neuen Aufgaben, aber neue Kollegen und Vorgesetzte zu erwarten hatten. Hier wurde der Sinn der anstehenden Veränderung erläutert und persönliche Präferenzen soweit wie möglich besprochen und berücksichtigt. Diese Gespräche gestalteten sich vergleichsweise einfach. Sie waren jedoch auch von entscheidender Bedeutung, da so die Vorstellungen aller subjektiv von den Umstrukturierungen betroffenen Personen mit einbezogen wurden. Dadurch konnten Widerstände auch in den Randbereichen frühzeitig verändert werden.

Insgesamt war diese Art Gespräche sowohl für die Vorgesetzten als auch für die Mitarbeiter neu. Die Mitarbeiter reagierten zunächst irritiert auf das Gesprächsangebot und das offene Interesse des Vorgesetzten. Es entsprach nicht den gewohnten Regeln, derart ausführliche und persönliche Gespräche zu führen. Gleichzeitig waren die Mitarbeiter froh über das ihnen entgegengebrachte Interesse, so daß sich sehr persönliche Gespräche über die Zielvorstellungen, aber auch über Möglichkeiten und Schwierigkeiten der Mitarbeiter entwickelten. Der Vorgesetzte mußte dabei vor allem lernen, Fragen zu stellen und den Mitarbeitern zuzuhören. Er mußte lernen, auch Anweisungen zu verrichten und das Gespräch als Beratungsgespräch zu führen, wobei der Berater (Vorgesetzte) die Veränderung der subjektiven Deutungen der Mitarbeiter durch Fragen und Anregungen unterstützte.

Der Aufbau der Gespräche entsprach dabei der Gliederung von Beratungsgesprächen:

- In der Orientierungsphase wurde die Gesprächssituation definiert und das Thema beschrieben. In dieser Phase erläuterte der Vorgesetzte den Zweck des in dieser Form ungewöhnlichen Gespräches: Es sollte dem gegenseitigen Kennenlernen und der gemeinsamen Beurteilung der neuen Situation dienen, also nicht in die früher üblichen Verhaltensweisen münden. Gleichzeitig wurde die neue Beziehung zwischen Vorgesetztem und Mitarbeiter definiert (Orientierung auf der Inhaltsebene und auf der Beziehungsebene).
- In der Klärungsphase wurde die Problemsituation beschrieben. Beide Gesprächspartner stellten ihre Wahrnehmung und Vorstellung von der Abteilung und deren Aufgaben und Fähigkeiten dar. Dabei konnte in der Regel schnell Einigkeit über die Ziele der Abteilung gewonnen werden, ohne daß der Vorgesetzte seine Meinung autoritär durchsetzen mußte. Vielmehr konnte er selbst sein Unternehmensbild ebenfalls erweitern.
- Auf der Grundlage dieser gemeinsamen Zielvorstellung begann die Veränderungsphase, in der subjektive Deutungen überprüft und neue Lösungsmöglichkeiten entwickelt wurden. Der Vorgesetzte mußte hier teilweise die Selbsteinschätzung eini-

ger Mitarbeiter in Frage stellen und den Blick auf andere Möglichkeiten richten, also etwa zeigen, daß Sacharbeit ebenso wichtig und möglicherweise befriedigender ist als Führungsarbeit.
- Schließlich wurde die Beratung in einer Abschlußphase beendet, in der Ergebnisse festgehalten wurden. Im Anschluß an alle Gespräche wurden die Ergebnisse umgesetzt und eine neue Abteilungsstruktur etabliert, die so als gemeinsames Produkt vieler Betroffenen empfunden wurde.

### 3.4 Das Resultat: Erfolg auf allen Ebenen

Im Ergebnis war die Umstrukturierung auf allen Ebenen erfolgreich: Bereits in wenigen Monaten konnte ein deutlich verbessertes Betriebsergebnis erzielt werden. Gleichzeitig waren alle Mitarbeiter auf ihren neuen Positionen erfolgreich und zufrieden. Ein größerer Motivationsverlust ist nicht eingetreten. Alle entlassenen Mitarbeiter konnten in andere Bereiche des Unternehmens oder zu anderen Betrieben vermittelt werden. Die gemeinsamen Bemühungen um das vorgegebene Ziel waren also erfolgreich. In der täglichen Arbeit zahlt sich insbesondere aus, daß die Dozenten jetzt mehr Verantwortung und Entscheidungsspielraum selbst übenehmen können und müssen, so daß die Ausbildungsangebote wesentlich kreativer entwickelt und durchgeführt werden. Der Hauptabteilungsleiter geht heute davon aus, daß er selbst etwa die Hälfte aller Vorschläge zur Veränderung vorgegeben hat, während die andere Hälfte von den Mitarbeitern selbst entwickelt wurde. Damit verbunden ist jedoch eine völlig neue Definition der Führungsaufgabe. Leitung wird in diesem Konzept nicht nur als anweisend verstanden, sondern als Beratung eines komplexen Systems.

## 4. Die neue Rolle der Führungskraft: Systempfleger und Dienstleister der Abteilung

Eine systemisch organisierte Abteilung benötigt keine Führungskraft im herkömmlichen Sinne mehr: Wenn Mitarbeiter im Rahmen ihrer Zielvorgaben zunehmend eigenständig handeln und dabei auch noch erfolgreich sind, werden Personen, die Anweisungen erteilen, schlichtweg überflüssig: Es ist nicht mehr nötig, sich in die Details der alltäglichen Arbeit einzumischen. Im konkreten Fall bedeutet dies tatsächlich die Abschaffung einer Reihe von Führungspositionen. Das soziale System einer Abteilung wird also nicht mehr von außen (oben) gesteuert. Es erhält die Möglichkeit, selbständig sinnvoll zu handeln, sich also so zu verhalten, wie es soziale Systeme natürlicherweise tun (Ulrich/Probst 1988, 247).

Für die Führungskraft bedeutet dies eine vollständige Veränderung ihres Verständnisses und ihrer Aufgaben. Neben den auch weiterhin von ihr wahrzunehmenden Aufgaben Personalauswahl, Arbeitsbewertung und Entlohnung treten die oben beschriebenen Tätigkeiten zur Unterstützung des Systems. Damit wird jedoch nicht nur ihr Aufgabenbereich, sondern auch ihre Rolle neu definiert: Die Führungskraft steht nicht mehr an der Spitze ihrer Abteilung, sondern ist Teil des Systems, innerhalb dessen sie ihre spezifischen Aufgaben zu erfüllen hat. Dabei sind eine Reihe von Voraussetzungen für den Erfolg eines systemorientierten Führens benennbar:

- Voraussetzung ist, daß die Führungskraft bereit ist, Vertrauen in das Mitdenken, die Identifikation der Mitarbeiter zu investieren. Sie muß die Mitarbeiter „loslassen“, um ihnen den notwendigen eigenen Freiraum zu gewähren.
- Wichtig ist außerdem die genaue Definition des Verhältnisses zwischen direkter Einbindung in das soziale System einerseits und der zur Beratung notwendigen Distanz andererseits. Das bedeutet, daß die unterschiedlichen Rollen der Führungskraft jeweils explizit definiert und den Mitarbeitern klar gemacht werden: Entsprechend einer eindeutigen Definition der Beraterrolle wird explizit ausgesprochen, ob die Führungskraft einen Diskussionsprozeß von außen moderieren wird, ob sie momentan die Erwartungen der Unternehmensleitung vorträgt oder ob sie als Mitglied des Systems an der Diskussion teilnimmt. Wenn diese Unterscheidungen nicht eindeutig sind und vor allem dann, wenn Mitarbeiter einen Vorschlag (in gewohnter Weise) als Anweisung interpretieren, kommt es unweigerlich zu Spannungen. In der oben beschriebenen Abteilung ist der Umgangston im Verlauf des Beratungsprozesses wesentlich emotionaler geworden und es kommt insbsondere dann zu lautstarken Auseinandersetzungen, wenn Mitarbeiter (unbewußt) das Gefühl haben, der Vorgesetzte halte sich nicht an die von ihm eingeführten Prinzipien und mische sich in das Tagesgeschäft ein. Dies bedeutet jedoch auch, daß Probleme heute nicht mehr unter den Teppich gekehrt, sondern offener diskutiert werden, so daß sie die Arbeit weniger dauerhaft belasten.
- Die Führungskraft muß außerdem bereit sein, den Mitarbeitern alle Informationen für den eigenen Arbeitsbereich und auch für das Umfeld (Produktinformation, Marketinginformation) zur Verfügung zu stellen. Nur so können die Mitarbeiter kreativ und verantwortlich mitdenken.
- Probleme werden innerhalb dieses Verständnisses nicht mehr einzelnen Mitarbeitern angelastet und disziplinarisch gelöst, sondern als Systemfehler verstanden und mit den Methoden systemischer Beratung gelöst.
- Daraus resultiert, daß der Vorgesetzte weniger aufgrund formaler Bestimmungen Einfluß auf seine Mitarbeiter ausübt, sondern stärker aufgrund von persönlicher Autorität, Integrationskraft und Motivationsfähigkeit.

Eine derart umfassende Veränderung der eigenen Arbeitsweise setzt entsprechende Schulung und Gespür für soziale Prozesse voraus. Ziel ist die Kunst zu gestalten, ohne zu befehlen, zu motivieren ohne Geldgeschenke zu verteilen, und zu leiten ohne zu beherrschen. Andererseits können derartige Fähigkeiten in einer Gesellschaft, die lange geglaubt hat, nicht ohne Druck als Motivationsmittel auszukommen, leicht als Führungsschwäche interpretiert werden, wenn die neue Untenehmenskultur nicht gemeinsam mit allen Mitarbeitern entwickelt wird. Das bedeutet auch, die Umstrukturierung bei Prozessen anzufangen, die die Mitarbeiter gewohnt sind, und der Abteilung nicht fertige Konzepte aufzuzwingen. Tatsächlich gelingt es häufig nicht sofort, das Führungsverhalten durchgängig zu verändern: Führungskräfte und Mitarbeiter neigen dazu, in Extremsituationen in die gewohnten Strukturen zurückzufallen. Dann ist es ein gutes Zeichen, wenn Mitarbeiter bereits soviel Selbstbewußtsein entwickelt haben, daß sie gegen einen solchen Rückschritt lautstark protestieren.

## 5. Resümee: Das Erreichte muß erweitert werden

Der Versuch, eine große Abteilung eines internationalen Unternehmens nach systemischen Kriterien umzustrukturieren, ist insgesamt sehr erfolgreich gelungen. Es zeigte sich, daß auf der Grundlage eines systemischen Verständnisses sehr schnell eigene Mechanismen entwickelt werden können, die den spezifischen Anforderungen dieses Systems Rechnung tragen. In Zukunft kommt es darauf an, daß die gewonnenen Grundlagen weiterentwickelt und die weitere Evolution (Servatius 1991) der Abteilung unterstützt wird. Hierzu müssen die Instrumente zur Beschreibung der gegenwärtigen Situation eines Systems auf die Entwicklung seiner Zukunftsperspektiven übertragen werden: Ein Versuch, der erst zeigen muß, ob Systemveränderungen langfristiger und ruhiger vollzogen werden können, als dies derzeit allzu häufig der Fall ist.

# 3. Systemische Organisationsberatung in neuen Organisationsformen

Siegfried Ziegler

# Was leisten systemische Konzepte für die Weiterentwicklung von Gruppenarbeit?

## 1. Ausgangssituation und Fragestellung

Ist die Gruppenarbeit gescheitert?

Diese Frage stand im Dezember '94 auf der Titelseite des Manager Magazins. Der Artikel selbst wurde im Inhaltsverzeichnis mit den Worten angekündigt: „Warum sich der Teamgedanke in der Praxis nicht durchsetzt."

Damit wäre die Frage wohl auch gleich beantwortet. Doch wollen wir uns ansehen, welche Daten in der Praxis vorliegen:

„So hat noch nicht einmal ein Drittel der 100 größten deutschen Unternehmen Gruppenarbeit eingeführt" und viele Firmen hätten bislang erst Pilotprojekte gestartet, berichtet das Manager Magazin (König/Rieker 1994, 234) laut einer Studie der Universität Mannheim.

14,9 Prozent, der durch das Gelsenkirchener Institut für Arbeit und Technik (IAT) Befragten, arbeiten in Unternehmen, die auf Gruppenarbeit setzten, aber nur 6,9 Prozent waren in Teams tätig (Hoffritz 1994, 109).

In der USA sind bei den größten 1000 US-Unternehmen nur rund 10 Prozent der dort Beschäftigten in Teams eingebunden und selbst die Automobilindustrie, „weltweiter Vorreiter in der Schaffung neuer Strukturen", kann nur mit einem Anteil „deutlich unter 20 Prozent" aufwarten (König/Rieker 1994, 235).

Das waren einige Zahlen zum Thema Gruppenarbeit. Aber wird Gruppenarbeit, dort wo sie eingeführt ist, auch gelebt? Hier reichen die Ansichten weit auseinander; vom biblischen Ausspruch „wenn zwei oder drei in meinem Namen versammelt sind ..." bis zu detaillierten und dezidierten Einführungs- und Umsetzungsprogrammen ist die Rede. „Die Hälfte der Konzepte ist Augenwischerei", meint dazu Walter Bungard, ein Organisationspsychologe, der sich seit Jahren mit dem Thema befaßt (König/Rieker 1994, 234).

Es existieren zwei Hauptzielrichtungen, die nicht immer miteinander kompatibel sind und aus deren Spannungsfeld sich in der Praxis eine Vielzahl von Problemen ergibt. So ist Gruppenarbeit „eine alte gewerkschaftliche Forderung, die aus der Mitbestimmungs- und Humanisierungsdebatte der 70er Jahre noch gut in Erinnerung ist. Andererseits hat sich jedoch mittlerweile herumgesprochen, daß die Überlegungen des Managements dort, wo Gruppenarbeit eingeführt werden soll, weniger in Richtung Humanisierung der Arbeitswelt zielen als auf eine Effektivierung der Produktion" (Stürzl 1993, 19).

Spricht man mit Managern und Beratern, so werden vorwiegend, ja fast ausschließlich, die positiven Seiten des Konzeptes Gruppenarbeit genannt. So steigere Gruppenarbeit die Produktivität, die Qualität sowie die Flexibilität der Mitarbeiter und deren Zufriedenheit und Motivation (König/Rieker 1994, 235-236); darüber hinaus sei sie die Grundlage von lean production, die die Vorteile (und nur die) der handwerklichen Fertigung mit denen der Fließbandfertigung vereine.

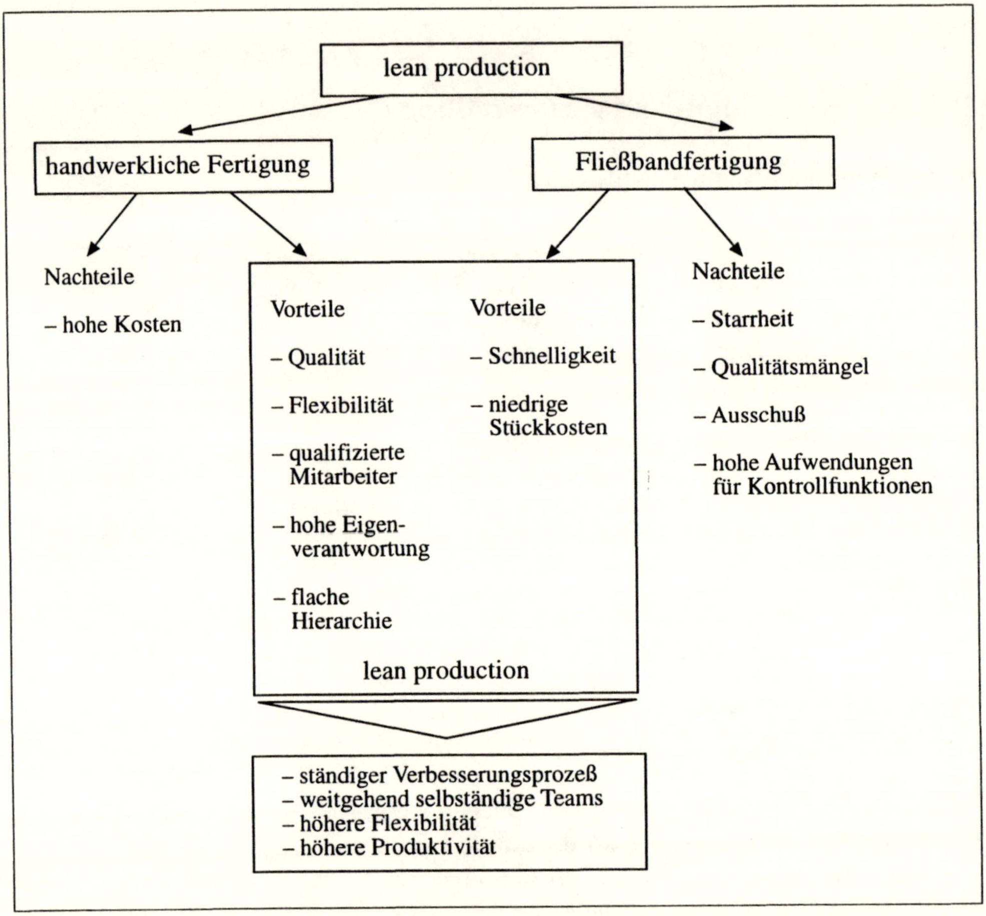


*Abb. 1: Handwerkliche Fertigung, Fließbandfertigung und „lean production" im Vergleich (Stürzl 1993, 89)*

Äußern sich Belegschaft und Betriebsrat, so wird auch die Kehrseite der Medaille sichtbar. Von einer „gehörigen Portion Frust", von verschärften Arbeitsbedingungen (Gottschall 1994, 239), von Kompetenzgerangel, Reibungsverlusten und Disharmonien unter den Mitarbeitern (Hoffritz 1994, 109) ist die Rede. Eine Belegschaftsbefragung bei Opel Eisenach zum Arbeits-Klima hat Zweifel aufkommen lassen, „ob die Beschäftigten den Anforderungen der Modellfabrik auf Dauer gewachsen sind: Die Urteile bewegen sich häufig im negativen Bereich" (Gottschall 1994, 242).

Wo es Probleme gibt, da lassen Erklärungen (oft monokausale) und Ratschläge nicht lange auf sich warten:

„Ich sehe viele Halbherzigkeiten bei der Implementierung", sagt Bernd Engroff, Geschäftsführer des Ausschusses für Wirtschaftliche Fertigung in Bad Soden (König/Rieker 1994, 237).
Psychologe und Unternehmensberater Wolfgang Strasser:
„Es gibt Einzelkämpfer, die meist nicht in der Lage sind, sich in die Gruppe einzubringen" (Hoffritz 1994, 110).
„Es mangelt nicht nur an der Zeit und Verständnis. Oft genug fehlt auch die Bereitschaft für Investitionen, wie der Stuttgarter Organisationsexperte Hans-Jörg Bullinger beobachtet hat" (König/Rieker 1994, 237).
„Da wird nur nach Zahlen gefragt", beklagt Hans-Jürgen Dorr, Vorstandsvorsitzender der Deutschen Gesellschaft für Gruppenaktivitäten (DGA), den Verlust der Humanisierungsbestrebungen.
Der Teamgeist werde nicht honoriert, die leistungsgerechte Entlohnung fehle etc. (vgl. Hoffritz 1994, 110).

Summa summarum könnte man zu dem Schluß gelangen, die Gruppenarbeit für gescheitert zu erklären, gäbe es nicht auch Ansätze, die Gruppenarbeit nicht nur verschreiben, sondern auch „zum Leben erwecken" können? Diese Ansätze beziehen aber die Mitarbeiter vor Ort im wesentlich stärkeren Maße in die Gestaltung der Gruppenarbeit mit ein, als viele derzeitige Konzepte, die hauptsächlich von Managern, Experten und Beratern entworfen und implementiert wurden.

Und damit bin ich bei der *Kernfrage dieses Artikels*:
Wie sieht die Gruppenarbeit in einem speziellen Bereich der Automobilindustrie (BMW Werk Regensburg, Standort Wackersdorf) aus und welchen Beitrag können Systemische Beratungsansätze bei deren Weiterentwicklung leisten?

Dazu werde ich zunächst das Konzept der Neuen Arbeitsstrukturen und der Gruppenarbeit bei BMW vorstellen und danach auf die bisherige Umsetzung am Standort Wackersdorf und die derzeitige Problemlage eingehen.

Danach werde ich zwei Ansätze der Systemischen Organisationsberatung vorstellen und die für den weiteren Prozeß nützlichen Konzepte erläutern.

Daraus abgeleitet stelle ich ein Beratungskonzept vor, das den Rahmen für die weitere Entwicklung und Vorgehensweise liefert.

## 2. Gruppenarbeit bei BMW: Werk Regensburg, Standort Wackersdorf

1991 schloß die Unternehmensleitung und der Gesamtbetriebsrat der BMW AG eine Rahmenbetriebsvereinbarung zur pilothaften Einführung von Neuen Arbeitsstrukturen ab. Das Werk Regensburg wählte dazu mehrere Pilotbereiche aus, darunter den Standort Wackersdorf.
BMW definiert die „Neuen Arbeitsstrukturen" folgendermaßen:

„Unter ‚Neuen Arbeitsstrukturen' verstehen wir die Abkehr von den klassischen Methoden der Arbeitsteilung (Taylorismus) hin zu Betrachtung des Gesamtprozesses Mensch-Technik-Organisation“ mit den Zielen „Verbesserung der Unternehmensproduktivität (Wettbewerbsfähigkeit)“ und „Erhöhung der Arbeitszufriedenheit der Mitarbeiter“ (internes BMW Papier 1993).

„Mit Hilfe dieser neuen Formen der Arbeitsorganisation (Teamarbeit) sollen insbesonders die Kenntnisse und Erfahrungen der Mitarbeiter besser genutzt werden, die Mitarbeiter stärker an Entscheidungsprozessen beteiligt werden, die Arbeitszufriedenheit erhöht werden, sowie die Qualifikation der Mitarbeiter gefördert werden, auch um Höhergruppierungen zu ermöglichen“ (BMW AG 1991, 1).

Neben der Teamarbeit (Gruppenarbeit), dem „Herzstück“ der Neuen Arbeitsstrukturen, sind noch folgende Elemente von Bedeutung:

- Integration von Sekundärfunktionen
- kontinuierlicher Verbesserungsprozeß
- neue Entgeltregelungen
- neue Formen der Arbeitszeit
- Qualifizierung und Mitarbeiterförderung
- sowie veränderte Methoden zur Zeitwirtschaft

Die Gruppenarbeit selbst wird definiert als (internes BMW Papier):

„Gruppenarbeit ist die gemeinsame Erfüllung der ganzheitlichen Arbeitsaufgabe eines abgegrenzten, überschaubaren Arbeitssystems durch mehrere Mitarbeiter. Sekundärfunktionen werden nach Möglichkeit in die Aufgabe integriert.“
„Für die gemeinsame Aufgabe und die Ausführung der unterschiedlichen Teilaufgaben übernimmt die Gruppe die Verantwortung.“
„Die Gruppe bestimmt weitgehend selbst über die interne Aufgabenverteilung, über den Arbeitsablauf, die Arbeitsmethoden und ihre internen Angelegenheiten.“
„Für die Gruppenarbeit sind folgende weiteren Merkmale bestimmend:
- es bestehen Dispositions-, Zeit- und Planungsspielräume
- örtliche und organisatorische Möglichkeiten sind gegeben und
- das Führungsverhalten wird entsprechend geändert.“

„Die Gruppengröße richtet sich nach den Gegebenheiten vor Ort (5-15 Mitarbeiter hat sich bewährt).“

Für die Einführung der Neuen Arbeitsstrukturen/Gruppenarbeit wurde ein *3-stufiges Phasenkonzept* mit 8 Schritten entwickelt:

Im Rahmen der *Projektplanung* wird das Gesamtverständnis zu den Neuen Arbeitsstrukturen bei den Führungskräften des betreffenden Bereiches herbeigeführt (1) und die Projektauswahl und Projektplanung getroffen (2).
In der Phase *Vorbereitung und Start* werden die Meister und Mitarbeiter vorbereitet (3), Ist-Daten ermittelt (4) und die Soll-Struktur festgelegt (5).
In der *Umsetzung und Realisierung* wird qualifiziert, die Gruppensprecher gewählt bzw. ernannt und geschult; die Gruppengespräche werden durchgeführt, Informationen werden visualisiert und Maßnahmenpläne erarbeitet (6). Diese werden einer ständigen Erfolgskontrolle mit Zielvereinbarung unterworfen (7). Im Schritt (8) sollen schließlich die Mitarbeiter zur kontinuierlichen Verbesserung befähigt und angeregt

werden; dazu wird eine einwöchige Intensivmaßnahme (KVP-Workshop) durchgeführt, die in das „Verbesserungs-Kontinuum“ überführen soll.

## 2.1 Praktische Umsetzung in Wackersdorf

1995 werden am Standort Wackersdorf täglich ca. 150 Karossen des 3-er Cabrio produziert, sowie Kleinteile gefertigt (hauptsächlich Punkt- und Schweißarbeitsplätze). Der Cabrio-Rohbau beschäftigt ca. 365 Mitarbeiter, die Kleinteilfertigung ca. 77 Mitarbeiter; insgesamt sind ca. 540 Personen in Wackersdorf beschäftigt (der Rest sind Angestellte und Zeitlöhner).
Wackersdorf gehörte mit zu den ersten Pilotbereichen im Werk Regensburg und setzte die Neuen Arbeitsstrukturen folgendermaßen um:
(Umsetzungsaktivitäten lt. Bericht: NAS Pilotbereich Cabrio-Rohbau)

Schon vor dem eigentlichen Start der Gruppenarbeit in ’92 wurden einige Sekundärfunktionen in die Fertigung integriert.

Anfang ’92 wurden die Mitarbeiter über die Neuen Arbeitsstrukturen informiert und in die Ziele eingebunden.

Die Meister wurden auf ihre neue Rolle in den Neuen Arbeitsstrukturen vorbereitet; den Wandel vom Fachmann zur Führungskraft seiner Gruppe im Sinne von „fordern, fördern und steuern“.

Start der Bestimmung der Funktionsbilder; sie beschreiben das Aufgabengebiet eines Mitarbeiters in der Gruppe und dienen somit der Lohnfindung.

Qualifizierung in den Primärfunktionen; d.h. den Mitarbeitern wird die Möglichkeit zum Erlernen mehrerer Tätigkeiten in ihren Gruppenarbeitsbereich geboten.

Konkrete Gruppenbildung, sowie Gestaltung der Gruppen-Informationsecken durch die Gruppen selbst.

Wahl des Gruppensprechers und Schulung des Gruppensprechers in Moderation und Konfliktlösung.

Festlegung der Aufgabenstellung für die Gruppenarbeit und Vorbereitung der Mannschaft auf die erweiterte Aufgabenstellung.

Führung von Kennzahlen durch die Gruppe.

Seit Mai 1994 finden alle 3 Wochen einstündige Gruppengespräche statt. Außerdem wurden schon mehrere Intensiv-KVP-Maßnahmen durchgeführt.

Die Steuerung und Begleitung der Gruppenarbeit geschieht in Wackersdorf durch eine Projektgruppe, zu der die Führungskräfte von Wackersdorf sowie einige Experten und Berater gehören; Meister, Gruppensprecher und Mitarbeiter werden zu den Projektbesprechungen regelmäßig eingeladen.

## 2.2 Problemstellung aus Sicht der Veränderungspromotoren

Gemeinsam mit einigen Veränderungspromotoren (Führungskräften, Experten und Beratern am Standort Wackersdorf) wurde der derzeitige Stand (Ist-Situation) und die bisherige Vorgehensweise (Strategie) bei der Einführung der Gruppenarbeit in Wackersdorf reflektiert.

Dabei konzentrierten wir uns auch darauf, welche Botschaften von wem, wie vermittelt wurden und welche Rollen die Mitarbeiter und Veränderungspromotoren bisher eingenommen haben.

Die Problempunkte wurden dann mittels Dialog-Konsens zwischen einigen Promotoren und mir erhoben, die empirische Gültigkeit ist damit natürlich nicht vollends sichergestellt.
Folgende Aussagen zeigen deutlich die derzeitige Problemstellung:

„Die Gruppenarbeit stagniert!
Wir haben zwar alle Einführungsschritte unternommen, wie sie im Phasenplan zur Einführung der Gruppenarbeit definiert sind (Projektplanung – Einführung und Start – Umsetzung und Realisierung), der Prozeß insgesamt ist aber schwer zu beurteilen:
Haben wir die Ziele richtig priorisiert,
sind wir den besten Weg gegangen und vor allem,
wie soll es nun weitergehen, da uns keine Struktur mehr anleitet, was zu tun ist?“

Damit soll nicht gesagt werden, daß die Gruppenarbeit bisher nichts gebracht hätte; so wurden Arbeitsinhalte angereichert, Belastungen vermindert sowie Möglichkeiten zur Zusammenarbeit geschaffen (BMW Werk Regensburg 1994, 8); in einigen Gruppen funktioniert zudem die „Selbstorganisation“. Es gibt aber noch etliche Probleme auf dem Weg zur Gruppenarbeit (Soll-Bild), die mit der bisher eingeschlagenen Vorgehensweise nicht gelöst werden konnten.

Die Gruppen entwickeln sich ganz unterschiedlich; folglich treffen die weiteren Punkte nicht auf alle Gruppen gleichermaßen zu. Einige Problempunkte aus der Sicht der Veränderungspromotoren sind (phänomenale Betrachtungsweise):
Statt Team zu sein, strukturieren sich einige Gruppen hierarchisch (Teamsprecher ordnet an) oder bleiben unstrukturiert (jeder macht nur seine Arbeit).
Gruppenarbeit wird aus Sicht der meisten Mitarbeiter reduziert auf:
Jeder kann alle Arbeitstakte seiner Gruppe.
Die Kommunikation unter den Gruppenmitgliedern kommt nicht recht in Gang; es gibt immer wieder Personen bzw. Untergruppen, die kaum miteinander sprechen.
Konflikte werden nicht direkt in der Gruppe ausgetragen, sondern nehmen oft den Umweg über die Hierarchie.
Probleme, die in der Gruppe zu lösen wären, werden nicht angegangen; wenn überhaupt etwas getan wird, werden sie lediglich aufgezeigt und an die Führungskräfte zur Lösung weitergegeben.
Last, but not least wurde die angestrebte Qualitätssteigerung nicht erreicht und auch die erhoffte Kostensenkung ist nicht eingetreten.

Die Einführung der Gruppenarbeit wurde bisher vorwiegend durch Setzen von Vorgaben und Strukturen durch die Veränderungspromotoren betrieben. Dies wird als eine Schwachstelle im derzeitigen Konzept gesehen (theoretische Betrachtungsweise).
Was läßt sich nun in einer solchen Situation tun?
Eine weitere Detaillierung und ein Ausbauen des derzeitigen Konzeptes wäre sicherlich die falsche Antwort auf die aktuelle Problemstellung.

Folgende drei Fragen können weiterhelfen:

1. was sind angemessene Ziele für den Veränderungsprozeß?
2. was ist die beste Strategie dazu?
3. welche Rolle spielen dabei die Veränderungspromotoren?

Zwei Systemische Ansätze sollen uns helfen, diese Fragen zu beantworten:
Die Dynamische Unternehmensentwicklung nach Glasl/Lievegoed und der Ansatz der Systemischen Organisationsberatung nach König/Volmer.

Dazu werden Menschenbild, die Strategien und die Ziele des jeweiligen Ansatzes dargestellt sowie die Rolle der Veränderungspromotoren und die Vorgehensweise für die weitere Beratung daraus abgeleitet.

Denn jeder Vorstellung über Veränderung liegt ausgesprochen oder unausgesprochen ein Menschen- und Organisationsbild zugrunde. Das Menschenbild bestimmt, wie die Beziehungen und Abläufe einer Organisation im Innen- und Außenverhältnis gestaltet werden (Management Center 1988, 20), das Organisationsbild legt fest, welche Objekte/Elemente des Gebildes zum Ansatzpunkt und Gegenstand der Änderung ausgewählt werden (Glasl 1972, 53ff.).

# 3. Systemische Grundlagen für die Weiterentwicklung von Gruppenarbeit

## 3.1 Menschenbild, Strategien und Ziele der Dynamischen Unternehmensentwicklung

Die Organisationsentwicklung (OE) geht von einem *Menschenbild* aus, das als „mehrdimensional“ bzw. ganzheitlich bezeichnet wird (Glasl/Lievegoed 1993, 181). Der Mensch wird als dreidimensionales Wesen verstanden, als körperlich-biologisches Wesen, als seelisch-soziales Wesen und als geistiges Wesen.

„Unter geeigneten sozialen und organisatorischen Voraussetzungen kann der Mensch nicht nur Wissen und Fertigkeiten, sondern auch emotionale Bedürfnisse und Einstellungen, soziale Verhaltensweisen und persönliche Werte ‚lernen‘ und ‚verlernen‘, d.h. verändern und entwickeln.“ „Persönliche Entwicklung in diesem Sinne setzt Lernen durch Erfahrung ‚am eigenen Leib‘ voraus.

Der Mensch lernt und entwickelt sich im direkten Kontakt mit anderen Menschen und in der direkten Auseinandersetzung mit konkreten Problemen, von denen er selbst in irgendeiner Weise betroffen ist“ (Riekmann 1983, 153).

Der Mensch kann demzufolge „nur dann voll Mensch sein, wenn die soziale Umgebung jedem der drei Wesensglieder die ihrer Art entsprechenden Lebensbedingungen bietet“ (Glasl 1990, 29).

Die soziale Umgebung muß folglich auf drei sozialen Subsystemen gleichermaßen entwickelt werden, dem technisch-instrumentellen Subsystem, dem politisch-sozialen Subsystem und dem geistig-kulturellen Subsystem. Daraus ergibt sich folgendes Organisationsbild:

| Wesenselement: | Subsystem: |
|---|---|
| 1. Identität<br>2. Policy, Strategie, Programme | *kulturelles Subsystem* |
| 3. Struktur (Aufbauorganisation)<br>4. Menschen, Gruppen, Klima, Führung<br>5. Einzelfunktionen, Organe | *soziales Subsystem* |
| 6. Prozesse, Abläufe<br>7. Physische Mittel | *technisch-instrumentelles Subsystem* |

*Abb. 2: Die sieben Wesenselemente und die drei Subsysteme (Glasl/Lievegoed 1993, 13)*

OE bedeutet somit, eine Veränderung der Organisation auf allen drei Subsystemen (einschließlich der darin tätigen Menschen) zu bewirken.

Es lassen sich drei *Wege der Veränderung* (Veränderungsstrategien), hinsichtlich Menschenbild, Vorgehensweise und Zielsetzung mit unterschiedlichen Vor- und Nachteilen aufzeigen:

1. rationale Strategien (Veränderung durch Experten)
2. Zwangs- und Machtstrategien
3. Entwicklungsstrategien

Rationale Strategien „beruhen auf einem rationalistischen Menschenbild: der Mensch ist ein denkendes und vernünftiges Wesen. Wenn ich sein Denken beeinflussen kann, wenn ich ihn mit sachlichen Argumenten, mit Logik überzeuge, kann ich Veränderungen in Organisationen einleiten und durchführen“ (Management Center 1988, 63).

Folglich befassen sich Experten, Stäbe etc. mit der Definition und Lösung von Problemen, deren Ergebnisse dann den Mitgliedern der Organisation als Problemlösung nur noch „verkauft“ werden müssen. Das Ziel ist eine logische und schnelle Problem-

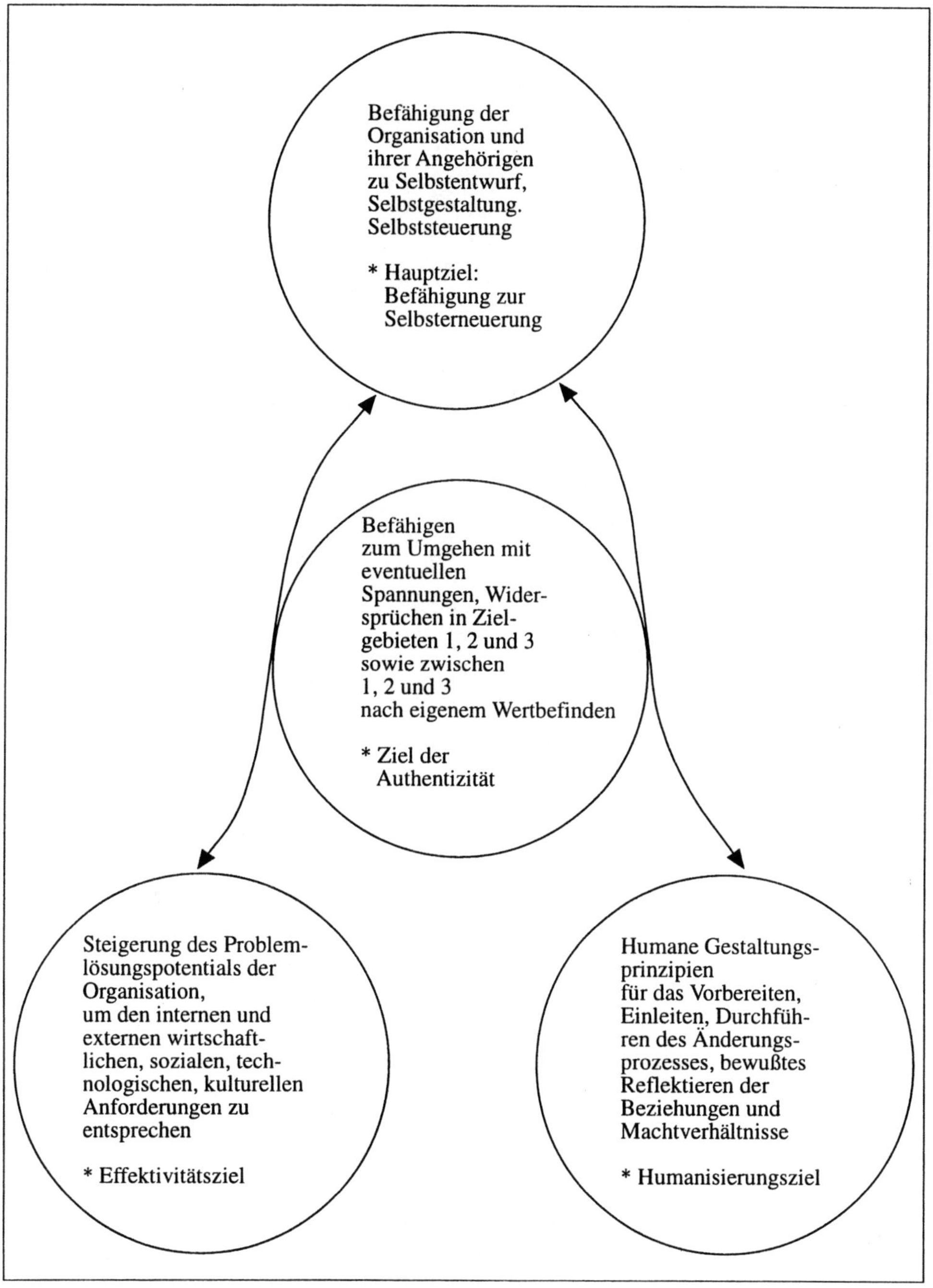


*Abb. 3: Prozessbezogene Ziele der Organisationsentwicklung (Glasl 1983, 27)*

lösung. Diese Strategie setzt nur am Denken und der Vernunft (Ratio) der Menschen an, so daß Expertenstrategien zwar auf der Sachebene zu 100% richtig sein können, aber dennoch nicht greifen.

Bei Zwangs- und Machtstrategien wird mit dem „politisch Machbaren" gearbeitet. Macht dient dabei als Ersatz für eine umständliche Konsensbildung. Es „gibt einerseits die ‚Mächtigen', die für andere denken, bestimmen und Probleme lösen – dabei oft unterstützt durch externe Sachverständige (Experten, Stabsstellen, Wissenschaftler ...). Diese Macht kann beruhen auf fachlicher Überlegenheit, hierarchischer Position, Entscheidungskompetenz, Prestige, Status, Besitzverhältnissen ...

Auf der anderen Seite stehen jene, die durch Gesetze, Sanktionen und Normen zu einem erwünschten Verhalten gezwungen werden. Probleme werden für sie durch Anordnungen und Regelungen gelöst" (Management Center 1988, 65).

Zwangs- und Machtstrategien setzen am Wollen und Handeln der Mächtigen an. Das äußere Verhalten der anderen Menschen soll verändert werden, die Einstellungen und Denkgewohnheiten interessieren dabei nicht. Sanktionen sollen die Durchführbarkeit der Veränderungen sichern. Ziel ist die Sicherung und das Ausbauen der Position (der Mächtigen), sachliche Überlegungen werden dabei oft in den Hintergrund gerückt.

Die Entwicklungsstrategien setzen am Denken, Fühlen, Wollen und Handeln der von der Veränderung Betroffenen, d.h. am ganzen Menschen an. Sie berücksichtigen den „Entwicklungsstand" und die „Entwicklungsenergie" der Personen und Gruppen. Mehrere Ziele werden dabei gleichzeitig erreicht (s. Abb. 3, S. 83).

„Entwicklungsstrategien nehmen (somit) den einzelnen in seiner Kompetenz und Person ernst, der einzelne kann seine geistigen und sozialen Ressourcen entfalten – für sein persönliches Wachstum und für das Gesamtunternehmen" (Management Center 1988, 67).

Für die Praxis bedeutet dies, daß die Menschen selbst aktiv werden müssen, aber auch die Möglichkeiten haben, aktiv zu werden. Sie machen ihre eigene Problemdefinition, stellen die Diagnose, gestalten die Sollentwurfs- und Lernprozesse und managen den Umsetzungsprozeß. Wichtig dabei ist, daß die angestrebten Ziele und die eingesetzten Mittel (Methoden und Verfahren) stimmig zueinander passen (kongruent sind).

## 3.2 Menschenbild, Strategien und Ziele der Systemischen Organisationsberatung

Die Systemische Organisationsberatung betrachtet die Personen innerhalb ihres sozialen Systems und sieht sie als handelnde Personen. Menschen reagieren nicht lediglich, sondern ihr Verhalten ist von Gedanken, persönlichen Zielen und Absichten sowie von ihren Empfindungen bestimmt (vgl. König/Volmer 1999, 31ff.); kurz gesagt:

1. Menschen machen sich ein Bild von ihrer Situation und
2. die Bedeutung, die sie einer Situation geben, bestimmt ihr Handeln.

Menschen „konstruieren" sich sozusagen ihre eigene Wirklichkeit. Sie sind aber auch Teil eines sozialen Systems mit anderen Personen und deren Wirklichkeitskonstruktionen, einem System mit geschriebenen („offiziellen“) und ungeschriebenen („heimlichen“) („Spiel“-) Regeln, in dem eingeschliffene, immer wiederkehrende Verhaltensmuster (Interaktionsstrukturen) zu beobachten sind. Dieses soziale System wiederum ist eingebettet in eine Systemumwelt und das Ganze (das soziale System und die Systemumwelt) ist einer ständigen Veränderung und Entwicklung unterworfen.

Daraus ergeben sich 6 zentrale Punkte, an denen Veränderung ansetzen kann (König/Volmer 1999, 43ff.):

1. Veränderung in bezug auf die Personen des sozialen Systems
2. Veränderung der subjektiven Deutungen (individuelle und gemeinsame)
3. Veränderung von Verhaltensregeln und darauf basierenden gemeinsamen Deutungen
4. Veränderung der Interaktionsstrukturen
5. Veränderung der Systemumwelt
6. Veränderung hinsichtlich der zukünftigen Entwicklungsrichtung oder Entwicklungsgeschwindigkeit

Was aber ist das Ziel jeglicher Intervention zu Veränderungen?

Veränderung setzt aber Intervention voraus – Intervention von innen oder außen (vgl. König/Volmer 1997, 45ff.). Darüber hinaus werden Veränderungen auch dadurch bestimmt, welche Prozesse die Initiatoren der Veränderung in Hauptsache sehen bzw. welche sie beeinflusssen wollen (Strategien nach Chin/Benne 1970, 34ff.).

Entweder man dringt von außen in ein System ein und tritt somit zwischen tradierte, eingeschliffene Handlungszusammenhänge, oder die Veränderung erfolgt aus dem sozialen System selbst heraus. Immer aber gilt, daß Interventionen zwar stets auf bestimmte Zwecke hin ausgerichtet sind (sie zielen auf Veränderung des Systems), daß aber über die Wirkungen immer nur innerhalb des betreffenden sozialen Systems (abhängig von dem jeweiligen Systemzustand) entschieden wird (vgl. König/Volmer 1999, 48ff.).

Das heißt aber, daß die Berater (Veränderungspromotoren) dem System keine Ziele „aufzwängen“ können, sondern die Funktion der Beratung wird wie folgt definiert: „Der Klient bzw. das Klientensystem ist dabei zu unterstützen, aus seiner Sicht seine Situation zu klären, für sich Ziele zu setzen und für sich passende Lösungswege zu finden“ (König/Volmer 1999, 49).

Bei der Systemischen Organisationsberatung (Prozeßberatung) liefert der Berater keine Lösungsvorschläge (wie bei der Expertenberatung), sondern unterstützt die Personen des Klientensystems dabei, die Welt „anders zu sehen“, d.h. sie setzt vorzugsweise an den subjektiven Konstruktionen der Personen und den gemeinsamen Deutungsmustern an. Der Problemlösungsvorschlag wird innerhalb des Klientensystems entwickelt (vgl. König/Volmer 1999, 48ff.), somit muß der Klient „den Prozeß der Diagnose und der Interventionen mit dem Berater teilen“ (Fatzer/Eck 1990, 65).

Der Berater übernimmt grundsätzlich nicht die Verantwortung für eine bestimmte Lösung des Problems, sondern er trägt die Verantwortung für den Problemlösungsprozeß. Die praktische Hilfestellung für die Problembewältigung bzw. Problemlösung kann durchaus unterschiedlich verlaufen (vgl. König/Volmer 1999, 49f.):

- Sie kann darin bestehen, den Klienten darin zu unterstützen, sich über seine Ziele klar zu werden.
- Sie kann darin bestehen, ein Projektteam dabei zu unterstützen, Reibungspunkte und Probleme der Zusammenarbeit genauer herauszufinden und z.B. Regeln abzuändern.
- Sie kann darin bestehen, daß eine Organisation darin unterstützt wird, sich selbst klar zu werden über das Organisationsklima – wobei diese Unterstützung durchaus in Form von Interviews, Gruppendiskussionen oder auch Fragebogen verlaufen kann, deren Ergebnisse dann in das soziale System „zurückgespiegelt" werden.
- Und Beratung kann schließlich auch darin bestehen, daß ein Experte verschiedene Möglichkeiten der Problemlösung (verschiedene Formen der Organisationsgestaltung) oder bekannte Vor- und Nachteile aus anderen Situationen darstellt. In dieser Form kann Prozeßberatung durchaus auch Phasen der Expertenberatung, also Information über Handlungsmöglichkeiten einschließen, aber nicht mit der Zielsetzung, einen fertigen Lösungsvorschlag zu unterbreiten, sondern mit der Zielsetzung, dem Gesprächspartner zusätzliche Informationen für die Entscheidung zur Verfügung zu stellen.

Im Rahmen *umfangreicher Organisations-Maßnahmen* ist auch ein Vorgehen angebracht, das als ersten Schritt die subjektiven Deutungen (subjektive Theorien) erfaßt und dann auf deren Basis die Maßnahmen zur Veränderung plant und durchführt (König/Volmer 1999, 132ff.).

## 4. Weiterführung von Gruppenarbeit auf der Basis Systemischer Konzepte

Zusammenfassend läßt sich folgendes festhalten:

1. die weitere Zieldefinition über den Veränderungsprozeß „Gruppenarbeit" übernimmt das soziale System selbst [Systemische Organisationsberatung]; als Orientierung dienen die „prozeßbezogenen Ziele der Organisationsentwicklung" [Dynamische Unternehmensentwicklung].
2. als Strategie wird die Entwicklungsstrategie gewählt [Dynamische Unternehmensentwicklung]; Hauptansatzpunkte sind die individuellen und gemeinsamen Deutungen der Veränderungspromotoren und Führungskräfte sowie die Spielregeln und Interaktionsstrukturen in der Organisation [Systemische Organisationsberatung].
3. die Veränderungspromotoren wechseln von der Expertenberatung zur Prozeßberatung [Systemische Organisationsberatung] und bemühen sich um Stimmigkeit zwischen den angestrebten Zielen und den eingesetzten Mitteln (Kongruenz) [Dynamische Unternehmensentwicklung].

Konkret heißt das:

1. Arbeit mit dem Veränderungspromotorenteam
Die Veränderungspromotoren benötigen eine gemeinsame „Philosophie", Zielrichtung und Vorgehensweise für die Gruppenarbeit. Dazu ist es notwendig, am Bewußtsein der einzelnen Personen anzusetzen, aber auch Übereinstimmung auf der Teamebene herzustellen.

Im Rahmen eines Workshops bedeutet dies:

- Die Reflexion des bisherigen Veränderungsprozesses hinsichtlich des verwendeten Menschenbildes und Erklärungsmodells, der Ebenen, auf denen die Veränderung betrieben wurde, der benutzten Strategien, der priorisierten Ziele und der von den Veränderungspromotoren eingenommenen Rollen.
- Die Neuorientierung an den Systemischen Ansätzen in Richtung des Menschenbildes der Organisationsentwicklung, des Erkennens und Verwendens neuer Möglichkeiten (Ebenen der Veränderung), sowie des Wechsels zur Entwicklungsstrategie und neuen Beratungsrolle.

2. Arbeit mit dem Klientensystem
Die Veränderungspromotoren wechseln von der Expertenberatung zur Prozeßberatung. Das Klientensystem (Mitarbeiter, Gruppensprecher und Meister) nimmt aktiv teil an der Gestaltung der weiteren Prozesse, angefangen von der Problemdefinition und Diagnose, der Willensbildung und Soll-Entwurfsgestaltung bis zu den Lernprozessen und der Umsetzungsarbeit. Dazu ist es notwendig, daß sich das Klientensystem in kleinen flexiblen Einheiten organisiert, die einzelne Prozesse mit initiieren, steuern und die verschiedenen Sichtweisen integrieren.
Das Promotorenteam gibt bei diesen Prozessen Hilfestellung und unterstützt die Veränderung.
Als organisatorischer Rahmen bieten sich die regelmäßig stattfindenden NAS-Projektbesprechungen und die Gruppengespräche an.

3. Arbeit mit den Führungskräften
Die Führungskräfte sind der Dreh- und Angelpunkt bei Veränderungsprozessen. Sie lassen Entwicklungen zu (erleichtern) oder unterbinden (erschweren) sie; d.h. sie beeinflussen maßgeblich die Entwicklungsrichtung und Entwicklungsgeschwindigkeiten der Veränderungsarbeit.

Von daher sollten die Führungskräfte die Möglichkeiten eines individuellen Coachings haben. Damit Coaching und Veränderungsprozeß „Hand in Hand" gehen, d.h. beide dieselben Ziele ansteuern und beide nicht völlig unterschiedliche Modellannahmen benutzen (wichtig für die Kommunikation), ist auch hier eine Ausrichtung an den Systemischen Ansätzen erforderlich.

Inhaltlich bedeutet dies:
Die Führungskräfte werden dabei unterstützt, sich ihre Subjektiven Theorien zu Grup-

penarbeit und Veränderungsprozessen bewußt zu machen, sie zu erweitern und zu verändern. Dies umfaßt sowohl die verwendeten subjektiven Konstrukte, Diagnosehypothesen und Ziele, als auch Erklärungshypothesen und Strategien.

Neben der Arbeit an den Subjektiven Theorien wird ihre Aufgabe und Rolle im Veränderungsprozeß reflektiert, sie erhalten Feedback über ihre Person und den Prozeß und sie bekommen methodisches Rüstzeug, das sie im Wandel sicherer macht.

**Peter Nieborg**

# Systemische Organisationsberatung bei der Einführung von Lean Production

## Vorbemerkung

Das Konzept von Lean Production mit seinem Instrument des Kontinuierlichen Verbesserungsprozeßes (KVP) ist eine Vorwärtsstrategie für Unternehmen zur Zukunftssicherung und bietet MitarbeiterInnen die Mitwirkung an der Sicherung des eigenen Arbeitsplatzes sowie der Erhöhung der Arbeitszufriedenheit und Motivation. Der Autor hat vier Jahre in Asien u.a. an diesen Themen gearbeitet. Aufgrund dieser Erfahrungen hat er Verfahren zu Lean Production in Verbindung mit Systemischer Organisationsberatung entwickelt und mehrfach erfolgreich auch in Deutschland angewandt.
Wie sie sich in Produktions- und Administrationsbereichen in Wirtschaft, Verwaltung und Dienstleistung anwenden lassen, beschreibt der folgende Beitrag.

## 1. Die Ausgangssituation

Im Produktivitätswettlauf der vergangenen Jahre (1985 – 1993) hat die Industrie Großbritanniens das Vorbild Japan überholt. Großbritanniens Industrie verbesserte die Produktion je Beschäftigungsstunde um jährlich durchschnittlich 4,1%. Japan dagegen erreichte „nur" 3,7% und Deutschland magere 1,8% (Produktivitäts-Fortschritte. Braunschweiger Zeitung/Globus 2231; Nr. 236/49 vom 11.10.1994). Das Rezept der Briten ist Lean Production. Straffe Organisation und das Ausrichten auf die drei unternehmerischen Erfolgsfaktoren Qualität, Service und Preis brachten diesen Erfolg. Demgegenüber besteht in deutschen Unternehmen die folgende Situation:

- in der deutschen Automobilzulieferindustrie sollen bis zum Jahr 2000 bis zu 200.000 von den derzeit noch vorhandenen 436.000 deutschen Arbeitsplätzen in diesem Sektor abgebaut werden (Deutsche Zulieferanten nicht produktiv genug. Blick durch die Wirtschaft/ FAZ 24.2.1994)
- die kunststoffverarbeitende Industrie rechnet mit einer Pleitewelle (Plastikverarbeiter in der Zange. Frankfurter Rundschau. Nr. 195 vom 23.8.1994)
- der Vorsprung der japanischen Automobilindustrie liegt bei 25 – 35% gegenüber deutschen Wettbewerbern (An der Produktivität noch feilen. Süddeutsche Zeitung Nr. 170 vom 26.7.1994).

- „Wenn der Westen sich nicht anstrengt, vorne zu bleiben," meinte Singapurs Regierungschef Goh Chok Tong unlängst trocken, „wird er eine Generation später feststellen, daß seine Wettbewerbsvorteile dahin sind. Asien holt sehr schnell auf" (Meinert. P.: Viel arbeiten, wenig besteuern. Nach 20 Boomjahren erteilt Asien jetzt die Lehren. Braunschweiger Zeitung. Nr. 9 vom 11.1.1995).
- In vielen Unternehmen wird erkannt, daß sie mit ihren aufgeblähten Fertigungs- und Verwaltungsbereichen, häufig noch in strengen Hierachien abgeteilt, mit schlanken Unternehmen nicht mehr Schritt halten.
- Das Management in deutschen Unternehmen sucht nach Auswegen. Halbherzig und weiterhin machtbesessen werden jedoch häufig Veränderungen nur von oben zugelassen.
- Gelebt wird häufig die Trennung einerseits von Menschen, die denken (Manager), und andererseits Menschen, die arbeiten (Arbeiter). Die Verbesserungspotentiale aber sind den MitarbeiterInnen auf der operativen Ebene bekannt. Sie kennen die Ursachen, warum Abläufe, Produktqualität, Anteil an Ausschuß und Nacharbeit, Durchlaufzeiten, Umlaufbestände, Rüstzeiten u.s.w. schlecht sind. Sie erleben täglich die Verschwendungen, welche die Unternehmenssituation verschlechtern.
- Die in den deutschen Unternehmen vorherrschende Machtteilung läßt den MitarbeiterInnen in der Regel kaum eine Chance, die Potentiale aufzuzeigen, und noch weniger, diese an ihren Arbeitsplätzen umzusetzen. Der zunehmende Wettbewerbsdruck muß aber heute immer mehr Spielraum dazu lassen.

Durch Einführung von Lean Production werden diese Potentiale gelenkt und in für das Unternehmen und MitarbeiterInnen gleichermaßen positive Veränderungen umgesetzt. Hierbei handelt es sich nicht nur um die Verbesserung der Produkte, sondern auch um Verbesserung aller Prozesse und Abläufe, die zur Entwicklung, Fertigung und dem Vertrieb dieser Produkte notwendig sind, sowie der Verbesserung aller menschlichen Aspekte. Neben der Produktionsstätte wird das Zuliefer- und Vertriebsnetz miteinbezogen.
Dabei geht es einerseits um die Eliminierung von

- Verschwendung bei den Ausgaben
- Verschwendung bei indirekter Arbeit
- Verschwendung bei Beständen
- Beseitigung doppelter Arbeit
  zur Reduzierung fixer Kosten

und andererseits um die Beseitigung von

- Verschwendung durch Prozeßfehler
- Verschwendung durch Produktplanungsfehler
- Verschwendung bei Ausstattungen, Anlagen und Maschinen
- Verschwendung bei Flächen
- Verschwendung bei Umlaufbeständen
- Verschwendung durch Teilevielfalt

– Ökologischer Verschwendung zur Erhöhung der Wertschöpfung (vgl. Bartels 1992, 136ff.).

Das hat im Unternehmen an allen Stellen, zu jeder Zeit und in jeder Form stattzufinden. Eine wesentliche Verbesserung des Break-Even-Punktes ist die Folge.

## 2. Rolle des Systemischen Organisationsberaters bei der Einführung von Lean Production

Veränderungen in Organisationen zu steuern, ist Aufgabe von Beratern. Hierzu reicht es nicht aus, monokausal zu denken: Veränderungen lassen sich in der heutigen hochkomplexen Arbeitswelt nur dann effektiv und kreativ durchführen, wenn einzelne Personen und bestimmte Verhaltensweisen nicht isoliert für sich, sondern als Teil eines größeren Systems betrachtet werden.
Soziale Systeme sind bestimmt von:

– den handelnden Personen (MitarbeiterInnen)
– den individuellen und gemeinsamen Deutungsmustern
– den in dem sozialen System geltenden sozialen Regeln
– den Interaktionsstrukturen
– der Systemumwelt (Personen, Gebäude, Einrichtungen).

Im Rahmen der Systemischen Organisationsentwicklung werden hinderliche Strukturen auf diesen Ebenen aufgedeckt und gemeinsam mit den beteiligten Personen verändert. Hierbei ist die Rolle des Beraters nicht die eines Experten, sondern vorwiegend die des Prozeßberaters. Er übernimmt die Verantwortung für den Problemlösungsprozeß, aber nicht für die Problemlösung.

Dabei kann eine solche praktische Hilfestellung zur eigenständigen Problembewältigung bzw. Problemlösung durchaus unterschiedlich verlaufen (König/Volmer 1999, 48ff.):

– Sie kann darin bestehen, den Klienten darin zu unterstützen, sich über seine Ziele klar zu werden.
– Sie kann darin bestehen, ein Projektteam dabei zu unterstützen, Reibungspunkte und Probleme der Zusammenarbeit genauer herauszufinden und z.B. Regeln abzuändern.
– Sie kann darin bestehen, daß eine Organisation darin unterstützt wird, sich selbst klar zu werden über das Organisationsklima – wobei diese Unterstützung durchaus in Form von Interviews, Gruppendiskussionen oder auch Fragebogen verlaufen kann, deren Ergebnisse dann in das soziale System zurückgespiegelt werden.
– Und Beratung kann schließlich auch darin bestehen, daß ein Experte verschiedene Möglichkeiten der Problemlösung (verschiedene Formen der Organisationsgestaltung) und aus anderen Situationen bekannte mögliche Vor- und Nachteile darstellt.

In dieser Form kann Prozeßberatung durchaus auch Phasen der Expertenberatung, also Informationen über Handlungsmöglichkeiten, einschließen, aber nicht mit der Zielsetzung, einen fertigen Lösungsvorschlag zu unterbreiten, sondern mit der Zielsetzung, dem Gesprächspartner zusätzliche Informationen für die Entscheidung zur Verfügung zu stellen.

Wenn man davon ausgeht, daß menschliches Handeln von Gedanken und Einstellungen geleitet ist, dann lassen sich Probleme lösen, indem man den Betreffenden dabei unterstützt, die Welt „anders zu sehen", d.h. seine Gedanken und Einstellungen über eine bestimmte Situation zu verändern. Beratung wird somit als Unterstützung anderer Personen verstanden, ihre Konstruktion der Wirklichkeit zu klären und abzuändern, um neue Lösungsmöglichkeiten für praktische Probleme zu finden. Wenn Menschen ihr soziales System anders sehen, werden sie es damit verändern. Für den Lean Production-Prozeß bedeutet das, daß der Berater dabei hilft, „Betriebsblindheiten" aufzulösen und langbekannte, aber immer wieder erduldete Verschwendungen neu zu sehen und zu beseitigen. Neben dieser Qualifikation muß der Berater weitere Merkmale und Rollen ausfüllen:

Er
- hält immer den „roten Faden" und steuert den zeitlichen Ablauf
- kennt die Zusammenhänge von Lean Production, ist „erlebter" Fachmann
- kennt durch eigene Tätigkeit den Shop Floor
- ist unzufrieden mit dem Ist-Zustand
- steht hinter der Sache, ist überzeugend und glaubwürdig
- ist ein „Kämpfer" und bewegt voran
- ist stark prozeß- aber auch ergebnisorientiert
- kennt die Prozesse und Abläufe
- kennt das Management im Unternehmen
- kann begeistern und ist positiv
- hat eine gute Analysefähigkeit
- kann visualisieren, präsentieren, moderieren
- versteht die Anwendung der Problemlösetechniken und -methoden
- ist aufrichtig und ehrlich zu den Menschen
- hat Interesse an den Menschen und arbeitet teilnehmerorientiert
- kann Konflikte produktiv lenken und ist dabei objektiv
- kann zuhören und ist geduldig
- behandelt andere, wie er selbst behandelt werden möchte
- baut Ängste ab.

## 3. Die Start-Veranstaltung mit Führungskräften als Vorbereitung für die Einführung von Lean Production

Der Erfolg von Veränderungen ist abhängig vom Denken des Managements. Das Zulassen von Kreativität der Mitarbeiter auf der Shop-Floor-Ebene begünstigt betriebliche Innovation und erreicht damit quantitative und qualitative Ergebnisse. Quantitative Ergebnisse beziehen sich auf Veränderungen von betriebswirtschaftlich meßbaren Daten wie Qualität, Service und Kosten (= harte Faktoren/unternehmensbezogener Profit). Qualitative Ergebnisse besieren auf Veränderungen der Mitarbeiter, bestehend aus Fach-, Methoden-, Sozial- und Persönlichkeitskompetenz (= weiche Faktoren/mitarbeiterbezogener Profit). Wer den Erfolg seines Unternehmens deutlich steigern will, wird neben den quantitativen Ergebnissen auch die qualitativen Veränderungen zulassen müssen/wollen. Wer ausschließlich oder überwiegend die Veränderungen der harten Faktoren zuläßt, zerstört/behindert das Interesse der Mitarbeiter („wo ist unser Profit"), den Veränderungsprozeß initiativ zu fördern. Das erfolgreiche Lean Management ist ein Management, das Veränderungen von sowohl harten als auch weichen Faktoren zuläßt und wirksam ständig als Promotor stützt. Eine effiziente Durchführung ist nur mit Wissen um die systemischen Wirkungen von Einstellungen und Verhaltensweisen, Management und Organisationsformen, Technik und Finanzen möglich. Dieses Wissen zu vermitteln, ist Anliegen einer Start-Veranstaltung mit den Führungskräften vor Beginn des ersten KVP-Workshops.

Ziele dieser Start-Veranstaltung sind:
(1) Die Zusammenarbeit in der Führungsgruppe zu fördern
(2) Strategie- und Zielsetzung für das Unternehmen zu erarbeiten
(3) Kenntnisse zum Leanmanagement/Produktion zu vermitteln und eine Vision für das Unternehmen zu entwickeln.
(4) Einen Aktivitätenplan zur Einführung zu erarbeiten und sich darauf zu verpflichten.

**(1) Die Zusammenarbeit in der Führungsgruppe fördern**
Erfahrungsgemäß sind die Führungskräfte der mittleren Ebene bei der Einführung von Lean Production die am häufig verunsichertsten. Sie bauen Widerstände auf. Um ihnen eine Hilfestellung zu geben, ist die Erläuterung der Problemlösung aus systemischer Sicht hilfreich zum Abbau ihrer Verunsicherungen und Befürchtungen: Die zentrale These systemischen Denkens lautet, daß Probleme grundsätzlich im Zusammenhang des jeweiligen sozialen Systems zu sehen sind. „D.h. bei Problemen geht es nicht darum, einen Schuldigen zu suchen oder die Ursache herauszufinden (wie man es beim Eigenschafts- oder Maschinen-Modell versucht), sondern es geht darum, das gesamte System im Blick daraufhin zu analysieren, welche Faktoren das Problem hervorbringen oder verstärken" (König/Volmer, 1999, 43).

Daraus ergibt sich als Zielsetzung für die Startveranstaltung im Blick auf die Zusammenarbeit der Führungskräfte:

– ihnen die Wirkungen unterschiedlicher Verhaltensweisen im sozialen System zu verdeutlichen
– und zugleich soziale Regeln der Zusammenarbeit zu etablieren.

Dazu werden Interaktionsübungen genommen, die den einzelnen Bereichen
– Kommunizieren und Wahrnehmen
– Vertrauen und Offenheit
– Beziehung und Feedback
– Macht und Konkurrenz
– Konsens und Kooperation

zuzuordnen sind (vgl. Vopel 1990). Die Kooperationsübungen haben den Vorteil, daß die Teilnehmer neue Verhaltensweisen ausprobieren können. Sie müssen z.B. in der Auswertungsphase erarbeiten, wie sie in Zukunft zusammenarbeiten wollen und was jeder einzelne zur Verbesserung beitragen kann. Ferner ist zu klären, wie die Führungskräfte, die ja häufig die „Nutznießer" des alten Systems sind, ohne Widerstände die Einführung von Lean Production unterstützen oder fördern können.

An dieser Stelle werden vom Berater situative Fragen gestellt, die dann von den Teilnehmern z.B. auf Karten beantwortet werden. Erfahrungsgemäß werden Reibungsverluste, Schwachstellen und Ursachen für das Beharrungsvermögen genannt. Gemeinsam werden sie auf Systemzusammenhänge und Veränderungspotentiale hin untersucht. Das „Machbare" wird im Konsens erarbeitet und für die zukünftige Umsetzung miteinander vereinbart. Einführung von Lean Production bedeutet für Führungskräfte ihre Veränderung weg vom Aufseher, hin zum Coach. Dies ist Voraussetzung, um Macht an die MitarbeiterInnen abgeben zu können. Der Coach trifft für die MitarbeiterInnen keine Entscheidung, sondern unterstützt sie dabei, die Situation zu klären und neue Einsichten und Lösungsmöglichkeiten selbst zu finden. Der systemische Organisationsberater leistet die Begleitung durch Prozeßunterstützung. Es geht also nicht darum, soziale Systeme durch Antworten des Beraters zu verändern, sondern den Weg durch neue Einsichten und neue Lösungsmöglichkeiten selbst zu erarbeiten.

**(2) Strategie- und Zielsetzung für das Unternehmen erarbeiten**

Ganz wesentlich ist, daß die Führungskräfte sich eine Grundlinie erarbeiten und sich auf diese verständigen:

Es müssen die Unternehmensziele und -werte formuliert und auf die kleinsten Arbeitsorganisationseinheiten abgeleitet werden. Die Ziele sind dabei so verständlich zu formulieren, daß die MitarbeiterInnen die an sie gestellten Anforderungen leicht ablesen und einfach operational erreichen können. Sie müssen meßbar sein und so verlockend in ihren Anforderungen, daß sie sich damit identifizieren, sich herausgefordert fühlen und Verantwortung für die Zielerreichung übernehmen. An den Arbeitsplätzen sind diese Vorgaben visuell darzustellen. Die MitarbeiterInnen werden dadurch in die Lage versetzt, für sich und ihre Arbeitsgruppe ständig einen Soll-Ist-Vergleich durchzuführen. Abweichungen sind somit schnell erkennbar und führen zu selbst-veranlaßten Veränderungen. Beschäftigte, die an einem Unternehmensprozeß beteiligt sind, richten ihr Augenmerk meistens nach innen auf ihre Abteilungen und

nach oben auf ihre Chefs. Den Blick nach außen auf den Kunden haben sie nie gelernt, weil es nicht vorgelebt und belohnt wurde.
KVP bedeutet, in sämtlichen Unternehmensbereichen alle Handlungen konsequent auf den externen und internen Kunden auszurichten:

- Jede/r MitarbeiterIn ist interner Kunde und Lieferant zugleich. Jeder produziert „just in time" auf Abruf (Pull-System), nicht auf Vorrat.
- Tätigkeiten, wie Laufwege, Wartezeiten, Zwischenlagerung, Doppelarbeit, welche den Wert der Produkte nicht erhöhen, sind nicht wertschöpfend und damit Verschwendung. Sie müssen transparent gemacht werden und sind zu beseitigen.
- Alle MitarbeiterInnen nehmen nur einwandfreie Qualität von internen Lieferanten ab, bearbeiten diese und liefern nur einwandfreie Qualität an den internen Kunden weiter.

Der Blick darf nicht nach innen auf die Vorgesetzten gerichtet sein, sondern muß sich auf den Kunden richten. Der Kunde muß das Kommando übernehmen. Tätigkeiten, wie z.B. Laufwege, Wartezeiten, Zwischenlagerungen, Doppelarbeit, welche den Wert der Produkte nicht erhöhen, sind nicht wertschöpfend und damit Verschwendung. Sie müssen transparent gemacht werden und sind zu beseitigen. Jede/r MitarbeiterIn ist interner Kunde und Lieferant zugleich. Jeder produziert Just in Time auf Abruf (Pull-System) und nicht auf Vorrat. Es gilt, eine unternehmensinterne Kundenorientierung aufzubauen. Ein gleichmäßiges Fließen und nicht eine Stoß- und Pufferfertigung muß das Unternehmen durchziehen. Alle MitarbeiterInnen nehmen nur einwandfreie Qualität von ihren internen Lieferanten an, bearbeiten diese und liefern nur einwandfreie Qualität an den internen Kunden weiter. Den internen und externen Kunden betrachtet und behandelt jeder nicht als anonymen Verbraucher, sondern als in einer positiven Beziehung zu ihm stehenden Menschen. Sie fokussieren sich auf den Kunden, deren Zufriedenheit ihnen am Herzen liegt.
Es sind vertrauensbildende Maßnahmen (z.B. Beschäftigungsgarantie für eine bestimmte Dauer) rechtzeitig vor den ersten Aktivitäten durchzuführen.

**(3) Kenntnisse zum Lean Production-Prozeß vermitteln und eine Vision für das Unternehmen entwickeln**

Der erfolgreiche Einstieg ins Lean Management beginnt mit dem Verständnis seiner geistigen und sozialen Grundlagen (z.B. Bösenberg/Metzen 1993). Gemeinsam mit der Unternehmensleitung, demTop-Management und den Mitgliedern der betrieblichen Mitbestimmungsorgane werden umfassende Kenntnisse zum Lean Production-Konzept erarbeitet. Wesentlich für die Akzeptanz und Umsetzung von Lean Production ist die eigene feste Überzeugung, daß der gewählte Weg zum Erfolg führt. Damit wird Lean Production zu einer Vision:

- Lean Production sichert das Überleben des Unternehmens und damit die wirtschaftliche Grundlage für die Beschäftigten.
- Die ständige Verbesserung muß zum Alltag und kontinuierlich fortgesetzt werden. Dabei gibt es keine endgültigen Ziele anzustreben. Gemeinsame Ideen zur Verbesserung sind ständig, Schritt für Schritt, konsequent zu realisieren.

- Kein Unternehmensbereich darf bei Lean Production ausgelassen werden. Alle haben sich zu beteiligen.
  Damit wird für die MitarbeiterInnen erkennbar, daß alle gleichermaßen zum Unternehmenserfolg erforderlich und wichtig sind. Der Veränderungsprozeß bekommt Glaubwürdigkeit.
- Durch ständiges Nachfassen und Loben von Erfolgen sowie auch Mißerfolge zum Ansporn geben, ist der Wille zur Veränderung der Unternehmenskultur vorzuleben.

**(4) Erarbeitung eines Aktivitätenplans zur Einführung von Lean Production und Verpflichtung zur Umsetzung**

Auf der Basis einer solchen Vision werden Zielsetzungs- und Vorgehenspläne erarbeitet und Kontrakte dazu zwischen den Führungskräften sowie zwischen den Führungskräften und dem Berater abgeschlossen:

- Für die Durchführung der KVP-Workshops ist ein Aktivitätenplan mit Ort und Zeit festzulegen. Günstig ist dabei, daß in der ersten Phase ein kleines Gebiet mit großer Prozeßtiefe, z.B. die Montagelinie eines Produktes und nicht die gesamte Produktionsentstehungsprozeßkette untersucht wird. Für die WorkshopteilnehmerInnen bleiben dadurch die Untersuchungsgebiete überschaubar und die für die Motivationsentwicklung so wichtigen Anfangserfolge sind sicherer zu erreichen. Erst in einem weiteren Stadium werden Prozeßketten betrachtet.
- Die Führungskräfte verpflichten sich, Lean Production engagiert und glaubwürdig umzusetzen. Das bedeutet, daß alle Mitglieder der Unternehmensleitung und des Managements an einem KVP-Workshop teilnehmen müssen.
- Von der Unternehmensleitung wird ein Projektteam installiert, in dem Fach- und Machtpromotoren sowie Vertreter der betrieblichen Mitbestimmungsorgane mitwirken sollen. Neben der Steuerung des gesamten Prozesses sind sie auch für den „Schutz“ und die Förderung der Umsetzung des Projektes verantwortlich.
- Innerhalb eines vereinbarten Zeitrahmens wird die Prozeßbegleitung als ein kontinuierlicher Prozeß mit Rollen der Planung vereinbart.
- Um das Vertrauen auf allen Ebenen des Unternehmens herzustellen, sind umfassende Informationen für alle MitarbeiterInnen erforderlich. Dies geschieht am besten durch das Instrument des visuellen Managements:
  An den Arbeitsplätzen werden durch Text und Bilder das zu fertigende Produkt, Wettbewerbssituation, interne und externe Kunden und Lieferanten, Personalsituation, Ziele des Unternehmens, Ziele und Aufgaben der Gruppe, Arbeitstakte und -inhalte, Zielstern mit den Veränderungsdaten, Qualifizierungsplan des Personals sowie der Abarbeitungsstand der KVP-Aktivitäten dargestellt.

## 4. Vorbereitung der KVP-Workshops

In dem festgelegten Bereich, in dem der KVP-Workshop durchgeführt werden soll, werden von der zuständigen Führungskraft und dem KVP-Workshopmoderator alle MitarbeiterInnen über das KVP-Konzept und -Vorgehen informiert. Die Rolle des KVP-Moderators wird in der Einführungsphase vom externen Berater übernommen. Zu einem späteren Zeitpunkt muß diese Rolle, nach entsprechender Qualifizierung und Eignung, von einem internen Mitarbeiter übernommen werden. Nur so ist sichergestellt, daß aus der inneren Kraft des Unternehmens heraus die Kontinuität des Verbesserungsprozesses getragen wird.

Auf freiwilliger Basis werden aus dem Kreis der MitarbeiterInnen des Untersuchungsbereiches 3 – 5 MitarbeiterInnen als KVP-WorkshopteilnehmerInnen ausgewählt. Hier ist auf interfunktionale Tätigkeiten zu achten, um ein breites Prozeß- und Produkt-Know-how im Workshop zu haben. Der eigentliche KVP-Workshop wird an 3 – 5 Arbeitstagen durchgeführt. Für diese Zeit ist sicherzustellen, daß Spezialisten wie Produkt- und Fertigungsplaner, ArbeitszeitstudienmitarbeiterInnen, Wartungs- und Instandhaltungspersonal und andere, aber auch Führungskräfte, Zulieferer und Abnehmer (interne und externe) der Prozeßkette bei Klärungsbedarf auf Anforderung zur Verfügung stehen. Bei Existenz gleicher/paralleler Prozesse im Unternehmen sollte zur Übertragbarkeit der Ergebnisse ein Mitarbeiter aus diesem Bereich am KVP-Workshop teilnehmen.

Einige Tage vor der Durchführung des Workshops sind alle für den Untersuchungsbereich relevanten Daten wie Ziele und Aufgaben, Layout, Fertigungspläne, Halbzeug- und Fertigproduktpläne, Stückzahl (Ist-Soll), Ausschuß und Nacharbeit, Personalbemessung, Arbeitszeiten sowie weitere spezielle Daten von den KVP-WorkshopteilnehmerInnen zu beschaffen.

In der Nähe des Untersuchungsbereiches ist ein Raum für die KVP-WorkshopteilnehmerInnen mit den erforderlichen Einrichtungen und Hilfsmitteln vorzubereiten.

## 5. Durchführung der KVP-Workshops

Die Erarbeitung von Lösungen und Maßnahmen liegt allein in der Verantwortung der TeilnehmerInnen des KVP-Workshops. Während der Durchführung des KVP-Workshops sind sie von ihren bisherigen Aufgaben freigestellt. Von der Zusammenarbeit der TeilnehmerInnen hängt auch hier der Erfolg ab. Sie müssen bereit sein, Informationen weiterzugeben, bisher ungewohnte Problemlösungen und Vorgehensweisen zu akzeptieren, bisherige Problemlösungen in Frage zu stellen. Für den Erfolg von Lean Production und der Durchführung von Kontinuierlichen Verbesserungsprozeß (KVP)-Workshops sind einfachste Verfahren und Werkzeuge anzuwenden.

Alle KVP-Workshop TeilnehmerInnen besichtigen die Untersuchungseinheit. Hierbei ist es wichtig, daß alle den Prozeßablauf verstehen. Die Arbeitsabläufe und Beobachtungen dazu sind in Checklisten zu notieren.

Eine Art der Checkliste ist die der „6-W-Fragen" (wer, was, wo, wann, warum, wie). Mit ihr werden die Probleme aufgenommen und später analysiert.

WER?

1. Wer macht es?
2. Wer macht es jetzt?
3. Wer sollte es machen?
4. Wer kann es noch machen?
5. Wer soll es noch machen?
6. Wer macht Verschwendung, Abweichung?
7. Wer ist überlastet?

WAS?

1. Was ist zu tun ?
2. Was wird jetzt getan?
3. Was sollte getan werden?
4. Was kann noch getan werden?
5. Was soll noch getan werden?
6. Was macht Verschwendung,Abweichung?
7. Was ist überlastet?

WO?

1. Wo soll es getan werden?
2. Wo wird es getan?
3. Wo sollte es getan werden?
4. Wo kann es noch getan werden?
5. Wo soll es noch getan werden?
6. Wo ist Verschwendung, Abweichung?
7. Wo ist Überlastung?

WANN?

1. Wann wird es gemacht?
2. Wann wird es jetzt gemacht?
3. Wann soll es gemacht werden?
4. Wann kann es sonst gemacht werden?
5. Wann soll es noch gemacht werden?
6. Wann gibt es Verschwendung, Abweichung?
7. Wann gibt es Überlastung?

WARUM?

1. Warum wird es getan?
2. Warum soll es getan werden?
3. Warum soll es hier getan werden?
4. Warum wird es jetzt getan?
5. Warum wird es so getan?
6. Warum gibt es Verschwendung, Abw.?
7. Warum gibt es Überlastung?

WIE?

1. Wie wird es getan?
2. Wie wird es jetzt getan?
3. Wie soll es getan werden?
4. Wie kann es woanders getan werden?
5. Wie kann es noch getan werden?
6. Wie entstehen Verschwendung, Abweichung?
7. Wie entsteht Überlastung?

Nach der Ortsbesichtigung und dem Ausfüllen der Checklisten treffen sich alle KVP-WorkshopteilnehmerInnen in ihrem Raum. Es wird ein gemeinsames Verständnis des Prozeßablaufes hergestellt.

Für das Erarbeiten KVP-relevanter Themen stehen mehrere Verfahren zur Verfügung. Hier seien nur einige genannt:

- Kartenabfrage mittels Ideenbox unter allen zur Untersuchungseinheit gehörenden MitarbeiterInnen
- Strukturierte Interviews mit den zur Untersuchungseinheit gehörenden MitarbeiterInnen
- Aufgreifen bekannter, aber nicht untersuchter, Verschwendungen/Verbesserungspotentiale
- Brainstorming mit allen KVP-WorkshopteilnehmerInnen
- Prozeßbeobachtung und Erfassung der vorgefundenen Prozeßbedingungen (Ist-Analyse mit Meßgrößen).

Zur weiteren Erläuterung sei hier das Beispiel „Brainstorming" mit allen KVP-WorkshopteilnehmerInnen gewählt.

Die KVP-Workshop TeilnehmerInnen nennen unter der Anleitung des Moderators die ihnen bekannten Verschwendungen und Verbesserungspotentiale.

Fragen dazu sind:

- Was ist ihnen beim Ausfüllen der Checklisten z.B. „6-W-Fragen" aufgefallen?
- Welche Verschwendungen gibt es in ihrem Arbeitsumfeld?
- Worüber ärgern sie sich jeden Tag?
- Welche Aktivitäten können sie sich in ihrem Arbeitsumfeld produktivitätssteigernd vorstellen?
- Welche nichtproduktiven Aktivitäten gibt es in ihrem Arbeitsumfeld?
- Wo gibt es Doppelarbeit?
- Welche Aktivitäten können entfallen?
- Wo gibt es Warte-, Wege- Leerlaufzeiten?
- Wo gibt es Zwischenlagerungen?
- Wo gibt es Rüstzeiten?
- Welche unfähigen/unsicheren Prozesse gibt es?
- Wo gibt es fehlende/schlechte Arbeitsmethoden?
- Wo gibt es Qualifikationsmängel?
- Wo gibt es Informationsmängel bzw. -flut?
- Welche Aufgaben oder Teilaufgaben sollten richtiger an anderer Stelle ausgeführt werden?
- Was sind die häufigsten Kundenbeschwerden?
- Welche Qualitätsmängel treten bei ihnen am häufigsten auf?
- Wo gibt es Wartungsmängel?
- Welche Teile sind schlecht verarbeitbar?
- Wo gibt es Teile- oder Systemvielfalt?
- Welche Hilfs- und Werkzeuge sind schlecht bzw. müssen gesucht werden?
- Wo gibt es Reibungsverluste durch schlechten Führungsstil?
- Wo gibt es große Bestände, Überproduktion, unorganisierte Losgrößen, alte Akten?
- Wo wird Nacharbeit und Ausschuß produziert?

Die TeilnehmerInnen nennen z.B. auf Karten die ihnen bekannten Probleme. Nach der Visualisierung und Strukturierung werden die Karten analysiert. Tatsachen werden von Vermutungen getrennt. Die Auswirkungen werden ermittelt und bewertet, Ursachen dazu erarbeitet und Lösungsmöglichkeiten/ Gegenmaßnahmen entwickelt. Die Umsetzung wird überprüft und mit Fachleuten bewertet. Gemeinsam werden die Entscheidungen für die Lösungen getroffen. Probleme, für die keine Lösungen (oder nur Teillösungen/zu teure Lösungen) erarbeitet wurden, werden als Zukunftspotentiale im Maßnahmenkatalog mit aufgenommen. Der Moderator ist hierbei für das Verfahren methodisch kompetent, er steuert das Verfahren im wesentlichen über Fragen und unterstützt dabei, getroffene Vereinbarungen auch umzusetzen.

## 6. Umsetzung, Präsentation und Maßnahmenverfolgung

Vor der Umsetzung ist ein Maßnahmenkatalog und ein Ergebnisbericht mit einer finanziellen Bewertung für alle Veränderungskriterien zu erstellen. Der Ergebnisbericht wird an die Unternehmensleitung gegeben. Diese veranlaßt eine Veränderung der quantitativen Zielvorgaben, z. B. Budgetierung. Der neue Kostenrahmen führt die in der Untersuchungseinheit Tätigen dazu, die Veränderungen zu stabilisieren. Im Maßnahmenkatalog sind die erforderlichen Maßnahmen mit Terminen, Verantwortlichkeiten und Realisierungsstand aufzuführen.

Noch während der Durchführung des KVP-Workshops sind die ersten Verbesserungen durchzuführen. Sofortmaßnahmen sind sofort umzusetzen. Neue Methoden müssen gemeinsam mit den betroffenen MitarbeiterInnen eingeführt werden. Ihre Akzeptanz ist die Grundlage für eine langfristige Anwendung und Standardisierung. Nur mit Standardisierung wird eine Stabilisierung der Veränderung erreicht, die Grundlage für weitere Verbesserungen ist. Ohne Standardisierung fällt das System wieder zurück. Die Umsetzung der Verbesserungen darf keine Kosten verursachen (wenn sie unumgänglich sind, sollte die Amortisierung in weniger als 12 Monaten gesichert sein).

### Präsentation

Zur Information der „Randgruppen" ist eine Präsentation über den Ablauf, das Erreichte und das weitere Vorgehen sinnvoll. Für die Vortragenden ist es eine gute Gelegenheit, das Ganze der Vorbereitung noch einmal zu durchdenken. Die Präsentation vor dem Publikum gibt Selbstvertrauen. Fragen und Anregungen können weiterführende Hinweise geben. Die Anerkennung von den Zuhörern führt zu einer weiteren Mobilisierung der eigenen Kräfte für den Kontinuierlichen Verbesserungsprozeß.

### Maßnahmenverfolgung

Nach Abschluß des KVP-Workshops verbleibt die Verantwortung für die weitere Umsetzung der Lösungen und Maßnahmen in der organisatorischen Einheit. Es ist Aufgabe der zuständigen Führungskraft, anhand des Maßnahmenkataloges und des Ergebnisberichtes, die vereinbarten Umsetzungen sicherzustellen. Vier Wochen nach der Präsentation lassen sich die KVP-WorkshopteilnehmerInnen von den Umsetzungsverantwortlichen den Stand der Realisierungen, auch der Veränderungspotentiale, darstellen. Der aktualisierte Ergebnisbericht (Status, Ergebnisse, Probleme) wird alle 4 Wochen an die Unternehmensleitung gegeben. Weitere Ziele und Aufgaben mit Terminen werden vereinbart.

**Ergebnisse und Ausblick**

Erfahrungen, die der Autor in mehreren Projekten gesammelt hat, zeigen, daß zur Sicherstellung des Kontinuierlichen Verbesserungs-Prozesses und damit der Langfristigkeit des Lean Production-Konzepts die organisatorische Verankerung in den Unternehmen unumgänglich ist. Lean Production muß Teil des Unternehmensleitbildes werden. Die Abarbeitung der Vorschläge ist zu standardisieren. Dazu ist die Prozeßbegleitung durch den Berater in den Unternehmungen in der Einführungs- und zu Beginn der Ausweitungsphase unumgänglich. Es werden sonst „Eintagsfliegen" erzeugt und der Kontinuierliche Verbesserungs-Prozeß (KVP) wird nicht erreicht, sondern es kommt lediglich zu einem Verbesserungs-Prozeß (VP). Die sich anschließende Stabilisierungsphase muß ohne dauernde externe Hilfe von den Kräften im Unternehmen selbst geleistet werden. Die Menschen im Unternehmen müssen wissen, daß sie allein die Träger des Veränderungsprozesses sind, dafür verantwortlich sind und ihre Initiative ständig gefragt ist.

Manfred Zink

# Multiplikatoren in einer Lernenden Organisation

## 1. Warum müssen Organisationen lernen?

Organisationen sind heutzutage mit Situationen konfrontiert, die durch Strukturkrisen, hohen Innovationsdruck, Zwang zur Rationalisierung bei ständig steigenden Kosten und gleichzeitig sinkenden Erträgen, veränderten Normen und Werten und dem Druck eines zunehmend stärker werdenden internationalen Wettbewerbs gekennzeichnet sind.

Organisationales Handeln findet somit in einem Kontext statt, der durch diskontinuierliche Veränderungen, Intransparenz und eine zunehmende Komplexität und Dynamik geprägt ist. Als Folge davon werden die Menschen in Organisationen immer häufiger mit „Nicht-Routine-Handlungen" konfrontiert. Diese Entwicklungen erfordern vom Management und den Mitarbeitern enorme Anstrengungen in der Bewältigung anstehender Aufgaben in den Organisationen.

Standardrezepte wie „Was für x gut war, ist auch für y gut" bzw. „Wenn das nicht geht, dann muß man es halt mit Nachdruck noch einmal probieren", nach dem Motto „mehr desselben" führen immer häufiger zu weniger Erfolg. Daraus leiten sich für Organisationales Handeln zwei zentrale Erkenntnisse ab:

1. *Zum Überleben von Organisationen ist „Lernen" erforderlich.*
2. *Die Geschwindigkeit des Lernens muß mindestens der Geschwindigkeit von Veränderungen, denen sich Organisationen ausgesetzt sehen, entsprechen.*

Insofern ist die häufig beschworene Krise von Organisationen weder eine Produkt-, noch Struktur- oder sonstwie bezeichnete Krise, sondern in erster Linie eine Lernkrise: Organisationen stehen scheinbar vor einem Dilemma, dessen Existenz noch nicht allen bewußt ist, und dieses Dilemma heißt „Lerndilemma" (Argyris/Schön 1978).

## 2. Organisationales Lernen als Systemlernen

Bei der Beschäftigung mit dem Thema Lernende Organisation bleibt vieles unklar, angefangen bei der theoretischen Auseinandersetzung mit dem Begriff selbst, den Methoden und Inhalten, bis hin zur Frage der praktischen Relevanz und Umsetzung der „Lernenden Organisation" im Organisationsalltag. „Fast alle Autoren betonen dabei den fragmentarischen Charakter mit diesem Phänomen" (Pautzke 1989, 102, 189).

Eine ausgearbeitete umfassende Theorie Organisationalen Lernens gibt es zur Zeit noch nicht, eher mehr oder weniger fortgeschrittene Ansätze dazu, deren Schwerpunkte mal theoretischer, mal praktischer Natur sind und sich in diversen Publikationen, die von „Lernender Organisation", „Der Entwicklung der organisationalen Wissensbasis" bzw. der „Fünften Dimension" handeln, widerspiegeln (vgl. Pautzke 1989, Reinhard 1995, Geißler 1995, Senge 1995, Sattelberger 1991).

Ohne an dieser Stelle eine allzu vertiefte theoretische Diskussion des Lernbegriffes bzw. aller relevanter Aspekte Organisationalen Lernens zu führen, möchte ich als Orientierung die Frage, was Organisationales Lernen ist und durch welche Differenz in der Beschreibung es sich von anderem „Lernen" unterscheidet, doch aufgreifen, da ein sinnvoller praktischer Umgang mit dem Thema ein bestimmtes Grundverständnis der Thematik voraussetzt.

In diesem Zusammenhang darf ein Punkt nicht unerwähnt bleiben, der quasi als Leitidee für die nachfolgenden Ausführungen steht.

Die Beschäftigung mit der Frage „Organisationales Lernen" ist nicht losgelöst von der Frage „der Konstruktion von Wirklichkeiten" in Organisationen zu diskutieren. Ebenso wie es „die Organisation" a priori nicht gibt, sondern nur unterschiedliche subjektive Sichtweisen davon vorhanden sind, gibt es auch das „Organisationale Lernen" uni sono als das einmal Definierte und Verabschiedete nicht.

Organisationales Lernen bietet sich dem Betrachter und Handelnden in Organisationen als ein subjektives, durch den permanenten Prozeß der Neugestaltung von Wirklichkeit zustande kommendes Konstrukt dar.

*„Es gibt, so glaube ich, jenes Ding nicht, das wir Lernen nennen"*, läßt bereits Hermann Hesse den Siddhartha im gleichnamigen Werk sagen (Hesse 1974, 20).

Erste Hinweise auf die Bedeutung des Konstruktes „Organisationales Lernens" ergeben sich im Rückgriff auf den individuellen Lernbegriff, der durch zwei zentrale Merkmale gekennzeichnet ist:

- *die Erweiterung subjektiver Theorien z.b. durch die Aneignung, Neugestaltung von Wissen und Einsichten,*
- *die Erweiterung der Handlungskompetenz, die nicht nur aufgrund eines „Reifungsprozesses" (vgl. Gagnè 1980, 14) zustande kommt.*

Dazu ein Beispiel: M besucht als einziges Mitglied der Organisation X ein externes Projektmanagementseminar. Im Anschluß an das Seminar ändert M seine bisherige Sicht über die „Unfähigen" aus der Nachbarabteilung, darüber hinaus hat er sich Wissen zum Thema Projektmanagement angeeignet. Die dabei erlernten Gesprächstechniken wendet er in der eigenen Organisation an. Beim erneuten Zusammentreffen mit Mitarbeitern aus der Nachbarabteilung geht er ohne die bis dato gehegten Vorurteile in die Projektsitzung. Die neu erworbenen Kenntnisse setzt er im Gespräch um. Überträgt man dies auf Organisationen, versteht sich organisationales Lernen als:

- *Erweiterung bzw. Veränderung der in einem sozialen System zur Verfügung stehenden subjektiven Theorien, unter der Annahme, daß die subjektiven Theorien den jeweiligen in einem System vorhanden Zustand beeinflussen.*

– *die Erweiterung bzw. Veränderung der Regeln, Handlungsanweisungen, in einer bestimmten Situation x zu tun, y zu unterlassen und Abläufe im sozialen System zu verändern (vgl. König/Volmer 1999, 183ff.).*

Dazu M: Begeistert vom Seminar erhält er die Gelegenheit, seine Erfahrungen vor einer größeren Gruppe in der Organisation zu präsentieren. Aufgrund des Vortrags und der anschließenden lebhaften Diskussion entsteht allmählich eine veränderte Haltung zum Thema Projektmanagement. Die bisherige eher skeptische Sichtweise zum Thema Projektmanagement wird nach und nach aufgegeben, man ist der Meinung, Projektmanagement wäre für die Organisation das Richtige.

Der Leiter der Abteilung erteilt in einer der nächsten Abteilungsleiterrunden einen abgestimmten Auftrag zur Implementierung eines Projektmanagements für die Organisation.

Bisher war es in dieser Organisation nicht üblich, daß ein „normaler Mitarbeiter" wie M zu solchen Vorgängen gehört wurde. Durch einen glücklichen Zufall geriet M in die Sitzung. Man erkennt, wie dysfunktional an vielen Stellen die bisherige Regel war, welcher Chancen für eine Weiterentwicklung man sich im Grunde beraubte. Die Regel „Kein normaler Mitarbeiter in einer AL-Runde" wird aufgehoben.

Wir machen einen zeitlichen Sprung: Durch das erfolgreich eingeführte Projektmanagement veränderten sich in der Organisation viele bis dato praktizierte Verfahren und Abläufe. Insbesondere die nicht mehr ausschließlich an Hierarchien gebundene Form der bisher strikt vertikal praktizierten Kommunikation, durch ein neues Commitment innerhalb der Projektorganisation, wird konsequent und erfolgreich praktiziert.

Dieses Beispiel verdeutlicht, wodurch sich Organisationales Lernen von individuellem Lernen unterscheidet. Die wesentlichen Merkmale zusammengefaßt:

**(1) Organisationales Lernen ist „Systemlernen", d.h. das jeweilige soziale System erweitert bzw. verändert die ihm zur Verfügung stehenden subjektiven Theorien bzw. die hier geltenden sozialen Regeln.**

Daraus ergeben sich folgende Fragen:

Welche gemeinsamen subjektiven Sichtweisen (über die Organisation selbst, über die Art und Weise, über „Sachverhalte" zu denken, über die Kultur, Inhalt und Form der Selbst- und Fremdbeschreibung, die Art, Probleme anzugehen) herrschen in einer Organisation vor? Wie sieht die allgemein verbindliche Landkarte der Organisation aus, welche anderen Landkarten sind darüberhinaus gültig, welche nicht?

Welche impliziten bzw. expliziten Regeln gibt es in einer Organisation?

Wo ist es erlaubt, diese Regeln zu hinterfragen, zu umgehen, zu verändern? Wie haben Veränderungs- und Kommunikationsprozesse abzulaufen, auf welche Rituale ist dabei zu achten? Was ist die allgemein akzeptierte „Gebrauchsanleitung" zum Handeln in der Organisation?

Das „mehr“ bzw. „andere“ des Organisationalen Lernens im Vergleich zu individuellem Lernen sind dabei die Teile des „Individuellen“, die über den Prozeß der gemeinsamen Wirklichkeitskonstruktion „Einzug“ in die Organisation halten, zu einer gemeinsam geteilten Sichtweise werden, in der Organisation zu Veränderungen führen und wirksam werden.

**(2) Die Bedeutung des Lernens wird im System durch das System definiert und kann nicht losgelöst vom Prozeß der Kommunikation gesehen werden.**

Nicht, wie allzu häufig angenommen, die „Organisation“ an sich, quasi losgelöst von den in ihr tätigen Menschen, lernt. Durch derartige Sichtweisen wird vielmehr einem „anonymen Automatismus“ Vorschub geleistet, der das Thema „Lernende Organisation“ als etwas vom Einzelnen „Entrücktes“, gleichsam „Losgelöstes“ beschreibt. Daß sich das Verhalten von Gruppen und Organisationen von individuellem Verhalten unterscheidet, daß Gruppen „individuelle Sichtweisen“ haben, verändern, umgestalten, neu gestalten, ablehnen oder annehmen: dieses als „Emergenz“ (Willke 1994, 31) bezeichnete Phänomen ist hinreichend bekannt, entsteht jedoch nicht aus sich selbst heraus. Es sind die Individuen mit ihren subjektiven Sichtweisen, die dies tun, die lernen und sich verhalten.

**(3) Das „systemrelevante Wissen“ als das im System „wirksame“ Wissen kann im System unterschiedlich verteilt sein, d.h. es kann bei allen Mitgliedern, in Subsystemen und bei einzelnen vorhanden sein.**

In der Konsequenz bedeutet dies, daß „systemrelevantes Wissen“ sowohl verteilt als auch „gebündelt“ in der Organisation vorhanden sein muß. Verteilt, weil sonst durch „Wissenslogen“ oder „Hofburgen“ Informationsungleichgewichte in der Organisation entstehen.

Wenn, um ein Beispiel anzuführen, nur die Abteilung A exzellente Kenntnisse zu einem bestimmten Thema/Vorhaben besitzt, der Rest der Beteiligten über dieses Wissen nicht verfügt, entstehen häufig aufgrund der unterschiedlichen Informationslage bei den Betroffenen Reibungs- und Zeitverluste durch „in Kenntnis setzen“ der anderen in die gleiche Wissenslage, im ungünstigsten Falle führt es zu massiven Konflikten innerhalb der Organisation. Gebündeltes Wissen liegt z.B. vor in Konzepten wie KVP, Kaizen, TQM, Geschäftsprozeßoptimierung usw.; auf dieses gebündelte Wissen kann effizient zurückgegriffen werden..

Nur kommunizierbares Wissen ist systemrelevantes Wissen. Dies betrifft zum einen die Art und Weise der Speicherung, des Abrufs von Wissen, der Organisation in Arbeitsprozessen selbst, zum anderen die Frage einer effizienten Lernorganisation.

Gemeint ist damit der „Time lag“ zwischen dem Zeitpunkt, an dem Wissen verfügbar sein muß, um Arbeitsprozesse effizient und effektiv zu gestalten, und der Dauer für die Bereitstellung dieses notwendigen Wissens in adäquater Form (Training, Workshops etc.) durch die Organisation.

**(4) Der Anstoß für neues „Wissen“ kann von außen oder von innen im System erfolgen.**

Praktisch bedeutsam ist dabei der Grad der Bereitschaft und die Fähigkeit eines sozialen Systems, sich mit den an das System herangetragenen Wirklichkeitssichten über das System selbst auseinanderzusetzen, die als Anstoß zur Veränderung und Neugestaltung der subjektiven Sicht der Organisation führen können.

Dies gilt für „Angebote“ von „innen“, in besonderem Maße jedoch für die von „außen“ an das System herangetragenen „Sichtweisen“. Die Veränderung von Wissen ist dabei aber keine zwangsläufige Selbstverständlichkeit, sondern abhängig von den im System zu dieser Frage zur Zeit geltenden Regeln.

**(5) Der Prozeß der Verteilung des Wissens ist gekennzeichnet durch die Weitergabe (horizontal, vertikal) und die Transformation des Wissens.**

Die im System geltenden „Regeln“ bestimmen wesentlich den Prozeßablauf, nach dem sich Wissen verändert: „Was darf“, „was soll“, „was muß“, „was darf sich nicht“ ändern? Mit welcher Geschwindigkeit darf sich etwas ändern? In welcher Form soll dieser Veränderungsprozeß verlaufen?

## 3. Konsequenzen Organisationalen Lernens für Bildungsmaßnahmen

Die eingangs formulierte Notwendigkeit des Lernens von Organisationen führt zur berechtigten Frage, wie sich solche Prozesse „optimal“ gestalten lassen:

*„Es gibt zuviel Weiterbildung und zuwenig Veränderung. Wissensvermittlung und Verhaltensänderung durch neue Strukturen muß eher durch Beratung statt durch Lehre erfolgen,... und Weiterbildung muß im Kontext der Unternehmensentwicklung stattfinden, denn wir lernen, während wir leisten, und wir leisten, indem wir lernen“* (Trebesch 1993, 46f.).

Wenn dies zutrifft und wenn die Existenz sozialer Systeme davon abhängt, daß die Geschwindigkeit des Lernens der Geschwindigkeit der Veränderungen entspricht, dann ist Organisationales Lernen als „Bildung just-in-time“ zu verstehen. „Bildung just-in-time“ bedeutet dreierlei:

Lernen in Organisationen muß

- *schneller in der Vermittlung*
- *näher am Ort des Geschehens und*
- *situativer erfolgen.*

Was bedeutet dies konkret? Organisationales Lernen darf keine Ausnahme mehr bilden, sondern hat integraler Bestandteil Organisationalen Handelns zu sein.

Die Konstruktion von Wirklichkeiten in einer Organisation, der Umgang mit Regeln und die Generierung von Wissen sind keine Prozesse, die sich nur auf ausschließlich dafür definierte Seminarzeiten begrenzen lassen.

Organisationales Lernen und der Prozeß der Veränderung von Strukturen und Prozessen sind nicht voneinander losgelöst zu betrachten, sondern stehen in einer wechselseitigen Verbindung. „Lehren und Lernen sind eins" (Geißler 1995, 148). Die Trennung ist eher eine künstliche, die häufig auch für den mangelnden Transfer des „Gelernten" in der Praxis mitverantwortlich ist.

Bildungsmaßnahmen als Teil Organisationalen Lernens müssen so angelegt sein, daß sie die Reaktionszeit zwischen dem Zeitraum, an dem Kompetenz in der Organisation verfügbar sein muß, und der Entwicklungszeit (die benötigt wird, diese Kompetenz zu vermitteln) so verkürzt, daß die Lerngeschwindigkeit der Veränderungsrate entspricht oder sie möglicherweise übertrifft. Allzu strategische, bis ins „letzte" ausgetüftelte und daher meist zeitraubende Qualifizierungskonzepte erweisen sich in der Praxis zunehmend als dysfunktional.

Vielmehr müssen für Bildungsmaßnahmen zukünftig die „situativen Faktoren" vor Ort wesentlich stärker berücksichtigt werden. Das heißt u.a. auch, Abschied nehmen von fest definierten Lernplänen mit exakten Zeiten zugunsten einer an den konkreten Bedürfnissen und Notwendigkeiten des Kunden „vor Ort" orientierten, flexiblen Kompetenzvermittlung. Dies kann und muß sogar unter Maßgabe und Berücksichtigung genereller Richtlinien und Rahmenkonzepte der jeweiligen Organisation erfolgen.

Die Kompetenz, mit neuem Wissen umzugehen, „lernen zu lernen" und über das Gelernte und den Prozeß des Lernens zu reflektieren, wird vor dem Hintergrund permanent wechselnder Wissensbestände (vgl. Kreibisch 1986, 23ff.) und der drastisch zunehmenden Halbwertzeit des Wissens bedeutender als das Lernen des Inhaltes selbst. Die Kompetenz, mit Wissen umzugehen, ist eine der wichtigsten Fähigkeiten Lernender Organisationen.

## 4. Mulitplikatorenkonzepte als Praxis Organisationalen Lernens

Wie aber können Lernende Organisationen schneller, näher und situativer lernen?
Ein Blick auf den Großteil traditioneller Bildungskonzepte läßt zu wenig Nutzenbeitrag erkennen. Erforderlich ist nicht nur eine didaktische Korrektur, sondern eine grundsätzliche Neuorientierung von Bildungskonzepten.
Eine solche Neuorientierung wird sich weder allein durch Externe vermitteln lassen, noch durch einen vom eigentlichen Arbeitsprozeß losgelösten anonymen Prozeß der Kompetenzvermittlung.

Eine Alternative dazu und zugleich eine der wichtigsten Konkretisierungen der Forderung nach Organisationalem Lernen könnte die „Implementierung" von Multiplikatoren darstellen.
Zentrale Punkte sind dabei die Rahmenbedingungen und Voraussetzungen in der

Organisation selbst, die Rolle von Multiplikatoren und die Strategie der Integration in das bestehende System von Bildungsmaßnahmen und Veränderungsprozessen.

Aufgrund praktischer Erfahrungen bei der Umsetzung von Multiplikatorenkonzepten werden exemplarisch einzelne Schritte bei der Realisierung solcher Konzepte beispielhaft aufgezeigt.
Als Hauptphasen zur Kategorisierung der einzelnen Schritte und zur Orientierung lege ich folgende grobe Gliederung zugrunde:

**Vorbereitungsphase**
**Durchführungsphase**
**Abschlußphase**

### (1) Vorbereitungsphase

Die Vorbereitungsphase dient primär zwei Zielen: Erstens, bei den Beteiligten im Projekt Klarheit über Ziel, Sinn, Zweck, Rahmenbedingungen, Nutzen, Risiken, Einbindung in die bestehende Organisation, Vorgehen usw. zu erhalten.

Zweitens, einen Konsens über diese Punkte herbeizuführen. Die Grundlage des Konsens sind dabei nicht „allgemein definierte und verordnete Rezepte", sondern ist eine an den Bedürfnissen und dem Bedarf der jeweiligen Organisation orientierte kommunizierte und akzeptierte Vorgehensweise. Dies schließt das Einbeziehen von Erfahrungen Dritter nicht aus, mißt ihnen aber einen anderen Stellenwert bei.

Ob die Idee zu einem solchen Vorhaben Top-down oder Bottom-up entsteht, ist sekundär. Entscheidender ist der Konsens einer kritischen Masse von Personen im sozialen System, es zu wollen und auch durchzusetzen.

Dieser Konsens zu Beginn ist erste und wichtigste Voraussetzung überhaupt. Die Einbeziehung relevanter Personen in der Startphase wie auch im weiteren Verlauf des Projektes ist für das Gelingen des Projektes enorm wichtig, da sie in der Lage sind, sowohl die Interessen betroffener Bereiche wirksam zu vertreten, als auch einen wesentlichen Einfluß auf die subjektiven Vorstellungen „Dritter" in der Organisation auszuüben.

Darin besteht ihre wichtigste Aufgabe: durch Kommunikation die Anschlußfähigkeit des Themas mit anderen in der Organisation aufrechtzuerhalten. Die Art der Einbindung in Lenkungsausschuß, Projektkernteams etc. ist dabei abhängig von den in der jeweiligen Organisation vorherrschenden Regeln.

Am Ende der Vorbereitungsphase sollten bei den Beteiligten soweit als möglich Klarheit und Akzeptanz vorherrschen und ein der Aufgabenstellung angemessenes Projekt installiert sein.

### (2) Durchführungsphase

Analyse, Konzeption und Umsetzung stehen im Mittelpunkt der Durchführungsphase. Dabei ist die Beantwortung folgender Fragen von zentraler Bedeutung:

a) Wie sieht die spezifische Rolle der Multiplikatoren zukünftig aus?

Was sind ihre Aufgaben und Kompetenzen?
Wie ist die Unterscheidung zu anderen in der Organisation?
Was verändert sich durch das Vorhandensein von Multiplikatoren in der Organisation?

b) Welche Qualifikation benötigen Multiplikatoren, um ihrer Rolle gerecht zu werden?

c) Wie wird diese Qualifikation vermittelt und langfristig gesichert?
Wie geschieht die Einbindung von Multiplikatoren in die bestehende Organisation?

Zu a)
Die Bearbeitung dieser Fragen geschieht sinnvollerweise im Rahmen der Projektarbeit. Das Einbeziehen der Betroffenen, sprich zukünftiger Multiplikatoren, zur Beantwortung dieser Fragen ist ebenso notwendig wie der Kontakt zu zukünftigen Kunden der Multiplikatoren und Vertretern der Fachabteilungen.

Die Beantwortung der Fragen ist keine akademische Übung, sondern geschieht aus der Organisation heraus. Daß in diesem Zusammenhang auch auf Sekundärwissen in Form von Literatur, Konzepten und Erfahrungen anderer zurückgegriffen wird, ist sinnvoll. Nicht zu empfehlen und meist langfristig auch nicht erfolgreich ist dagegen die unreflektierte 1:1 Übertragung „irgendwelcher" theoretischen Konzepte auf die jeweilige Organisation.

Beispielhaft einige mögliche Rollenbeschreibungen von Multiplikatoren:

- Multiplikatoren sind „Interne" der Organisation.
- Ihre Rolle beeinhaltet sowohl den situativen Know-How-Transfer im Rahmen der „Bildung Just-in-Time" als auch die Prozeßberatung von Teams und Gruppen vor Ort.
- Die einzelnen Teams, Personen und Gruppen haben und behalten ihre Kompetenz der Problemlösungsfindung vor Ort. Multiplikatoren vermitteln und beraten; die Entscheidung, die Dinge so oder anders zu tun, bleibt beim jeweiligen Team bzw. den jeweiligen Personen.
- Die Rolle des Know-How-Transfer ist eine zweifache: Zum einen wird das von der Organisation für „notwendig" erachtete Wissen, das z.T. in Anweisungen, Verfahrensregelungen beschrieben ist, meist fallweise weitergegeben, zum anderen findet eine Know-How-Beratung durch den Multiplikator vor Ort dergestalt statt, daß er die einzelnen Teams und Gruppen im Transfer des neuen Wissens auf die konkrete Arbeitssituation unterstützt. Dies ist weitaus mehr als klassisches Training und stellt sich u.a. Fragen wie:

  - *Was wird im einzelnen benötigt, um „Neues" vor Ort umzusetzen?*
  - *Welches Wissen, welche Verhaltensweisen sind dazu erforderlich?*
  - *Wie müssen Anweisungen, Regelungen umgesetzt werden, wo sind dabei Handlungsspielräume, wo Begrenzungen?*

Dabei wird die eigentliche Leistungsfähigkeit von Multiplikatorenkonzepten deutlich, die ganz wesentlich darin besteht, daß in der Organisation „Notwendige Wissen" zwischen einzelnen Gruppen und Teams anschlußfähig zu halten. Multiplikatoren helfen dabei, Wissen auszugestalten und für die praktische Umsetzung in der Organisation handhabbar zu machen.

Zu b)
Zur Beantwortung der Frage nach der notwendigen Qualifikation von Multiplikatoren ist die Durchführung einer Bildungsbedarfsanalyse sinnvoll. So läßt sich z.B. mit Hilfe eines Leitfadeninterviews der relevante Bildungsbedarf ermitteln. Neben der Befragung der zukünftigen Multiplikatoren empfiehlt sich hier, stichprobenweise die subjektive Sichtweise Dritter, insbesondere zukünftiger Kunden, Vorgesetzter, der Bildungsabteilung etc. mit aufzunehmen (zum Verfahren vgl. König/Hillbrink in diesem Band).
Aus einer Reihe von Befragungen nachfolgend einige zentrale Fähigkeiten und Kenntnisse, die für zukünftige Multiplikatoren von besonderer Bedeutung sind:

- *die Fähigkeit, Qualifikations-Bedarf situativ vor Ort zu erheben*
- *die Fähigkeit, adressatengerecht und aufgabenorientiert Qualifikationsmaßnahmen zu planen und in unterschiedlichen Formen „just-in-time" durchführen zu können*
- *die Fähigkeit, mit schwierigen Teilnehmern umzugehen, insbesondere mit den Ängsten der Teilnehmer.*

Dies betrifft insbesondere die für Lernende Organisationen typische Situation, in der die Teilnehmer nicht nur in der Rolle des Lernenden sind, sondern auch noch in der Rolle des durch die Veränderung unmittelbar betroffenen Mitarbeiters.

Zu c)
Bei der Vermittlung von Qualifikationen für Multiplikatoren ist auf folgende Punkte zu achten:

- Beim Erlernen der notwendigen Kompetenz sollen Externe aus zwei Gründen mit einbezogen werden. Erstens ist in der eigenen Organisation die dafür notwendige Kompetenz oft nicht ausreichend vorhanden bzw. verfügbar, zweitens besteht der Vorteil von Externen auch darin, andere Landkarten und Sichtweisen in die Organisation einzubringen.

- Effektive Multiplikatorenausbildung setzt neben der Vermittlung von Grundlagenwissen, handlungsorientiertem Beratungs- und Trainings-Know-How weiterhin voraus, daß die zukünftigen Multiplikatoren auch genügend Raum zwischen einzelnen Ausbildungsblöcken besitzen, das Erlernte sozusagen auf einer Mikroebene in der Organisation auszuprobieren.

- Bei der Implementierung derartiger Veränderungsvorhaben empfiehlt es sich in der Regel, pilothaft mit einem Teilbereich der Organisation zu beginnen und nicht mit einer großflächigen Gesamteinführung zu starten.

Ohne solch behutsamen und sauber abgestimmten Pilotphasen können Multiplikatorensysteme allzu schnell den bekannten Leidensweg von Innovationen in Organisationen gehen, indem sie zur „Unzeit" oder in nichtadäquater Form einen allzu großen Veränderungswiderstand in der Organisation bereits in der Anfangsphase hervorrufen.

Pilotphasen bieten den Vorteil, erste Eindrücke von der Tauglichkeit der konzipierten Maßnahme in der Praxis zu erhalten, ferner lassen sich verschiedene Modelle und Varianten probeweise anwenden.

Sicherheit in der Anwendung der neuen Kompetenz durch die Multiplikatoren selbst geht einher mit der Möglichkeit, gewonnene Erfahrungen vor Ort durch den Multiplikator und das soziale System korrigierend in der Phase der Pilotphase mit aufzunehmen.

Die Grenzen, Machbarkeit und Akzeptanz des Einsatzes von Multiplikatoren in der Organisation werden schnell deutlich; das Implementierungsrisiko insgesamt wird minimiert.

Ein hohes Kompetenzniveau der Multiplikatoren auf Dauer läßt sich nicht durch eine einmal stattgefundene Qualifizierung gewährleisten. In diesem Zusammenhang stellt sich zwangsläufig die Frage der Gesamtdauer einer solchen Qualifizierung. Als ein Erfahrungswert gilt, die Grundqualifizierung eher kompakt z.B. in 2 bis 3 Blöcken von je 3 bis 4 Tagen zu absolvieren. Damit können Schwerpunkte im Lernen gesetzt und die Übertragung in die Praxis begleitet werden.

Um diesen Prozeß zu stabilisieren, gibt es die Möglichkeit, flankierend einen Rahmen zu schaffen. Interne Qualitätszirkel, Multiplikatoren-Workshops, Lernforen können dafür geeignete Formen sein.

**(3) Abschlußphase**

Die Abschlußphase dient neben der Prüfung der Zielerreichung auch der Reflektion aller Beteiligten:

- Was wurde erreicht, was wurde nicht erreicht, stimmen Ergebnis und Zielsetzung überein, wo gab es Abweichungen, was ist noch offen, wo muß noch etwas getan werden?
- Was hat dazu geführt, daß das Ergebnis so ist, wie es ist?
- Was lief „gut", was weniger zufriedenstellend?
- Was würde man noch einmal so tun, wie es getan wurde, was würde man anders machen?
- Was tut man jetzt, nachdem das Projekt zu „Ende" ist, welche Maßnahmen sind notwendig, daß es „weitergeht"?
- Was an gewonnenen Erfahrungen hat sich bewährt?
- Was läßt sich auf anderes und andere in der Organisation übertragen?
- Unter welchen Bedingungen verbietet sich dieser Schritt?

- Welchen Nutzen hat die Maßnahme für die Organisation erbracht?
- Wie läßt sich der Nutzen messen?

Nachfolgend beispielhaft einige Aussagen zum Nutzen von Multiplikatorenkonzepten in der praktischen Anwendung:

- *Die Trainings- und Beratungssituation wird als „real", nah der Arbeitssituation empfunden.*
- *Die Teilnehmer betonen den Aspekt des flexiblen Umgangs mit relevanten Themen.*
- *Die an die jeweiligen Teilnehmer vor Ort angepaßte Trainings- und Beratungssituation wird positiv gesehen.*
- *Die Fragmentierung von Fach-, Methoden- und Sozialkompetenz in der Vermittlung wird nicht so stark erlebt, die Vermittlung von Handlungskompetenz mit allen Anteilen steht im Vordergrund und wird bereichernd wahrgenommen.*

## 5. Fazit

Der Prozeß Organisationales Lernen trägt zur Weiterentwicklung der Handlungskompetenz aller Mitarbeiter einer Organisation bei. Multiplikatoren können auf dem Weg zur Lernenden Organisation zu wertvollen Begleitern werden.

Wie dies nun im einzelnen innerhalb der jeweiligen Organisation tatsächlich abläuft, ob Top-down oder Bottom-up angestoßen werden, die Frage, wer die Rolle von Multiplikatoren übernimmt, all dies und vieles mehr ist letztlich abhängig von der Beantwortung der Fragen durch die Organisation selbst.

Legt man die systemische Sichtweise zugrunde, daß instruktive Maßnahmen in einer Organisation nicht möglich sind (vgl. Dell 1986, 96, 110), dann können Multiplikatorensysteme nicht per Dekret der Unternehmensleitung sozusagen als „Agenten des Lernens" installiert werden, ebensowenig läßt eine Lernende Organisation verordnen.

Es gibt dafür keine Patentrezepte, folglich auch keine Lernende Organisation von der Stange. Lernende Organisation ist Maßarbeit.

# 4. Systemische Bildungsbedarfsanalyse

**Eckard König/Axel Hillbrink**

# Schritte der Systemischen Bildungsbedarfsanalyse

## 1. Herkömmliche Verfahren der Bildungsbedarfsanalyse

Bildungsbedarfsanalysen sind seit langem in Aus- und Weiterbildung etabliert. Sie haben das Ziel, den Bildungs- oder Qualifikationsbedarf einzelner oder ganzer Gruppen zu erfassen (vgl. Bundesvereinigung 1988; Gassner 1980; Greif 1996). Dabei sind die Begriffe „Bildungsbedarf" bzw. „Qualifikationsbedarf" sehr weit gefaßt: Bildungsbedarf kann sich auf Kenntnisse, aber auch auf Fähigkeiten oder möglicherweise auch auf bestimmte Einstellungen beziehen. Bildungsbedarf kann z.B. darin bestehen, über neue Rechtsvorschriften in einem bestimmten Bereich informiert zu werden oder bestimmte EDV-Programme beherrschen zu lernen. Bildungsbedarf kann aber auch soziale Kompetenzen (z.B. Fähigkeiten der Gesprächsführung) oder bestimmte Einstellungen (Selbstbewußtsein, Zuverlässigkeit usw.) umfassen.

Üblicherweise werden Bildungsbedarfsanalysen als Teil der Personalentwicklung gesehen (z.B. von Blomberg 1987, 71; Olesch 1988, 124; Scholz 1989, 177f.), wobei verschiedene Anlässe vorliegen können: Es kann der einzelne Mitarbeiter von sich aus etwa im Rahmen eines Coaching-Prozesses oder Mitarbeitergesprächs auf Themen stoßen, die es für ihn ratsam erscheinen lassen, seinen Bildungsbedarf zu analysieren und sich darüber Klarheit zu schaffen, welche Kenntnisse, Fähigkeiten, Kompetenzen er erwerben möchte. Man kann bestimmte Defizite bei Mitarbeitern vermuten, die es dann in einer Bildungsbedarfsanalyse genauer zu klären gilt. Oder es können Veränderungen der Organisation oder ihres Umfelds sein, die neue Anforderungen an den einzelnen oder an Gruppen stellen, wobei dann vor der Durchführung von Bildungsmaßnahmen der Bildungsbedarf des einzelnen oder der Gruppe im Blick auf die neuen Anforderungen zu analysieren ist.

Klassischer Ansatz für Bildungsbedarfsanalysen ist die Ermittlung von Soll-Ist-Abweichungen (Dybowski/Herzer 1989, 8f., Gassner 1980, 251; Scholz 1989, 177ff.): Es wird untersucht, wie weit Ist-Verhalten bzw. Ist-Leistung des Mitarbeiters von einem Soll-Wert abweichen. Dabei werden dann unterschiedliche Methoden zur Ermittlung von Soll-Ist-Werten angesetzt:

- Soll-Werte werden z.B. mit Hilfe von Arbeitsplatzbeschreibungen, auf der Basis theoretischer Überlegungen (z.B. zu Führungsstilen und Führungskonzepten) oder auf der Basis von Befragungen von Vorgesetzten usw. festgelegt (z.B. Schuler/Funke 1993; Sonntag 1996, 103ff.).

- Für Ist-Analysen mit dem Ziel, das tatsächliche Verhalten bzw. die tatsächlichen Fähigkeiten oder Einstellungen zu erfassen, werden unterschiedliche Verfahren angewandt (vgl. Sonntag 1996, 135ff.):
  Testverfahren (z.B. Intelligenztests, Persönlichkeitstests: Weinert 1987, 231ff.),
  Fragebogen (z.B. zur Führungsstilanalyse: Leiter 1987, 246ff.),
  Beobachtungsverfahren z.B. im Rahmen von Arbeitsproben (Bundesvereinigung der Deutschen Arbeitgeberverbände 1988, 22ff.),
  Interviews und Mitarbeitergespräche (Gassner 1980, 259ff.),
  Assessment-Center und die in diesem Zusammenhang eingesetzten Beobachtungsverfahren zur Ermittlung von Defiziten (z.B. Leiter 1987, 234ff.),
  anekdotische Aufzeichnung kritischer Vorfälle usw. (Götz/Häfner 1994, 51).

Allerdings bleibt die Anwendung von Bildungsbedarfsanalysen oft recht unbefriedigend. Im wesentlichen dürften drei Gründe dafür maßgeblich sein:

(1) Ein erster Grund liegt darin, daß die betreffenden Verfahren häufig unreflektiert und unabgesichert angewandt werden: Ein großer Teil der in Unternehmen angewandten Fragebogen genügt nicht den Grundsätzen der Fragebogenerstellung. Entsprechend wird bei Interviews und Mitarbeitergesprächen im Rahmen der Bildungsbedarfsanalyse häufig ohne methodische Absicherung „irgendwie" ein Gespräch geführt, wobei dann die Ergebnisse bestenfalls zufälliger Art sind.

(2) Ein zweiter Einwand richtet sich gegen die Grundlegung des Soll-Ist-Ansatzes bei der Bildungsbedarfsanalyse. So plausibel ein solches Vorgehen prinzipiell ist, so besteht andererseits die Gefahr, daß bei Soll-Analysen etwa aufgrund von Arbeitsplatzbeschreibungen vorwiegend betriebswirtschaftliche und unternehmerische Ziele in den Blick gerückt werden, die eigenen Ziele der potentiellen Teilnehmer (was für sie selbst wichtig ist) aber weitgehend unberücksichtigt bleiben (vgl. Dybowski/Herzer 1989, 9). Sicher wird zunehmend auf die Bedeutung der Bedürfnisse von Mitarbeitern (d.h. die vom Mitarbeiter selbst erlebte Soll-Ist-Abweichung) hingewiesen – nicht zuletzt aus motivationalen Gründen. Aber unter Hinweis auf Kosten und Aufwand sowie aufgrund fehlender praktikabler Methoden bleiben solche Forderungen leicht unberücksichtigt.

Zudem ergeben sich Schwierigkeiten bei der Umsetzung von Soll-Ist-Analysen in die Konzeption von Bildungsmaßnahmen. Soll-Profile auf der Basis von Arbeitsplatzbeschreibungen sind häufig so allgemein gehalten, daß sie eine Umsetzung in konkrete Bildungsmaßnahmen nicht ermöglichen (was dann nur wieder die Tendenz verstärkt, ohnehin schon konzipierte Trainingsmaßnahmen dadurch zu legitimieren). In der Praxis entspricht die tatsächliche Arbeit (und die tatsächlich auftretenden Probleme) oft nur noch recht wenig den allgemeinen Anforderungen des Soll-Profils.

(3) Ein dritter Einwand gegen herkömmliche Verfahren richtet sich gegen die Tendenz, an der Oberfläche zu bleiben und die für Bildungsplanung relevanten Informationen überhaupt nicht zu erfassen. Das läßt sich für quantitative Verfahren wie Fragebogen leicht aufzeigen und ist auch in der Diskussion um solche quantitativen Ver-

fahren des öfteren moniert worden (Müller/Stürzl 1992; Gassner 1980, 258f.): Wenn man z.B. im Rahmen eines Fragebogens Bildungsbedarf abfragt, erhält man hierzu zahlreiche allgemeine Themen wie etwa „Präsentation", „Moderation", „Delegation", „Arbeitsmethodik", die jedoch wenig oder gar nichts darüber sagen, wo genau in solchen Bereichen tatsächlich der Bildungsbedarf liegt: Wo genau hat z.B. der betreffende Mitarbeiter Schwierigkeiten bei der Delegation – liegt es an der Einstellung, an bestimmten arbeitsmethodischen Vorgehensweisen oder vielleicht an der Struktur der Abteilung?

Grundsätzlich dasselbe gilt aber auch für die meisten Mitarbeiter- oder Beurteilungsgespräche. Die Feststellung, ein Mitarbeiter benötige mehr Durchsetzungsvermögen (gleichgültig, ob sie vom Vorgesetzten oder vom Betreffenden selbst erhoben wird), bleibt in dieser Form zu allgemein, um etwas darüber aussagen zu können, wo denn tatsächlich die Schwächen des betreffenden Mitarbeiters liegen und welche Form von Bildung sinnvoll ist, um hier Verbesserungen zu erzielen.

Erschwert wird dieses Problem dadurch, daß Bildungsbedarf in der Regel weder dem Vorgesetzten, noch dem Betreffenden selbst voll zugänglich ist: Einschätzungen des Bildungsbedarfs durch Vorgesetzte sind geprägt durch deren eigene Sichtweise. Was jedoch der Vorgesetzte für richtig hält, muß noch keineswegs tatsächlich wichtig sein. Entsprechendes gilt im Grunde auch für die Einschätzung des Bildungsbedarfs durch den Betreffenden selbst: Wer kann schon auf Anhieb sagen, was für ihn selbst wichtig ist, in der nächsten Zeit zu lernen? Sicher kann man durch Nachdenken oder im Rahmen eines Gesprächs Themen herausfinden, die für einen wichtig wären. Aber ein solches Nachdenken benötigt Zeit, diese Themen liegen nicht an der Oberfläche.

## 2. Bildungsbedarf aus systemischer Sicht

Die herkömmlichen Verfahren der Bildungsbedarfsanalyse zeichnen sich durch eine zentrale Gemeinsamkeit aus: Es wird die Aufmerksamkeit auf den einzelnen Mitarbeiter gerichtet, aber das soziale System insgesamt bleibt außer acht. D.h. Bildungsbedarf wird als individuelle Eigenschaft gesehen: Ein Mitarbeiter oder eine Mitarbeiterin hat Bildungsbedarf.

Es gibt eine Reihe von Hinweisen, daß dieses Vorgehen, Bildungsbedarf als individuellen Bedarf zu bestimmen, letztlich unangemessen ist:

(1) Wenn Bildungsbedarf von außen (sei es durch Einschätzung des Vorgesetzten oder aufgrund einer Arbeitsplatzanalyse) erhoben wird, so führt dies des öfteren zu Widerständen bei den Betreffenden selbst. Man kennt diesen Sachverhalt z.B. aus Situationen, in denen ein Vorgesetzter jemanden zu einer Fortbildung drängt. Bildungsbedarf wurde hier von außen einer Person zugeschrieben – was dann häufig dazu führt, daß der Betreffende mit Abwehr im Seminar reagiert: Er wurde geschickt, ohne selbst für sich einen Bildungsbedarf zu akzeptieren. Umgekehrt kann es aber durchaus auch vorkommen, daß der Bildungsbedarf, den ein einzelner für sich sieht, eben nicht der Bildungsbedarf ist, den der Vorgesetzte ansetzt – was wiederum erklärt, daß indivi-

duelle Bildungswünsche in dem jeweiligen sozialen System z.B. vom Vorgesetzten keineswegs immer erfüllt werden.

(2) Individuell festgesetzter Bildungsbedarf führt des öfteren zu dysfunktionalen Nebenwirkungen im sozialen System. In der Literatur und im Alltag ist dies als sog. Transfer-Problem bekannt: In einem Führungstraining wird kooperatives Verhalten gelernt. Der Betreffende versucht, es in seinem Alltag umzusetzen, aber er scheitert kläglich. Und er scheitert deshalb, weil für dieses Verhalten in seinem sozialen System (z.B. der Abteilung oder der Firma) keine Systemakzeptanz besteht. Die anderen Kollegen reagieren mit Abwehr („natürlich das typische Trainingsverhalten"), der Vorgesetzte teilt ihm freundlich oder nachdrücklich mit, daß der Alltag eben etwas anderes als das Seminar sei. Und das Ergebnis ist dann nicht selten, daß der Betreffende resigniert und sich wieder dem System anpaßt. Der Trainingserfolg sinkt.

(3) Schließlich ist zu bedenken, daß mancher Bildungsbedarf nur in bestimmten Situationen in einem sozialen System überhaupt erst offenkundig wird. So fanden sich im Bildungskatalog eines Großunternehmens immer schon fachliche Themen (EDV, Technik, Hydraulik usw.), aber auch Führung und Kommunikation. Plötzlich aber taucht ein völlig neuer Bedarf auf: Die Fähigkeit, kostenbewußt und wirtschaftlich zu handeln, so daß ein neues Seminarprogramm zu eben diesem Thema aufgelegt wird.

Zu sagen, daß Mitarbeiter immer schon Bildungsbedarf im Bereich kostenbewußtes Handeln hatten, macht hier offenbar wenig Sinn. Sicherlich fehlten den Mitarbeitern auch zuvor viele Kenntnisse im Bereich Controlling, Kostenverfolgung usw. Sicherlich fehlte ihnen auch so etwas wie Kostenbewußtsein. Aber diese Themen waren für das soziale System lange Zeit nicht relevant und kamen deshalb als Bildungsbedarf nicht in den Blick.

Das bedeutet, daß es sinnvoll ist, sich von einer individuellen Betrachtung von Bildungsbedarf zu lösen: Bildungsbedarf ist letztlich nur aus systemischer Sicht zu definieren: Bildungsbedarf ist nicht etwas, das eine individuelle Person hat oder nicht hat, sondern Bildungsbedarf wird in einem sozialen System für bestimmte Personen dieses Systems definiert. So kann es sein, daß in einem Unternehmen ein Mitarbeiter durchweg als kompetent eingeschätzt wird, während nach dem Wechsel in ein anderes Unternehmen Bildungsbedarf insbesondere in den Bereichen kostenbewußtes Handeln gesehen wird. Nicht der Mitarbeiter hat sich zwischenzeitlich geändert, sondern es sind unterschiedliche soziale Systeme, die Bildungsbedarf definieren.

Was bedeutet das für die Erfassung des Bildungsbedarfs?
Es bedeutet, daß dabei die verschiedenen Faktoren sozialer Systeme, nämlich die unterschiedlichen Personen und ihre unterschiedlichen subjektiven Deutungen, aber auch gemeinsame Regeln des Systems, die Systemumwelt und der Entwicklungsstand in den Blick kommen müssen:

(1) Wichtig ist zunächst die subjektive Sichtweise (die subjektiven Deutungen) der betreffenden Person selbst, also etwa der Mitarbeiterin in der EDV-Abteilung: Wo sieht sie aus ihrer Sicht für sich selbst Bildungsbedarf? Möchte sie neue Kenntnisse,

neue Fähigkeiten oder neue Einstellungen erwerben? Möchte sie z.B. sicherer werden in Tabellenkalkulation, möchte sie ihre Fähigkeiten im Kritikgespräch verbessern, oder möchte sie lernen, sich mehr durchzusetzen?

(2) Daneben spielen aber die subjektiven Sichtweisen anderer Personen des betreffenden sozialen Systems eine große Rolle: Worin sieht der Vorgesetzte den Bildungsbedarf eines Mitarbeiters? Oder was erwarten Kollegen oder Mitarbeiter von einem neuen Mitarbeiter? Was sollte er lernen?

(3) Zu erfassen ist schließlich, wieweit Bildungsbedarf in dem betreffenden sozialen System durch soziale Regeln festgelegt ist. So gibt es z.B. in manchen Unternehmen die Regel, daß alle Mitarbeiter an Seminaren zur Transaktionsanalyse teilnehmen sollten. Oder es gibt eine (implizite) Regel, daß Führungskräfte alles können – was dann dazu führt, daß Bildungsbedarf von Führungskräften zunächst überhaupt nicht in den Blick kommt.

(4) Und schließlich ist Bildungsbedarf auch im Blick auf die System-Umwelt zu erfassen: Wenn Bildungsbedarf nur aus Sicht des Systems selbst erfaßt wird, führt das leicht zur Stabilisierung von gewohnten Verhaltensweisen und Einstellungen: Es kommt überhaupt nur in den Blick, was bislang im System üblich war. Sobald man externe Sichtweisen (z.B. Sichtweisen von Kunden außerhalb des sozialen Systems) mit heranzieht, werden neue Themen angesprochen, die bislang nicht deutlich waren und mit denen sich das soziale System auseinandersetzen muß.

Dabei ist die System-Umwelt in Bezug auf das zur Diskussion stehende System unterschiedlich zu definieren: System-Umwelt für den Mitarbeiter einer EDV-Abteilung können die Anwender der von ihm entwickelten Software sein. System-Umwelt können aber auch benachbarte Abteilungen und Bereiche des Unternehmens sein oder eine Abteilung für strategische Unternehmensentwicklung. System-Umwelt sind insbesondere die internen oder externen Kunden, etwa die Kunden, die in eine Verwaltung kommen und einen bestimmten Bedarf anmelden oder eine Produktionsabteilung, die mit bestimmten technischen Geräten arbeiten muß und Probleme bei der Installation beklagt.

(5) Gleichzeitig ist die systemische Erfassung des Bildungsbedarfs nicht unabhängig zu sehen von der Entwicklung des sozialen Systems: In einem System, in dem Bildungsbedarf bisher fast nicht in den Blick gekommen ist (z.B. in einem Handwerksbetrieb) muß Bildungsbedarf erst einmal zum Thema werden, d.h. als gemeinsames Konstrukt etabliert und im System akzeptiert werden.

Bildungsbedarf aus Sicht eines sozialen Systems stellt sich damit als die Schnittmenge der unterschiedlichen internen und externen Perspektiven des Systems dar: Was stellt sich als gemeinsame Tendenz heraus? Dabei gilt, daß Bildungsbedarf hier nicht automatisch aus diesen unterschiedlichen Sichtweisen „abzuleiten" ist. Sondern es ist ein Stück des Entwicklungsprozesses des sozialen Systems selbst, sich mit internen und externen Erwartungen auseinanderzusetzen und sie als Bildungsbedarf aus Sicht des Systems zu definieren.

## 3. Qualitative Interviews als Methode zur Erfassung des Bildungsbedarfs

Wenn Bildungsbedarf sich aus unterschiedlichen Sichtweisen in einem sozialen System ergibt, bedeutet das, daß eben diese unterschiedlichen Sichtweisen erfaßt werden müssen. Was sieht der Mitarbeiter selbst als seinen Bildungsbedarf? Was ist sein Bildungsbedarf aus Sicht der Führungskraft? Oder was ist der Bildungsbedarf aus Sicht eines Kunden?

Um diese unterschiedlichen Sichtweisen zu erfassen, ist eine quantitative Bildungsbedarfsanalyse, die an der Oberfläche bleibt und die für den Lernenden relevanten Vernetzungen nicht erfaßt, ebenso ungeeignet, wie eine Bildungsbedarfsanalyse etwa auf der Basis „objektiver" Arbeitsplatzanalysen. Eine Alternative dazu bieten die sog. qualitativen Methoden (z.B. Flick 1995; König/Zedler 1995). Solche qualitativen Bildungsbedarfsanalysen müssen drei zentrale Forderungen erfüllen:

(1) Das Vorgehen im Rahmen einer qualitativen Bildungsbedarfsanalyse muß methodisch abgesichert sein. Es sind bei der Vorbereitung, Durchführung und Auswertung ganz bestimmte Schritte zu beachten, die z.B. gewährleisten, daß die Ergebnisse nicht an der Oberfläche bleiben. Gerade Interviews sind ja manchmal in Gefahr, daß nur „irgendwie" miteinander geredet wird – wobei dann eher Vorurteile des Interviewers bestätigt, nicht aber tatsächlich relevante Informationen erhoben werden. Erforderlich ist demgegenüber ein streng methodisches Vorgehen, das zuverlässige Informationen liefert.

(2) Das konkrete Vorgehen der Bildungsbedarfsanalyse muß im Blick auf das praktische Ziel jeweils neu festgelegt werden: Eine Bildungsbedarfsanalyse im Rahmen eines Personalentwicklungs-Gesprächs (wobei es z.B. darum geht zu klären, was für den Betreffenden im Blick auf seine weitere Karriere wichtig zu lernen ist), ist anders durchzuführen als eine Bildungsbedarfsanalyse im Zusammenhang mit der Einführung einer neuen Software.

(3) Das bedeutet schließlich, daß die Durchführung qualitativer Bildungsbedarfsanalysen Kompetenz des Interviewers voraussetzt. Präzise Interviewführung ist etwas, das man lernen muß. Interviewer-Schulung gehört zu den häufig vernachlässigten, zugleich aber zentralen Kompetenzen von Mitarbeitern in Personal- und Bildungsabteilungen.

Interview-Kompetenz bedeutet dabei zunächst einmal Beherrschung der Verfahren, z.B. der Fragetechniken. Kompetenz schließt aber gleichzeitig auch Kenntnis des jeweiligen Themenbereichs ein, nach dem gefragt wird. Das erscheint trivial, wird aber in der Praxis leicht vernachlässigt: Den Bildungsbedarf für ein EDV-Training kann schlechterdings nicht jemand erheben, dem EDV völlig fremd ist. Andererseits bedeutet die Forderung nach Kenntnis des Themenbereichs nicht, daß nur EDV-Spezialisten solche Analysen durchführen können. Hier besteht sogar die Gefahr, daß die eigene subjektive Sichtweise des Interviewers durchschlägt (als EDV-Spezialist hat er zweifelsohne selbst präzise Vorstellungen darüber, wie ein Training ablaufen sollte) und damit daran hindert, die subjektive Sichtweise anderer zu erfassen.

Eine systemische Bildungsbedarfsanalyse stellt sich damit als spezielle Form eines qualitativen Interviews dar, wie es in der „Systemischen Organisationsberatung" (König/Volmer 1999, 140ff.) ausführlich diskutiert wurde. Im folgenden werden die einzelnen Schritte nochmals in den Grundzügen und insbesondere im Blick auf Besonderheiten bei einer Bildungsbedarfsanalyse dargestellt.

## 4. Schritte der qualitativen Bildungsbedarfsanalyse

Den Bildungsbedarf eines Mitarbeiters im Zusammenhang des sozialen Systems zu erfassen, bedeutet, unterschiedliche Sichtweisen (die des Betreffenden, des Vorgesetzten, des Mitarbeiters, von Kunden usw.) zu erheben. Dafür bietet sich die Durchführung von Einzelinterviews mit unterschiedlichen Personen an. Die Schritte eines solchen Einzelinterviews werden im folgenden dargestellt:

### 4.1. Vorbereitungsphase

**Festlegung von Untersuchungsziel und Verwendungszweck**
Grundsätzlich lassen sich drei unterschiedliche Zielsetzungen qualitativer Bildungsbedarfsanalysen unterscheiden:

- Es kann der individuelle Bildungsbedarf einer Mitarbeiterin oder eines Mitarbeiters erfaßt werden. Eine solche Bildungsbedarfsanalyse kann dann etwa im Zusammenhang mit einer Personalentwicklungs-Konzeption stehen: Verwendungszweck ist dabei, auf dieser Basis Bildungsmaßnahmen mit den Betreffenden persönlich zu vereinbaren.
- Es kann Bildungsbedarf zu einem bestimmten Themenbereich im Zusammenhang mit der Vorbereitung für ein Seminar oder Training erhoben werden: Wenn es z.B. darum geht, ein Seminar zum Thema „Konfliktmanagement" zu planen, dann ist es zweckmäßig, (mögliche) Teilnehmer, aber auch Vorgesetzte oder Mitarbeiter genauer daraufhin zu befragen, welchen Bildungsbedarf sie in diesem Bereich sehen.
- Schließlich kann Verwendungszweck sein, eine Bildungskonzeption für ein gesamtes soziales System (für eine Abteilung, einen Bereich, ein Unternehmen) zu erstellen. Untersuchungsziel ist damit die Erfassung des Bildungsbedarfs des gesamten sozialen Systems.

**Festlegung von Grundgesamtheit und qualitativer Stichprobe**
Zur Festlegung von Grundgesamtheit und qualitativer Stichprobe sind Verwendungszweck und Realisierbarkeit (ist es z.B. überhaupt möglich, den Vorgesetzten zu befragen) sowie Kosten- und Nutzen-Gesichtspunkte zu berücksichtigen: Wie aufwendig

können die Befragungen und die Auswertung im Blick auf die zur Verfügung stehende Zeit oder personelle bzw. finanzielle Ressourcen überhaupt sein?

Wenn es um die Erfassung des Bildungsbedarfs eines einzelnen Mitarbeiters geht, wird man sich manchmal auf die Erhebung der subjektiven Sichtweise des Betreffenden selbst beschränken, wobei es dann sinnvoll ist, mögliche Erwartungen im sozialen System (konkret: Erwartungen des Vorgesetzten, der Mitarbeiter, der Kunden) im Rahmen des Interviews mit zu thematisieren. Günstig ist, wenn es gelingt, neben der internen Sicht des Betreffenden zusätzlich noch externe Sichtweisen zu erheben, indem z.B. der Vorgesetzte, ein Kunde, möglicherweise aber auch ein Kollege oder ein Experte, der den Mitarbeiter kennt und mit dem entsprechenden System vertraut ist, befragt werden.

Wenn es darum geht, für eine gesamte Gruppe den Bildungsbedarf zu erheben, besteht zunächst die Möglichkeit, die Grundgesamtheit insgesamt (z.B. das Projektteam, das qualifiziert werden soll) sowie zusätzlich mögliche externe Sichtweisen zu erheben. Oder es wird nur eine Stichprobe herausgegriffen, indem man etwa für die Planung eines Seminars einige der späteren Teilnehmer befragt oder z.B. einige Meister und einzelne Vorgesetzte unter der Zielsetzung, ein neues Bildungskonzept für Meister zu entwickeln.

Für die Größe einer solchen Stichprobe ist zunächst entscheidend, wie weit die Grundgesamtheit homogen ist oder sich in verschiedene Untergruppen (Schichten) aufgliedert: Kann ich damit rechnen, daß die Teilnehmer des geplanten Seminars im Blick auf die Erwartungen an das Seminar einander „ähnlich" sind – oder muß ich möglicherweise zwischen älteren und jüngeren Teilnehmern, zwischen Teilnehmern mit und ohne Erfahrung oder zwischen Teilnehmern aus verschiedenen Bereichen unterscheiden? Muß ich bei der externen Sicht ebenfalls zwischen verschiedenen Gruppen (Vorgesetzte, Mitarbeiter des Betreffenden, Kunden) unterscheiden?

Je mehr die Grundgesamtheit geschichtet ist, desto mehr vergrößert sich naturgemäß die Stichprobe. Im Endeffekt werden wieder Kosten-Nutzen-Überlegungen darüber entscheiden, wie stark man die Schichtung vornimmt und wie groß die Stichprobe wird. Wenn es um die Erhebung des Bildungsbedarfs einer einzelnen Person geht, wird man sich häufig auf lediglich ein Interview zur Erfassung externer Sicht beschränken. Bei größeren Projekten ist es zweckmäßig, aus jeder Zelle der Stichprobe wenigstens zwei bis drei Personen zu befragen, um die Gefahr einseitiger Auswahl zu verringern. Mehr als insgesamt 20 bis 30 Personen zu befragen, macht nach den vorliegenden Erfahrungen nur bei sehr komplexen Untersuchungen Sinn, z.B. wenn es um die Erfassung des Bildungsbedarfs sehr unterschiedlicher Bereiche geht.

**Festlegung von Leitfragen**

Zu Beginn der 70er Jahre hat Saul B. Robinsohn im Zusammenhang mit der sog. „Curriculumdiskussion" ein auch für Bildungsbedarfsanalysen mittlerweile klassisches Schema entwickelt, indem er Bildungsinhalte diskutiert im Blick auf erforderliche Qualifikationen, die ihrerseits auf die Bewältigung konkreter Aufgaben oder, wie er formuliert, auf die „Bewältigung von Lebenssituationen" gerichtet sind (Robinsohn 1971, 49). Daraus ergeben sich drei zentrale Leitfragen für Bildungsbedarfsanalysen:

- Welche Aufgaben hat die betreffende Person gegenwärtig oder in der Zukunft zu erfüllen?
- Welche Qualifikationen benötigt sie zur Erfüllung dieser Aufgaben?
- Mit welchen Bildungsinhalten oder Bildungsformen können diese Qualifikationen vermittelt werden?

Je nach der Zielsetzung bzw. nach dem Verwendungszweck und je nach den Gesprächspartnern können dabei Modifikationen zweckmäßig sein:

(1) Bei Aufgaben kann je nach der Zielrichtung das Schwergewicht auf gegenwärtige Aufgaben und Tätigkeiten gelegt werden (z.B. um jemanden in seiner gegenwärtigen Position weiter zu qualifizieren), oder es können zukünftige Aufgaben, die der Betreffende im Rahmen seiner Karriereplanung in Zukunft übernehmen möchte oder die von außen auf die Abteilung oder den einzelnen zukommen, thematisiert werden.

(2) Fragen nach fehlenden Qualifikationen führen des öfteren zu Widerstand. Manche Gesprächspartner deuten fehlende Qualifikationen als Schwäche („mit meiner Erfahrung habe ich keine Schwäche mehr“) und wehren sich dann dagegen, fehlende Qualifikationen zu nennen. Die Frage nach fehlenden Qualifikationen ist daher sorgsam zu überlegen und ggf. durch zusätzliche Fragen zu flankieren. Dafür gibt es eine Reihe von Möglichkeiten:

- Häufig ist es hilfreich, nicht nur nach fehlenden, sondern ebenso nach vorhandenen Qualifikationen zu fragen. „Im Blick auf Ihre zukünftigen Aufgaben als Führungskraft: welche Qualifikation bringen Sie dafür mit? Was benötigen Sie noch?“
- Wichtig ist im Blick auf die Akzeptanz beim Gesprächspartner auch die Wortwahl: So ist es häufig günstiger, nicht direkt zu fragen, welche Qualifikationen noch „fehlen“, sondern welche Qualifikationen der Betreffende „ausbauen“, „vertiefen“ oder „zusätzlich erwerben“ möchte – was bereits von der Sprache her impliziert, daß bereits Qualifikationen vorhanden sind.

(3) In vielen Fällen kann es zweckmäßig sein, die Leitfragen nicht direkt auf die Person des Gesprächspartners zu beziehen, sondern sog. indirekte Leitfragen zu formulieren, aus denen sich Bildungsbedarf erschließen läßt:

- Eine erste Möglichkeit ist die Frage nach früheren Erfahrungen: „Als Sie in Ihrer Position als Abteilungsleiter angefangen haben, was waren damals Ihre Anfangsschwierigkeiten?“ Häufig werden dabei auch Schwierigkeiten genannt, die in der gegenwärtigen Situation noch nicht völlig überwunden sind und Anstoß zu Bildungsmaßnahmen geben können.
- Man kann eine Geschichte erzählen lassen (narratives Interview): Man bittet den Gesprächspartner, die Geschichte seiner Karriere auf dieser Position zu erzählen, wobei dann in der Regel im Verlauf dieser Geschichte auch Schwierigkeiten und Bildungsbedarf genannt werden.

- Man kann nach dem Bildungsbedarf der Stelle allgemein fragen, d.h. nicht nach dem Bildungsbedarf des Betreffenden, sondern nach dem Bildungsbedarf anderer Personen in der gleichen Position, z.B. „Was muß jemand lernen, der als Abteilungsleiter anfängt?"
- Man kann verschiedene Personen vergleichen lassen. Dieses Vorgehen empfiehlt sich insbesondere zur Erfassung externer Sichtweisen: Man bittet den Gesprächspartner, z.B. zwei Vorgesetzte zu vergleichen und fragt dann nach deren unterschiedlichen Fähigkeiten.
- Man kann Zukunftsvisionen erfragen: „Stellen Sie sich die Zeit nach zwei Jahren vor: Sie haben eine Tätigkeit erreicht, die Sie befriedigt. Was sind das für Aufgaben, die Sie dann tun? Welche Kenntnisse und Fähigkeiten haben Ihnen geholfen, diese Position zu erreichen?

(4) Zu überlegen ist auch, wie weit man in qualitativen Interviews nach Sichtweisen anderer Personen fragt oder die zukünftige Entwicklung thematisiert, z.B.
„Was meinen Sie, erwartet Ihr Vorgesetzter von Ihnen?"
„Was meinen Sie, über welche Fähigkeiten sollte jemand verfügen, der im Unternehmen befördert werden möchte?"
„Was meinen Sie, wie werden sich die Anforderungen an einen Abteilungsleiter in den nächsten fünf Jahren verändern?"

(5) Günstig ist, neben den Leitfragen auch mögliche Nachfragekategorien zu überlegen: In vielen Fällen werden bei der Frage nach Bildungsbedarf zunächst nur fachliche Kenntnisse und Fähigkeiten in den Blick kommen, z.B. „ich muß noch in Tabellenkalkulation sicherer werden". Daß daneben auch soziale Kompetenzen oder Einstellungen (Persönlichkeitskompetenz) eine Rolle spielen können, bleibt dabei zunächst außer Betracht. Hier ist es günstig, gezielt z.B. nach Kenntnissen, Fähigkeiten und Einstellungen zu fragen oder auf der Basis der Unterscheidung zwischen verschiedenen Kompetenzbereichen (Fachkompetenz, Methodenkompetenz, Sozialkompetenz, Persönlichkeitskompetenz) Nachfragekategorien zu bilden.

Nachfragekategorien können, müssen aber nicht abgefragt werden: Es mag sein, daß der Betreffende von sich aus Themen aus den unterschiedlichen Bereichen nennt (oder darauf hinweist, daß er in einem Bereich nichts lernen möchte), so daß hier ein weiteres Nachfragen unnötig ist. Es kann aber auch sein, daß sich die Antworten zunächst nur auf fachliche Qualifikationen beziehen. Dann ist es zweckmäßig, andere Bereiche (z.B. Fähigkeiten im Umgang mit anderen usw.) anzusprechen.

(6) Bei der Frage nach Möglichkeiten zur Erreichung der Qualifikationen haben manche Interview-Partner durchaus schon eigenständige Vorstellungen darüber, wie sie bestimmte Qualifikation erwerben möchten: „Ich möchte aber nicht in ein Seminar zusammen mit den Kollegen meiner Abteilung." Andererseits wird man in einer Reihe von Fällen auf eine solche Frage keine befriedigende Antwort erhalten: Dem Betreffenden kommt überhaupt nicht in den Blick, daß es hier verschiedene Möglichkeiten gibt. Damit ist es in dieser Phase häufig sinnvoll, in den Interview-Prozeß gleichsam eine Phase von Expertenberatung (vgl. König/Volmer 1999, 47f.) einzuschieben,

indem man verschiedene Möglichkeiten (Besuch externer Seminare, interne Trainings und Workshops, Training on the Job, Coaching, Eigenstudium anhand von Literatur oder Arbeitsmaterialien, interaktive Videoprogramme usw.) nennt.

## 4.2 Durchführung der Bildungsbedarfsanalyse

Die Durchführung einer qualitativen Bildungsbedarfsanalyse gliedert sich wie qualitative Interviews allgemein in Orientierungsphase (Orientierung auf der Beziehungs- und Inhaltsebene), Erarbeitungsphase sowie Abschlußphase (vgl. König/Volmer 1999, 154ff.). Speziell für eine Bildungsbedarfsanalyse sind dabei folgende Punkte wichtig:

(1) In der Orientierungsphase ist eine klare Information über Zielsetzung und Verwendungszweck besonders wichtig, um mögliche Befürchtungen z.B. darüber auszuräumen, daß die Nennung von fehlenden Qualifikationen negative Auswirkungen auf die eigene Karriere haben könnte. Für die Bildungsbedarfsanalyse bedeutet das:

- Die Verwendung der Ergebnisse der Bildungsbedarfsanalyse im sozialen System ist zuvor insgesamt abzusichern. D.h. es muß vorher genau geklärt sein, wer die Auswertung vornimmt, wer die Ergebnisse bekommt, was danach mit den Ergebnissen geschieht.
- Die Orientierung ist sehr deutlich zu geben, z.B.: „Es geht darum, gemeinsam eine Fortbildungskonzeption für den Betreffenden zu entwickeln".
- Der Kontrakt mit dem Gesprächspartner über das Vorgehen im Interview und die Verwendung der Daten ist sehr sorgfältig zu schließen, mögliche (auch nur nonverbal angedeutete) Einwendungen und Fragen sind sorgfältig zu bearbeiten.

(2) Die Erarbeitungsphase wird üblicherweise mit einer freien Darstellung beginnen. Häufig werden dabei verschiedene Themen genannt („ich möchte Kenntnisse im Bereich Tabellenkalkulation vertiefen, meine Arbeitsmethodik verbessern und nicht so leicht bei Kritik aus der Haut fahren"), die dann mit Hilfe der sog. Matrix-Technik (König/Volmer 1996, 159f.) einzeln zu klären sind: Welche EDV-Kenntnisse genau möchten Sie erwerben?

Dabei besteht insbesondere dann, wenn ein Fachmann auf dem genannten Gebiet das Interview führt, die Gefahr, daß man vorschnell von außen seine eigene subjektive Sicht dem Interview-Partner überstülpt. Wenn ein Interview-Partner davon spricht, daß er seine Arbeitsmethodik verbessern möchte, denkt ein Experte (ein Trainer) sofort an eine Reihe von Inhalten – möglicherweise ohne zu beachten, daß der Interview-Partner dazu eine ganz andere Sichtweise haben kann. Hier ist es wichtig, sehr sorgfältig zu fokussieren, nachzufragen und wiederzuspiegeln, um vorschnelle Interpretationen zu vermeiden.

Zur Verdeutlichung sei ein konkretes Beispiel aus einer Bildungsbedarfsanalyse für Führungskräfte hier kurz aufgeführt. Ausgangspunkt ist eine Äußerung des Gesprächspartners zu der Frage nach Anforderungen an einen Meister:

„Ja, äh, es kommt eben darauf an, vor allen Dingen, daß ich nicht den Chef rauskehre und daß ich auch als Kumpel anerkannt bin. Klar, wenn es darauf ankommt, dann muß ich auch meinen eigenen Standpunkt haben und und mal klarstellen, wo es lang geht. So etwa!" Um genauer herauszufinden, was genau der Gesprächspartner damit meint, bieten sich folgende Möglichkeiten:

- Fokussieren konkreter Situationen
  z.B.: „Vielleicht erinnern Sie sich an eine Situation, wo ein Meister den Chef herausgekehrt hat?"
- Klärung von getilgten Informationen, wobei angedeutete Informationen gezielt nachgefragt werden.
  Mögliche Fragen sind hier:
  „Was heißt für Sie: nicht den Chef rauszukehren?"
  „Woran merken Sie, daß Sie als Kumpel anerkannt werden?"
  „Was tun Sie, um klarzustellen, wo es lang geht?"
  „Sie unterscheiden Situationen, wo Sie Kumpel sind und wo Sie einen eigenen Standpunkt haben müssen. Was unterscheidet diese Situationen?"
  „Von wem möchten Sie als Kumpel anerkannt werden?"
  „Es kommt vor allen Dingen darauf an, nicht den Chef rauszukehren. Worauf kommt es an?"
  „Was heißt, einen eigenen Standpunkt haben?"
- Übersetzen
  Dieser Schritt dient dazu, abzusichern, daß der Interviewer den Gesprächspartner richtig verstanden hat, indem er die Äußerung in seine Sprache übersetzt und fragt, ob der Gesprächspartner zustimmt:
  Interviewer: „Klarstellen, wo es lang geht, heißt also für Sie, daß man den Mitarbeiter am Arbeitsplatz auf seine Fehler hinweist?"

(3) Noch stärker als andere Interviews muß eine Bildungsbedarfsanalyse zu konkreten Vereinbarungen führen, die je nach dem Verwendungszweck unterschiedlich sein können:
- Das kann ein konkreter Kontrakt darüber sein, den der Gesprächspartner gleichsam mit sich selbst über geplante Bildungsmaßnahmen schließt: „Ich werde..."
- Es kann ein Kontrakt darüber geschlossen werden, daß die Bildungsabteilung (möglicherweise auch der Interviewer selbst, wenn er Angehöriger der Bildungsabteilung ist) dem Betreffenden konkrete Vorschläge für mögliche Bildungsmaßnahmen unterbreitet.
- Es kann ein Kontrakt mit einem Teilnehmer des Seminars sein, die genannten Themen bei der Vorbereitung zu berücksichtigen.
- Es kann ein Kontrakt darüber geschlossen werden, wie die Ergebnisse einer umfangreichen Bildungsbedarfsanalyse dem Interviewpartner zurückgespiegelt werden.

### 4.3 Inhaltsanalytische Auswertung

Soweit es sich um eine individuelle Bildungsbedarfsanalyse handelt, in der z.B. eine Mitarbeiterin für sich ihren Bildungsbedarf klären möchte, ist eine eigene inhaltsanalytische Auswertung in der Regel nicht erforderlich. Sobald es sich aber um eine Bildungsbedarfsanalyse mit mehreren Interviewpartnern handelt, ist eine eigene inhaltsanalytische Auswertung sinnvoll. Dafür gelten die Regeln über die inhaltsanalytische Auswertung allgemein (vgl. z.B. König/Volmer, 1999, 161ff.; Mayring 1993; Rustemeyer 1992):

- Es sind Kategorien festzulegen, denen die einzelnen Äußerungen zugeordnet werden können.
- Die einzelnen Äußerungen sind diesen Kategorien zuzuordnen. Zweckmäßig ist es häufig, dabei zwischen interner und externer Sichtweise zu unterscheiden: Welcher Bildungsbedarf kommt für den Betreffenden selbst in den Blick? Welcher für die Vorgesetzten, für die eigenen Mitarbeiter oder für Kunden? Bei der Präsentation der Ergebnisse lassen sich dann interne und externe Sicht gegenüberstellen, was weitere Anstöße zur Auseinandersetzung mit unterschiedlichen Sichtweisen im sozialen System gibt.
- Als günstig hat es sich erwiesen, bei der Präsentation der Ergebnisse einer Bildungsbedarfsanalyse quantitative und qualitative Daten vorzustellen: Quantitative Daten sind z.B. Häufigkeiten, mit denen bestimmte Themen genannt wurden, sie geben einen Überblick über Schwerpunkte und Trends. Qualitative Ergebnisse können z.B. konkrete Zitate aus einzelnen Interviews sein, die das Gesagte verdeutlichen und konkretisieren.

## 5. Bildungsbedarfsanalyse im Rahmen von Gruppendiskussionen

Oft stellt die Erfassung von Bildungsbedarf in Einzelinterviews ein Kapazitätsproblem dar (Zeit, Personal, Kosten). Man kann aber Bildungsbedarf auch in Gruppendiskussionen erheben, indem man entweder homogene Gruppen (z.B. ein Team) oder heterogene Gruppen (z.B. Mitarbeiter und Vorgesetzter, Mitarbeiter und Kunde) zugleich befragt.

In einer solchen Situation verändern sich die Aufgaben des Interviewers: Er ist nicht mehr nur Interviewer, sondern hat zugleich die Aufgabe, die Kommunikation in einem sozialen System (z.B. in dem System Vorgesetzter – Mitarbeiter) zu steuern. Dieses Vorgehen erfordert beträchtliche Kompetenz des Interviewers – aber es bietet den Vorteil, daß interne und externe Sichtweisen unmittelbar aufeinander bezogen weiter bearbeitet werden können.
Damit ist folgendes gemeint:

- Zum einen werden die Teilnehmer in heterogenen Gruppen mit unterschiedlichen Sichtweisen konfrontiert. Die Auseinandersetzung mit neuen Aspekten des Bildungsbedarfs ist dabei in der Regel fruchtbarer und bringt oft neue Ideen in die

Diskussion, weil jeder die Ansicht des anderen aufnehmen und weiterentwickeln kann.

- Zum anderen wächst (eine gute Interview-Führung vorausgesetzt) das wechselseitige Verständnis füreinander. Damit führt die Bildungsbedarfsanalyse in heterogenen Gruppen häufig unmittelbar zu einer Klimaverbesserung.
- Ein dritter und entscheidender Vorteil ist, daß in heterogenen Gruppen direkte Kontrakte über das weitere Vorgehen möglich sind. Damit bleibt die Bildungsbedarfsanalyse nicht bei der bloßen Diagnose stehen, langwierige nachträgliche Entscheidungsprozesse über die Umsetzung entfallen und direkte Veränderungsprozesse können eingeleitet werden.

Wir haben in den letzten Jahren in einer Reihe von Projekten solche Vorgehensweisen jeweils im Blick auf die besondere Situation des sozialen Systems konzipiert, durchgeführt und ausgewertet. Ein Beispiel sei hier zur Verdeutlichung angeführt: Ein EDV-Unternehmen, das in den letzten Jahren stark expandiert hatte, hat eine Reihe neuer Führungskräfte (Abteilungsleiter) eingestellt, aber dafür bislang keine Führungskräfte-Qualifizierung betrieben. Ein erster Schritt bei der Erstellung einer neuen Konzeption für die Qualifizierung von Führungskräften ist dann die Erhebung des jeweiligen individuellen Bildungsbedarfs.

Ausgehend von der These, daß Bildungsbedarf aus verschiedenen Perspektiven zu erheben ist, wird ein gemeinsames Bildungsgespräch zwischen dem Abteilungsleiter und seinem unmittelbaren Vorgesetzten konzipiert, in dessen Verlauf konkrete Bildungsmaßnahmen vereinbart werden. Daraus ergibt sich folgender Ablauf:

### 5.1 Vorbereitungsphase

Abteilungsleiter und Vorgesetzter bereiten unabhängig voneinander anhand einer Check-Liste das Gespräch vor. Die Check-Liste folgt im wesentlichen den oben dargestellten Leitfragen. Abgefragt werden:

- Gegenwärtige und zukünftige Aufgaben (aus Sicht des Abteilungsleiters bzw. seinem Vorgesetzten)
- Vorhandene Qualifikationen
- Bildungsbedarf im Blick auf die gegenwärtigen und zukünftigen Aufgaben:
  Welche Kenntnisse, Fähigkeiten, Einstellungen sollte der Mitarbeiter aus seiner Sicht vertiefen, erweitern oder neu erwerben? Bzw. welche Kenntnisse, Fähigkeiten und Einstellungen sollte er aus Sicht des Vorgesetzten erwerben?
  Was könnten (aus Sicht des Abteilungsleiters oder seines Vorgesetzten) Möglichkeiten sein, diese Qualifikationen zu erwerben?

### 5.2 Durchführungsphase

Um die unterschiedlichen Sichtweisen unmittelbar aufeinander beziehen zu können, wird ein gemeinsames Bildungsgespräch zwischen dem Abteilungsleiter und seinem unmittelbaren Vorgesetzten angesetzt. Grundlage dafür sind die jeweiligen Check-Listen. Moderiert wird das Gespräch bei den unteren und mittleren Führungsebenen von einem qualifizierten (d.h. auch: zuvor eigens dafür geschulten) Mitglied der Bildungsabteilung, bei den oberen Bildungsebenen von einem externen Moderator.

Für den Ablauf haben sich folgende Punkte als wichtig erwiesen:

(1) Entscheidend ist eine präzise Orientierung. Es muß angesprochen werden:

- daß das Gespräch dazu dient, interne und externe Sichtweisen unmittelbar aufeinander zu beziehen.
- daß es in diesem Gespräch nicht um Selektion geht, sondern darum, Maßnahmen zur weiteren Qualifizierung gemeinsam festzulegen – wobei dann Selektion höchstens in einem weiteren Gespräch erfolgen kann, wenn nämlich einige Monate später danach abgeklärt wird, ob der Mitarbeiter tatsächlich die entsprechenden Qualifikationen erworben bzw. auch umgesetzt hat.
- daß es darum geht, Bildungsbedarf nicht in allgemeinen Begriffen zu beschreiben, sondern konkret zu erfassen, was dahintersteht.
- daß es nicht Aufgabe des Moderators ist, Partei zu ergreifen oder Schiedsrichter zu sein, sondern daß es seine Aufgabe ist, verschiedene Sichtweisen zu übersetzen und Gemeinsamkeiten und Unterschiede festzulegen.

Abschluß der Orientierungsphase muß dann ein eindeutiger Kontrakt mit beiden Gesprächspartnern sein.

(2) Aufgabe des Moderators ist es, die Kommunikation in dem sozialen System Abteilungsleiter-Vorgesetzter zu steuern. D.h. er hat darauf zu achten, daß das Gespräch nicht ausufert oder sich in Verhaltensmustern wechselseitiger Kritik und Abwehr verfängt.
Für den Ablauf hat sich folgendes Vorgehen bewährt:

- Günstig ist, daß zunächst der betroffene Mitarbeiter selbst seine Sicht zu einem bestimmten Themenbereich darstellt. Wo sieht er seine Stärken? Wo sieht er Bereiche, in denen er seine Fähigkeiten sichern, ausbauen, erweitern möchte? Sind mehrere Punkte genannt, ist es zweckmäßig, anschließend die einzelnen Punkte der Reihe nach abzuarbeiten.
- Aufgabe des Vorgesetzten ist es dann, die Sicht des Mitarbeiters zu den einzelnen Punkten zu kommentieren: Wo stimmt er zu, wo hat er eine andere Sichtweise?
- Bei unterschiedlichen Sichtweisen ist es wichtig, sorgsam zu konkretisieren: Wenn ein Vorgesetzter z.B. von einem Mitarbeiter sagt, er solle „mehr Biß zeigen", so fordert eine solche Formulierung mögliche Mißverständnisse geradezu heraus und kann nur durch sorgfältiges Konkretisieren geklärt werden:
  Was genau heißt „mehr Biß zeigen"?
  In welcher Situation hat er zu wenig Biß gezeigt?
  In welchen Situationen soll der Mitarbeiter mehr Biß zeigen?
  Wie könnte er sich dabei konkret verhalten?

Hier ist gerade das Fokussieren konkreter Situationen ein sehr hilfreiches Verfahren, um die Sicht des Vorgesetzten für den Mitarbeiter transparent zu machen: Beide haben dieselbe Situation miterlebt, aber sie haben möglicherweise ein anderes Bild von dieser Situation, was durch das Fokussieren erst deutlich wird.

(3) Ergebnis der Bildungsbedarfsanalyse ist dann ein Kontrakt über das weitere Vorgehen. Inhalte dieses Kontraktes sind:

- Vereinbarungen über die Qualifikations- bzw. Bildungsinhalte, zu denen sich Mitarbeiter und Vorgesetzter verpflichten: der Mitarbeiter dazu, an diesen Themen zu arbeiten, der Vorgesetzte dazu, dem Mitarbeiter entsprechenden Freiraum zu geben.
- Vereinbarungen zwischen dem Mitarbeiter und der Bildungsabteilung über die mögliche Realisierung von Maßnahmen. Möglicherweise ist zunächst abzuklären, welches externe Training für den Betreffenden überhaupt relevant wäre. Oder es sind andere Mitarbeiter oder Vorgesetzte zunächst darin zu qualifizieren, ein „Training on the Job“ durchführen zu können. Oder es sind bestimmte Selbstlernmaterialien zu entwickeln.
- Vereinbarungen über Termine während oder nach Abschluß der Bildungsmaßnahme, bei denen zwischen Vorgesetztem und Mitarbeiter zu klären ist, wie weit der Mitarbeiter die gesteckten Ziele erreicht hat.

Als hilfreich hat sich dabei erwiesen, solche Kontrakte schriftlich zu formulieren (wobei Vorgesetzter und Mitarbeiter unterschreiben), um den Verpflichtungscharakter solcher Maßnahmen zu dokumentieren. Übrigens gab es bei korrekter Moderation in der Praxis dabei so gut wie keine Schwierigkeiten. In der Regel ergab sich eine gemeinsame Auffassung; nur in Einzelfällen wurden strittige Punkte auf dem Protokoll eigens vermerkt.

## 6. Bildungsbedarfsanalyse und Beratung

Eine Bildungsbedarfsanalyse ist stets mehr als eine Diagnose, sondern grundsätzlich Veränderung eines sozialen Systems: Der Mitarbeiter, der bei der Erfassung des Bildungsbedarfs im Rahmen eines qualitativen Interviews unterstützt wird, verändert seine subjektive Sichtweise. Ihm werden seine Stärken, aber auch neuer Bildungsbedarf bewußt – was dann wieder sein Verhalten in dem jeweiligen sozialen System beeinflußt. Entsprechend verändert eine gemeinsame Bildungsbedarfsanalyse zwischen Vorgesetztem und Mitarbeiter oder eine Gruppendiskussion zwischen Mitarbeitern und Kunden das jeweilige soziale System. Damit ist die Bildungsbedarfsanalyse nichts anderes als eine erste Phase eines Organisationsentwicklungs-Prozesses mit dem Ziel, das System zu unterstützen, sich selbst weiter zu entwickeln.

Helmut Kutschbach/Markus Brust

# Der systemische Weg zum Bildungsauftrag: Vom Erstgespräch zur Bildungsbedarfsanalyse

## 1. Die Fragestellung

Viele von Ihnen kennen die Situation in der betrieblichen Erwachsenenbildung: Aus einer Anfrage zur Durchführung einer Bildungsmaßnahme wird, sofern Sie systemisch arbeiten, und ohne daß Sie es forcieren, ein Projekt im Sinne der systemischen Organisationsentwicklung.

Unser Beitrag soll Ihnen einen Einblick in den praktischen Verlauf dieses Prozesses vermitteln und Sie dabei auf Problemstellungen aufmerksam machen, die wir erlebten. Unsere Erkenntnisse, die wir sammelten und als Denkanstöße an Sie weitergeben wollen, haben wir in **Fettdruck** jeweils besonders hervorgehoben.

**In der systemischen Arbeit und der damit möglicherweise verbundenen Veränderung wandeln sich auch die Rahmenbedingungen, wie zum Beispiel: Trainerkapazität, Terminkoordination, thematische Kompetenz u.v.a.m.**

**Der Grund für die Veränderung von einer Anfrage zum Projekt liegt, wie so häufig, in der Ungenauigkeit der Ziele und des Nutzens, die der Auftraggeber erreichen will.**

**Die ‚innere Klarheit' (Erwünschtheit) und die ‚äußere Klarheit' (Dokumentation) sind häufig nicht vorhanden:**

**„Der Weg zum Bildungsauftrag ist mit Unklarheiten gepflastert!"**

Als ‚eigentliche Auftraggeber' werden Sie die verschiedensten hierarchischen Ebenen in einem Unternehmen erleben, die teilweise auch ‚verdeckt' die Projekte lenken.

Systemisches Vorgehen heißt dann, die unterschiedlichen subjektiven Deutungen der Auftraggeber, aber auch die „geheimen Regeln" (z.B. Scott-Morgan 1995) des Systems zu erfassen, und im Blick darauf ein Bildungskonzept für das System zu entwickeln.

## 2. Der Erstkontakt

Der Erstkontakt zwischen Berater und Unternehmen (einem Spezialinstitut im Bankenbereich mit ca. 20 Geschäftsstellen und etwas mehr als 700 Mitarbeiterinnen und Mitarbeitern) kam, wie so häufig, über ‚Mund-zu-Mund-Propaganda' zustande. Ein

Teilnehmer aus einer zurückliegenden Bildungsveranstaltung eines anderen Unternehmens empfahl uns weiter. Als er uns ansprach, war seine Aussage: „Setzen Sie sich doch mal mit Herrn XY in Verbindung, es geht um Weiterbildung und Seminare."

Das erste Gespräch (unverbindliche Anfrage per Telefonkontakt) mit dem verantwortlichen Leiter des Personal-, Aus- und Weiterbildungsressorts (im Folgenden P genannt) schloß mit der Aussage: „Wir brauchen ein Training im Bereich ‚Beurteilungsgespräche'."
Zu dieser Themenstellung vereinbarten wir einen Termin zu einem persönlichen Gespräch.

## 3. Der erste Gesprächstermin

In diesem Gespräch war für P in erster Linie die Klärung der Beziehungsebene, d.h. die interpersonelle Beziehung, die Werthaltung, sowie die persönliche und soziale Kompetenz der Berater wichtig.

**Auffällig und auch typisch in solchen Erstkontakten ist, daß der ‚Klient' häufig nur in Nebensätzen die eigentlichen Sachthemen erwähnt, wie den Stand der momentanen Weiterbildungsarbeit, die Struktur und Organisation, die gelebte Kultur, usw.**
**An dieser Stelle ist es besonders wichtig, dem Gesprächspartner einen weiten Rahmen zu lassen, in dem er teilweise unstrukturiert viele wichtige Informationen über das Unternehmen mitteilen kann.**
**Grundhandwerkszeug dazu ist die Gesprächsführung systemischer Beratung (König/ Volmer 1999, 56ff.), speziell die ‚non-direktive Gesprächsführung' nach Rogers und Gordon (z.B. Gordon 1993; Weinberger 1994) und ‚Pacing' und ‚Leading' aus dem Neurolinguistischen Programmieren (z.B. Grochowiak 1995, 23ff., 195ff.).**

Durch die gesprächsstabilisierende Intervention erhielten wir Einsicht in die Werthaltung sowie in die momentane Auffassung der Unternehmenskultur und des ‚Miteinander-Umgehens'.
Die gewonnenen Informationen waren durch eine sehr persönliche Sichtweise geprägt und sind als Einzelinformationen zu bewerten.

**Aus systemischer Sicht ist dies eine wichtige Phase, um zwischen Berater und Klient abzuklären, ob Werthaltung und Beziehung für einen möglichen Beratungsauftrag zueinander passen.**

Im weiteren Verlauf des Gespräches war es die Aufgabe der Berater, die Aussagen und Vorstellungen von P zu konkretisieren und durch die Gesprächskompetenz zu steuern. Typisch für diese Situation war, daß sich die Bildungsverantwortlichen über den Sinn und Zweck, die Zielgruppe sowie den Inhalt der Weiterbildungsmaßnahme noch keine konkreten Gedanken gemacht hatten (Anspruch an das Expertenwissen des Beraters).

Dabei wurde nur eine Facette des Gesamtkomplexes als Defizit thematisiert. Erst im Verlauf des Beratungsgespräches wurde, unterstützt durch Berater- und Beratungskompetenz, ein klarer Bildungsbedarf deutlich. Wie in vielen Fällen zuvor stellte sich dieser Bedarf in Inhalt und Umfang anders dar als der ursprünglich angenommene.

**Diese erste Orientierungsphase stellt einen hohen Anspruch an die Fragetechnik, speziell an die Prozeßfragen, mit denen der Berater den Gesprächsprozeß unterstützt.**

**Typische Beraterfragen in dieser Gesprächsphase sind:**

- **Was soll sich durch die Weiterbildungsmaßnahme verändern?**
- **Wie soll es später aussehen?**
- **Wer ist davon betroffen?**
- **Wer muß daran beteiligt werden?**
- **Wo sind Widersacher/ Förderer?**
- **Wird der Prozeß wohlwollend durch die Geschäftsleitung unterstützt (‚mentoring')?**

**An dieser Stelle ist nicht das ‚WIE' entscheidend, d.h. die Ausgestaltung der Maßnahme, sondern viel mehr das ‚WAS', die Erweiterung des Fokus bzgl. Umfeld und Auswirkung der Maßnahme.**

Der ursprüngliche Wunsch von P war, den Führungskräften eine Führungshilfe an die Hand zu geben. Dies wollte P mit Hilfe eines Seminars ‚Beurteilungsgespräche' erreichen.
Eigenständige Bildungsarbeit war auf dem Gebiet ‚Führung' bisher nicht durchgeführt worden. Dadurch herrschte bei P eine große Unsicherheit dahingehend, wie und in welchem Umfang diese Bildungsmaßnahme ausgestaltet sein muß, damit sie langfristig und wirkungsvoll greift. Hier war, im Gegensatz zu der vorher gefragten Beratungskompetenz, Expertenwissen erforderlich.
Es wurde mit P ein zweites Gespräch vereinbart. Hier sollte dann ein grundlegendes, auf das Unternehmen abgestimmtes Aus- und Weiterbildungsmodell entwickelt werden.

**Wir verstehen uns als Prozeßberater! Doch häufig wird von uns als Berater, gewollt oder ungewollt, Expertenwissen verstärkt abgefordert. Dies geschieht vor allem dann, wenn das Know-how in speziellen Bereichen stark unterentwickelt ist, wie das Thema ‚Weiterbildung' in dem zugrunde liegenden Beispiel.**

## 4. Das zweite und dritte Gespräch

In diesem Gespräch stellten wir, wie vereinbart, das Aus- und Weiterbildungsmodell vor. Dadurch erarbeiteten wir uns bei P die Bereitschaft, sich auf die eigentliche Problematik, das ‚Beurteilungsgespräch als Führungsinstrument', einzulassen.

**Es ist unbedingt notwendig, das hier in den Gesprächsprozeß einzubringende Expertenwissen strukturiert, klar und anschaulich darzustellen, um mit den Beteiligten eine Gesprächsebene herzustellen (z.B. die „Vier Verständlichmacher", Schulz von Thun 1981, 142ff.).**

Im weiteren Gesprächsverlauf wurden Realisierungsmöglichkeiten zum Thema ‚Führungsgespräch' diskutiert. Auch hier waren wir durch Prozeßfragensteuerung zur Konkretisierung des Auftrages stark gefordert.

Durch das Gespräch entwickelte sich eine erweiterte Aufgabenstellung, das Pilotprojekt ‚Mitarbeiter-Beurteilungsgespräch' im Rahmen der Etablierung von Bildungsarbeit im Unternehmen. Durch Seminare sollen die Führungskräfte (ohne Vorstand und Direktion!) Kompetenzen erlangen, solche Gespräche selbständig durchführen zu können. Bisher wurden solche Gespräche im Unternehmen nicht geführt.

Es kam zu einem dritten Gespräch mit P, dem Vorstellen der Trainingskonzeption (Expertenwissen).

**In diesem Gespräch ist es seitens des Beraters wichtig, eine systemische Sichtweise einzunehmen, um zu verdeutlichen, daß die Kultur sich nicht tragfähig ändert, wenn nur ein einzelnes Element im System verändert wird.**

Wir zeigten auf, daß in diesem Unternehmen ein neues Führungsinstrument eingeführt werden mußte. Ein Führungsinstrument, das durchgängig, sowohl ‚top-down' als auch ‚bottom-up' gelebt werden kann und muß. Demzufolge veränderte sich auch die Zielgruppe, und durch die übergreifende Einführung eines solchen Führungsinstrumentes (‚Mitarbeiter-Beurteilungsgespräch') führt es auch zur Veränderung der Unternehmenskultur.

Dabei wurde deutlich, daß die betroffenen Führungskräfte zu diesem Thema weder in Kenntnis gesetzt noch dazu befragt wurden, und somit die Akzeptanz und Bereitschaft zur Veränderung nicht geklärt war. Zum Ende des Gespräches wurde die Notwendigkeit einer Bildungsbedarfsanalyse zur Klärung und Absicherung der Annahme des neuen Führungsinstrumentes deutlich.

**An dieser Stelle ist besonders wichtig, durch den Berater zu verdeutlichen, daß die Entscheidung zu einer Bildungsbedarfsanalyse und somit das ‚JA' für eine Veränderung des Gesamtsystems von der Geschäftsleitung erwünscht und getragen sein muß. Nur dann, wenn auf dieser Ebene Erwünschtheit und Durchsetzungswille vorhanden ist, hat eine solche umgreifende Maßnahme überhaupt Sinn. Diese Überzeugungsarbeit stellt häufig das Nadelöhr dar. Der Reifungsprozeß der Entscheider über die zentrale Frage der Entscheidung über die Erwünschtheit der ‚Kulturveränderung' im Unternehmen kann einen langen Zeitraum einnehmen. Der längste Entscheidungsprozeß, den wir bisher erlebt haben, lag bei 20 Monaten.**

**Sollte es P in dieser Phase nicht möglich sein, eine Verbindung zwischen den**

**Beratern und Geschäftsleitung unter Einbeziehung seiner Person herzustellen, ist das Gesamtprojekt in Frage zu stellen.**

## 5. Das erste Gespräch mit Vorstand und Direktion

In unserem Beispiel kam das Gespräch mit Vorstand und Direktion zustande. Inhalt des ‚Präsentations-Gespräches' war die Verdeutlichung der o.a. Problematik und die persönliche Vorstellung der Berater als Prozeßbegleiter. Diese Präsentation vor Vorstand und Direktion war die Weichenstellung für die Annahme oder Ablehnung des eigentlichen Beratungsauftrages.

**In solchen Konstellationen ist häufig erlebbar, daß bei einer Präsentation mit dem erwähnten Hintergrund verschiedene Ebenen der Interdependenz mitschwingen:**

1. **Für den Berater: Beratungsauftrag und somit möglicherweise Existenzsicherung.**
2. **Für den Befürworter, in diesem Fall P: Akzeptanz bei seinen Kollegen und dem Vorstand, seine Glaubwürdigkeit und das Vertrauen in seine Einschätzungs- und Entscheidungsfähigkeit.**

Auch bei diesem Gespräch mit Vorstand und Direktion waren, analog zum ersten Gespräch mit P, die persönliche Vorstellung der Berater, die Vorstellung der Bildungsbedarfsanalyse und deren Notwendigkeit Inhalte des Gespräches.

**Auch hier geht es in erster Linie um die Klärung der Beziehung, der Werthaltung sowie der sozialen und persönlichen Kompetenz und in zweiter Linie um die Sachinhalte.**

Wir präsentierten die Konzeption der Bildungsbedarfsanalyse, unter dem Blickwinkel ‚Betroffene zu Beteiligten machen', als Makro-Design mit den Inhalten:

- Etablierung einer geplanten, organisierten und strukturierten Bildungsarbeit
- Übergreifende Einführung eines Führungsinstrumentes mit der dazu stimmigen Vorgehensweise.

Besondere Betonung fand die Darstellung von möglichen Widerstands- und Konfliktbereichen im Unternehmen sowie die Kennzeichnung der Stellen im Projekt, die es beiden Seiten (Unternehmen und/oder Berater) ermöglichen, den Prozeß anzuhalten, ohne daß der Organisation und deren Verantwortlichen ein Schaden entsteht.

**Letztendlich ist es auch für uns, die verantwortlichen Berater, wichtig, diese ‚Sicherheitsstufe' zu haben. Wir bezeichnen diesen Punkt als ‚point of no return'.**

Nach der Darstellung des Makro-Designs, der Bildungsbedarfsanalyse und den damit verbundenen Gesprächen war es für Vorstand und Direktion wichtig, uns nicht nur von den ‚theoretischen' Denkansätzen her, sondern auch in unserer Trainerkompetenz, dem ‚praktischen' Handeln, kennenzulernen. Aus diesem Grund vereinbarten wir einen Trainingstag in Form eines Workshops mit Vorstand und Direktion zum Thema ‚Führungsinstrumente und Unternehmensführung'. Am Ende des Workshops kam es zur Auftragserteilung, der Durchführung einer Bildungsbedarfsanalyse.

**In der Phase der Auftragserteilung ist es wichtig, die bestehende unscharfe Trennung von Klärungs- und Veränderungsphase zu verdeutlichen und dabei darzulegen, wie sich für die Berater der Untersuchungszweck, das Untersuchungsziel, der Zeitrahmen und der Kostenumfang für die Bildungsbedarfsanalyse darstellen. Empfehlenswert ist es, diese Kriterien schriftlich zu fixieren (klares ‚contracting').**

## 6. Die Bildungsbedarfsanalyse

Erst jetzt wurde die Bildungsbedarfsanalyse in ihrer Feinkonzeption (Mikro-Design) ausgestaltet. Nachfolgend soll nur auf einige wichtige Punkte der Bildungsbedarfsanalyse eingegangen werden.

### Vorbereitung

- Als hilfreich erweist sich das **Gegenchecken der Fragen** durch einen weiteren Berater hinsichtlich Klarheit, Eindeutigkeit, Zielgerichtetheit und Untersuchungszielkonformität.
- **Einführen eines Testfeldes.** Die Erfahrungen des Testfeldes erleichtern dann die Entscheidungen, die vor der endgültigen Durchführung der Maßnahme stehen.
- In einem solchen Testfeld zeigt sich immer wieder, daß sowohl die Reihenfolge als auch die Formulierung der Fragen erheblichen Einfluß auf die Qualität des Analyseergebnisses, besonders im Bereich der eigentlichen Informationsbedarfsgewinnung, haben (**Zielgerichtetheit**).

### Durchführung

- Die angesetzte Workshop-Methodik, **Zuruf mit simultaner Protokollierung** am Flip-Chart und nicht die klassische Metaplan-Technik (anonyme Kartenabfrage), erwies sich als effektiv und wirkte anregend auf alle Workshop-Mitglieder und den inhaltlichen Entwicklungsprozess (‚brainstorm-noticing'). Vor allem das erste Verdichten (in üblicherweise mit Metaplankarten moderierten Workshops notwendig) entfiel dadurch. Ein weiterer Vorteil war, daß durch Nachfragen und Verständnisfragen des Beraters und der Teilnehmerinnen und Teilnehmer die getroffenen Aussagen sofort konkretisiert und zugeordnet werden konnten. Unsere ursprünglichen Zweifel, daß diese Vorgehensweise die Teilnehmerinnen und Teilnehmer blockiere und zu wenig Offenheit erzeuge, waren unbegründet, da die Berater eine klare Prozeßsteuerung praktizierten.

- Die **Gruppengröße** von 12 Personen war für die hier beschriebene Vorgehensweise zu hoch, besser wären 8 bis maximal 10 Teilnehmer gewesen.
- Ein positiver Nebeneffekt der **heterogenen Gruppen** war, daß unterschiedlichste Sichtweisen verbalisiert wurden. Dieser Austausch führte häufig zur Modifizierung einzelner oder auch extremer Sichtweisen und kennzeichnete damit den indirekten Beginn des Veränderungsprozesses. **„Neue Einsichten gewinnen, setzt ein Wahrnehmen anderer oder neuer Ansichten voraus!“**
- Für diese Art Workshop eignet sich, aus **Neutralitätsgründen**, am ehesten der **externe Berater**, der aufgrund seiner Nichtzugehörigkeit zum Unternehmen keine eigenen, unterschwelligen Färbungen und Meinungen miteinbringt.

**Auswertung**

- Als erstes fiel die ungeheure **Datenmenge** und deren Ordnungsaufwand ins Auge, welches durch die unreglementierte Zurufmöglichkeit in den Workshops begünstigt wurde.
- Ein schwieriger, aber sehr wichtiger Punkt war die Findung von Oberbegriffen **(Kategorien)**, da die vielen Einzelaussagen ausgewählten Kategorien zugeordnet werden mußten (zeitintensiv und aufwendig).
- In diesem Stadium ist es möglicherweise nützlich, einen **weiteren, neutralen Berater** hinzuzuziehen. Dies verhindert, daß der Berater, der die Bildungsbedarfsanalyse verantwortlich durchführt, „ins System fällt“.
- Es ist zwingend erforderlich, bei der Erarbeitung der Kategorien einen ungestörten Raum (**„Kategorienzimmer“**) einzuplanen, in dem ausschließlich die Kategorienfindung, Kategorienklärung und -zuordnung durchgeführt werden kann.
- Es ist auch ratsam, diesen **Prozeß über mehrere Tage** zu gestalten, um eine sinnvolle Distanz und Meta-Betrachtungsebene garantieren zu können.

## 7. Schlußbetrachtung

Unter systemischer Betrachtungsweise kann ein Arbeiten ohne vorausgehende Bildungsbedarfsanalyse nur ein Arbeiten an den Symptomen sein, aber kein Bearbeiten der Ursachen und Grundprobleme. Ein ernstzunehmender Berater muß deshalb darauf hinarbeiten, daß die ‚Ganzheitliche Betrachtungsweise‘ und der ‚Systemische Ansatz‘ nicht nur Schlagworte bleiben, sondern in den Köpfen der Gesprächspartner Gestalt annehmen, und daß die daraus zwingenden Veränderungen nicht zum Lippenbekenntnis abflachen.

Es bedarf, vor allem in der heutigen, schnellebigen Zeit, in der die Auffassung ‚time is money‘ herrscht, guter Argumente, um zu verdeutlichen, daß kurzfristige, meßbare Erfolge den langfristigen Gesamterfolg, der erst mit einer Zeitverzögerung meßbar ist, eher gefährden als fördern.

Die zu beobachtende Problematik ist, daß die Entscheider häufig, zeitlich gesehen, nur kurzfristig in ihrer Verantwortung belassen werden und ihnen somit die Erfolge, die sich erst später einstellen, nicht mehr zugeordnet werden können. Da die Karrieren in vielen Unternehmen ausschließlich an die meßbaren und vorzeigbaren Erfolge geknüpft sind, haben die Verantwortlichen, auch gegen besseres Wissen, keine andere Chance, als kurzfristig, höchstens mittelfristig zu operieren.

Diesen Entscheidern Wege aufzuzeigen, wie sie langfristig und erfolgreich operieren können, und sie darin, unter Berücksichtigung des ‚Systemischen Ansatzes', zu unterstützen, ist eine große Herausforderung an die ‚Systemische Organisationsentwicklung' und ihre Berater.

# 5. Systemische Organisationsberatung in unterschiedlichen Feldern

Jochen Lindig

# Systemische Organisationsberatung im Landesverband Rheinland – Düsseldorf des Deutschen Jugendherbergswerks e.V.

## 1. Die Ausgangssituation

### 1.1 Zur Situation des Unternehmens

Der Landesverband Rheinland e.V. gehört zum Deutschen Jugendherbergswerk e.V. und ist Teil des weltumspannenden Netzes von Jugendherbergen. Die Jugendherbergen bieten Übernachtungen, Jugendfreizeiten und Tagungsmöglichkeiten für Jugendliche und Gruppen an. Sie sind bei der Gästebelegung und im Einkauf weitgehend selbständig. Die Einnahmen fließen dem jeweiligen Landesverband zu. Dieser ist für größere Investitionen und für das Personalmanagement (z.B. Einstellung der Herbergseltern und Mitarbeiter der Landesgeschäftsstelle, Beratung der Herbergseltern bei der Einstellung des weiteren internen Jugendherbergspersonals) zuständig.

Dem Landesverband Rheinland waren 1995 36 Jugendherbergen angeschlossen, die von etwa 65 Führungskräften („Herbergseltern") geleitet wurden. Diese 36 Jugendherbergen verzeichneten 833.404 Übernachtungen.

Gesellschaftliche und wirtschaftliche Faktoren beeinflussen die Entwicklung des Jugendherbergswerkes erheblich. So verzeichnen die Jugendherbergen einen Rückgang der traditionellen Besuchsgruppen zum Teil deswegen, weil viele Schulklassen seit der Wiedervereinigung der beiden deutschen Teilstaaten ihre Klassenfahrten vermehrt in die fünf neuen Bundesländer verlagern. Außerdem haben der wirtschaftliche Rückgang und die zunehmende Arbeitslosigkeit das Reiseverhalten der Gäste beeinflußt.

Insgesamt wurde die wirtschaftliche Situation von den Herbergseltern als „schwierig" eingeschätzt. Es war in der Vergangenheit nicht gelungen, eine Reihe drängender Probleme eigenständig zu lösen. So konnten Herbergseltern ihre persönlichen Fähigkeiten nicht ausreichend in die Arbeit einbringen. Kommunikation und Zusammenarbeit zwischen den einzelnen Herbergen und dem Landesverband funktionierten nur schleppend. Zudem machte es sich bemerkbar, daß keine ausreichende Marketingstrategie entwickelt worden war.

### 1.2 Fragestellung und strategische Schritte

Ein wesentliches Element der Arbeit des Landesverbandes ist die Organisation regelmäßiger Fortbildungsveranstaltungen der Herbergseltern. Diese wurden bisher als

Pflichtveranstaltungen duchgeführt, erbrachten jedoch nicht die erhofften Erfolge. Daher gab der Landesverband Rheinland im Frühjahr 1994 die Erstellung einer Konzeption für eine attraktivere Gestaltung dieser Fortbildungsveranstaltungen in Auftrag.
Folgende Entwicklungsfrage wurde formuliert:

**„Wie können die Führungskräfte zukünftig ihr Fach- und Methodenwissen sowie ihre Sozial- und Führungskompetenzen weiter verbessern und damit zur stärkeren Motivation der Mitarbeiter in der Jugendherberge beitragen?“**

Eine interne Arbeitsgruppe des Landesverbandes hatte bereits sehr konkrete Zielsetzungen für die künftigen Fortbildungen entwickelt. Es war jedoch bisher nicht gelungen, diese Ziele in eigener Regie umzusetzen.

Deshalb erschien es aus systemischer Sicht nicht sinnvoll, allein ein neues Konzept für die regelmäßigen Fortbildungen zu erarbeiten. Solch ein isoliertes Konzept wäre „aufgesetzt“ gewesen und von den Mitarbeitern eher als Belastung, denn als Hilfe empfunden worden. Es hätte die interne Kommunikation kaum verbessert. Der Landesverband entschloß sich daher, eine systemische Organisationsentwicklung durchzuführen, in deren Rahmen die Mitarbeiter ein neues Fortbildungskonzept selber entwickeln sollten.

Im Mittelpunkt der Beratung sollte das „Hauptamtliche System“ der Herbergseltern und Führungskräfte der Landesgeschäftsstelle stehen. Durch die hauptamtlichen Mitarbeiter werden Marketing-Aktivitäten konzipiert und umgesetzt. In direkter Kommunikation mit den Gästen (Kunden) werden langfristige Bindungen eingegangen, die die entscheidende wirtschaftliche Basis des Unternehmens darstellen.

Durchgeführt wurde die systemische Organisationsentwicklung in folgenden Schritten:

Schritt 1: Diagnose des sozialen Systems mittels einer Gruppenbefragung
Schritt 2: Diagnose des sozialen Systems in Einzelinterviews
Schritt 3: Rückkopplung der Ergebnisse an das soziale System
Schritt 4: Durchführung von Teamentwicklungsmaßnahmen
Schritt 5: Durchführung weiterer Maßnahmen

## 2. Die Diagnosephase

### 2.1 Die Gruppenbefragung

Die Gruppenbefragung zur Erhebung des Bildungsbedarfs wurde in einem eintägigen Workshop durchgeführt, an dem zwölf gewählte Vertreter der Herbergseltern und vier Vertreter der Landesgeschäftsstelle teilnahmen. Die Teilnahme an dem Workshop war freiwillig und erfolgte in Absprache mit dem Arbeitskreis „Aus- und Fortbildung“ im Landesverband Rheinland.
Der Workshop wurde in drei Phasen durchgeführt:

- In der ersten Phase, der Orientierungsphase, lernten die Teilnehmer des Workshops einander kennen; Zielsetzung und Regeln wurden vom Moderator vorgestellt.
- In der zweiten Phase erfolgte eine Bestandsaufnahme, in der die Teilnehmer das bisherige interne Bildungsangebot des Landesverbandes und die Zusammenarbeit zwischen Herbergen und Landesverband bewerteten. Ergänzungswünsche wurden benannt und vorgetragen.
- In der dritten Phase wurden neue Lösungen entwickelt und bewertet.

Im einzelnen ergab sich daraus für den Workshop folgender Moderationsfahrplan:

## Moderationsfahrplan

| **Lfd. Nr.** | **Zeit + Min** | **Thema / Titel / Fragestellung Was wollen wir behandeln?** | **Ziel Wozu?** Legende: FC = Flip Chart, | **Methode Wie, womit?** PW = Pinwand.... |
|---|---|---|---|---|
| **1.0** | +5' | Stimmungsbarometer „Wie ist meine Stimmung um 9.00?" | aufwärmen ins Gespräch kommen | 1 Pkt. Antwort Kommentare zum Punkt / Bild.. |
| | +10' | „Wer sitzt hier im Raum?" Vorstellung | kennenlernen | verbaleVorstellung |
| **2.0** | +5' | Workshop – Ziele / Weitere Schritte Wie sieht die strategische Planung aus? | die Ziele kennen und weitere Planung (BBA) | Präsentation FC |
| **3.0** | +5` | „Wie lauten unsere Workshopregeln?" | die Regeln kennen | Visualisierung /FC |
| **4.0** | +5' | Wie hoch ist die Bedeutung in Bezug auf a) Klärung der Zusammenarbeit der He mit der LGST und b) Klärung zur langfristigen PE im LV ?" | die Bedeutung kennen | 1 Pkt. Antwort /FC |
| **5.0** | +20' | Bestandsaufnahmen zur Fortbildung „Welche der bisher durchgeführten Themenbereiche brachten Ihnen den größt. Nutzen? „ Zur Erweiterung Ihrer Kompetenzen – Aufteilung in die Bereiche: Fach-/Methoden-/ Soziale-/ Persönl.-/ | wissen, welche Themen bisher den größten Nutzen brachten | Kartenantwort / PW |
| **6.0** | +30' | „Welche Themenbereiche/Inhalte möchten Sie in den kommenden Jahren vertiefen, erweitern bzw. neu erwerben?" | die zukünftigen Themen kennen | Kartenantwort /PW |
| **7.0** | +20' | Wie sieht unser Themenspeicher aus? Lfd. Nr. – Thema – Wertung – Rang. | die Themenbereiche kennen | Zuruf auf PW |
| **7.1** | +10' | „Welche Bedeutung haben für Sie die Themen?" | wissen, wie die Gewichtung aussieht | Mehrpunktantwort auf PW |
| **8.0** | +15' | # Bestandsaufnahme # Was finden Sie gut in der Zusammenarbeit zwischen Ihnen als FK der JH und der LGST – Düsseldorf in Bezug auf: Organisation – Betriebswirt.-Information – + Struktur / Verwaltung und Kommunikation?" | die positven Punkte der Zusammenarbeit kennen | Kartenantwort /PW |
| **8.1** | +20' | „Was sollte Ihrer Meinung nach zur Erreichung der strategischen Ziele weiter verbessert werden?" | wissen, welche Themenbereiche noch zu verbessern sind | Kartenantwort /PW |

| | | | | |
|---|---|---|---|---|
| **8.2** | +10' | „Welche der Themenbereiche (Cluster ) haben für Sie die höchste Bedeutung ?" | wissen, welche Prioritäten gesetzt sind | Mehrpunktantw. /PW |
| **9.0** | +20' | „Wie sehen unsere zukünftigen Aktivitäten aus?" Lfd.Nr. – Thema – wer – mit wem – bis? wie sieht das Ergebnis aus? | die Maßnahmen kennen und wissen, was bearbeitet wird | Zuruf / PW |
| **10.** | + 5' | „Wie beurteilen Sie den Workshop bezüglich der Ausbeute/Ergebnis und des Klimas?" | die Workshop-bewertung kennen | 1 Pkt. Antwort /FC |

### 2.1.1 Die Orientierungsphase

Bereits in der ersten Phase des Workshops wurden Probleme im sozialen System deutlich. Ein Teil der Herbergseltern beeinflußte den Moderationsprozeß mit Aussagen:

„Das haben wir alles schon mal gemacht und es hat doch nichts gebracht."

„Hier die Weiterbildungsthemen aufschreiben bringt nichts, denn die Praxis sieht doch ganz anders aus."

Für den Moderator (Berater) ging es hier um Auflösung der Blockaden. Typische Nachfragen erhellten die reale Situation der Teilnehmer und milderten die Blockaden deutlich:
Was heißt für Sie: „Alles schon mal gemacht" und
was bedeutet: „Es hat doch nichts gebracht"?
Was meinen Sie mit: „In der Praxis sieht es doch ganz anders aus?"
„Was genau stellen Sie in der Praxis fest, und wie sieht es aus?"

### 2.1.2 Die Bestandsaufnahme

In dieser Phase ging es darum, die subjektiven Deutungen von Weiterbildungsthemen und Vorstellungen im Rahmen einer langfristigen, bedarfsgerechten Qualifizierung zu erfahren.
Auch die Erwartungshaltung der Teilnehmer wurde deutlich:
„Welche Aufgaben (Themenbereiche) wir in den kommenden Jahren erlernen wollen? Ja, genau das möchte ich vom Moderator wissen."

Vertiefende Fragen des Moderators trugen zur Klärung der Situation bei:
„Was möchten Sie vom Moderator genau wissen?"
„Welche Bedeutung hat Weiterbildung für Ihre persönliche Entwicklung?"
„In welchem Zusammenhang stehen die Ideen des Moderators mit der Praxisrelevanz der Herbergseltern-Themen?"
„Welches Thema würde Sie zukünftig interessieren?"
etc.

Eine weitere Herausforderung bestand für den Moderator in der Auflösung von Generalisierungen der Teilnehmer. Allgemeine Frustrationen äußerten sich in Gemeinplätzen:

„Immer wenn die da oben sich etwas Neues ausdenken, müssen wir Herbergseltern den Zirkus mitmachen.“
„Was das hier schon wieder soll (die Bildungsbedarfsanalyse), weiß ich nicht ...“
In der Prozeßberatung boten sich folgende Nachfragen an:
„Was verstehen Sie unter ‚die da oben‘?“
„Wer sind denn ‚die da oben‘?“
„Was heißt für Sie ‚immer‘?“
„Was verstehen Sie unter ‚Zirkus mitmachen‘?“

Pausenaktivitäten mit kinesiologischen, aktivierenden Übungen unterstützten den Klärungsprozeß. Nach etwa zwei Stunden Arrangement wurde eine gegenseitige Akzeptanz und Wertschätzung (wie in den Moderationsregeln vereinbart) erlebbar.

### 2.1.3 Sammlung von Lösungen und Erstellen der Aktivitätenliste

In der dritten Phase wurde ein ausführlicher Anforderungskatalog für zukünftige Herbergselternschulungen entwickelt. Gleichzeitig machte die Frage 8.1 des Moderationsfahrplanes: „Was sollte Ihrer Meinung nach zur Erreichung der strategischen Ziele weiter verbessert werden?“ weitere Probleme deutlich:

- Es erschien wichtig, die Kommunikation zwischen Landesverband und Herbergseltern zu verbessern.
- Kompetenzen und Entscheidungsstrukturen sollten klarer definiert werden.
- Zwischen Landesverband und Herbergseltern sollte eine stärkere Gemeinschaft entstehen.
- Es wurden mehr Kenntnisse in den Bereichen Personalführung und Konfliktlösung benötigt.

Die Teilnehmer des Workshops hatten damit ihren eigenen Lösungsansatz weitgehend selbständig entwickelt. Der Moderator (Berater) war hier nicht auf sein Expertenwissen angewiesen; relevant war seine Demonstration des teilnehmerorientierten Verhaltens.

So entwickelte sich aus der anfänglich dominierenden frustrierten Grundhaltung ein lebendiger Austausch von Erfahrungen und persönlichen Einstellungen. Dem Wunsch nach einer langfristigen Veränderung und Verbesserung des sozialen Systems wurde deutlicher Ausdruck verliehen.

## 2.2 Schritt 2: Einzelinterviews zur Klärung des persönlichen Bildungsbedarfs

Der Wunsch nach langfristigen Verbesserungen veranlaßte den Landesverband zu einer vertiefenden Einzelanalyse in drei Jugendherbergen.

In drei Jugendherbergen sollten die Herbergseltern in Einzelinterviews nach ihrer Einschätzung des sozialen Systems und ihren persönlichen Fortbildungswünschen befragt werden. Dabei sollte besonders die Gesamteinschätzung der Herbergsmutter und ihrer Bedürfnisse hinsichtlich der Personalentwicklung in Erfahrung gebracht werden. Von der Befragung der weiblichen Führungskräfte erhofften sich die Auftraggeber (Vorsitzender des Landesverbandes und Landesgeschäftsführer) mehr Klarheit über die besondere Rolle bzw. die Probleme der weiblichen Führungskräfte.

Die Einzelinterviews helfen den Herbergseltern, sich über ihre Wünsche und Vorstellungen der künftigen Zusammenarbeit mit dem Landesverband bewußter zu werden. Subjektive Deutungen sollten herausgearbeitet und dargestellt werden.

Die Herbergseltern konnten dabei erfahren, daß bereits die Diagnose, also das Interview, zur Veränderung des sozialen Systems beiträgt. Das heißt, daß sich die Situation allein dadurch ändert, daß eine Person Klarheit über eine Situation erhält.

Die Interviews wurden als offene Leitfrageninterviews geführt, bei denen der Interviewer die vorgegebenen Leitfragen in ein offenes Gespräch einbringt. Die Jugendherbergseltern wurden aufgefordert, die folgenden Fragen zu beantworten:

- Für welchen Bereich möchten Sie sich (weiter) qualifizieren?
  Gegenwärtige Aufgabenbereiche zukünftige (neue) Aufgaben.
- Welche Aufgaben sind Ihnen besonders wichtig (weitere Qualifikation)?
- Welche Qualifikationen haben Sie bereits erworben?
- Welche möchten Sie erweitern, vertiefen bzw. neu erwerben?
- Welche Möglichkeiten zum Erwerb der Qualifikationen kennen sie bereits, welche können Sie sich vorstellen?
- Was wird Ihnen durch den Erwerb der Qualifikationen erleichtert oder erschwert?
- Wer bemerkt in Ihrem Umfeld, daß Sie sich verändert haben?
- Was ist zu tun?

Voraussetzung für ein Interview ist ein Kontrakt mit dem Gesprächspartner über Anlaß, Zweck und Ablauf des Gespräches. Außerdem sollte die weitere Verwendung der Informationen vereinbart werden, so daß die Interviewpartner keinen Mißbrauch der Daten zu befürchten haben. Zudem ist eine kurze „Aufwärmphase" einzuplanen, um dem Interviewten Gelegenheit zu geben, sich an die Gesprächssituation zu gewöhnen.

Die Methoden des strukturierten Interviews lenken das Bewußtsein des Interviewpartners auf verborgene Gedanken (subjektive Deutungen). In Verbindung mit situationsgerechten Prozeßfragen werden unterbewußte Erwartungen und Vorstellungen angesprochen und artikuliert.

Die akustisch aufgezeichneten Interviews dauerten jeweils zwischen 45 und 90 Minuten. Zusätzlich war eine Vorbereitungszeit von etwa 60 Minuten und eine Auswertungsdauer von 180 Minuten pro Interview notwendig.

Die Auswertung (sie erfolgte anonym) der Tonbandaufzeichnungen erwies sich als der aufwendigste Arbeitsabschnitt. Die zentralen Aussagen wurden während des Abhörens der Tonbandaufzeichnungen auf Karten schriflich fixiert. Anschließend wurden diese Karten in einzelne Cluster geordnet und den hieraus resultierenden Kategorien zugeordnet:

- Fachkompetenz
- Methodenkompetenz
- Sozialkompetenz
- Persönliche Kompetenz
- Informationen
- Appelle an den Landesverband

Gerade die Frage nach den Erwartungen und den Wünschen an den Landesverband brachten wichtige Ansatzpunkte und konkrete Hinweise für die weitere Arbeit.

Die so strukturierten Aussagen wurden in einen Bericht zusammengefaßt, der dem Arbeitskreis „Aus- und Fortbildung", der Landesgeschäftsstelle (Landesgeschäftsführung) und dem Vorsitzenden des Landesverbandes vorgelegt wurde.

## 3. Die Rückkopplung der Daten an das soziale System

Im Auswertungsgespräch wurden die Ergebnisse gesichtet, diskutiert und bewertet. Dabei wurden von den beteiligten Zielgruppen unterschiedliche Interpretationen zum Klärungsprozeß vorgetragen. Die Gruppe der Herbergselternvertreter (Mitglieder im Arbeitskreis Aus- und Fortbildung) fanden ihre Erwartungen bestätigt. Die Vertreter der Landesgeschäftsstelle Düsseldorf waren über die Wünsche und den Weiterbildungsbedarf erstaunt.

Der Landesgeschäftsführer fand sich in seinen Erwartungen bestätigt, deutete die Wünsche und Erwartungen (Interviewergebnisse) der Herbergseltern jedoch als subjektive Äußerungen: „Na, das kann wohl nicht für alle Herbergseltern repräsentativ sein!" Die Grundaussagen wurden aber von allen (Mitglieder des Arbeitskreises Aus- und Fortbildung) akzeptiert und bildeten die Basis für eine Konzeption zur langfristigen Weiterbildung der Mitarbeiter im Landesverband.

Vereinbart wurde, daß die Entscheider für die Fortbildungsbausteine der Methoden-, Sozial- und Kommunikationskompetenz durch den Berater erste Ideen zu einer langfristigen Fortbildungsplanung erhalten. Für die Bereiche der Fach- und Persönlichkeitskompetenz war die Gruppe der Herbergselternvertretung aufgefordert, einen Konzeptentwurf zu erstellen. Für Qualifizierungsmaßnahmen der Mitarbeiter in der Landesgeschäftsstelle Düsseldorf wurden ebenfalls die Konzeptvorschläge des Arbeitskreises Aus- und Weiterbildung angefordert.

## 4. Die Phase der Veränderung

### 4.1 Konzeption zur Team-Entwicklung für Herbergseltern und Mitarbeiter der Landesgeschäftsstelle

Im Anschluß an die Diagnose des Systems wurden erste Veränderungen durch die systemische Beratung unterstützt. Schwerpunkt der Beratung war auch hier nicht die

Entwicklung eines neuen Fortbildungskonzeptes, sondern die Verbesserung der systeminternen Strukturen und Regeln. In die Team-Entwicklung wurden sowohl die Mitarbeiter der Landesgeschäftsstelle, als auch die Herbergseltern aufgenommen. Im ersten Schritt wurde mit den 65 Herbergseltern und den 15 Mitarbeitern der Landesgeschäftsstelle in einem dreitägigen Team-Training gearbeitet. In Gruppen von maximal 15 Teilnehmern wurden Themen des Landesverbandes bearbeitet. Gleichzeitig wurden Methoden zur Verbesserung von Information und Kommunikation trainiert und Zielvereinbarungen für die Zukunft getroffen.

### 4.2 Ziele der Maßnahmen

Alle Mitarbeiter der Zielgruppe sollten innerhalb des Seminars die Regeln und Mechanismen ihres Systems kennen und auch persönlich erfahren haben. Die Arbeit an Sachthemen sollte diesen Praxistransfer ermöglichen.

Die Mitarbeiter sollten:

- wissen, welche Bedeutung produktive Team-Arbeit hat
- wissen, wie Störungen entstehen, welche Kommunikationsmethoden eine gute Zusammenarbeit fördern und damit zur persönlichen Zufriedenheit beitragen
- Kommunikationsmodelle kennen (z.B. die vier Seiten einer Botschaft zwischen Sender und Empfänger, Erklärungsmodelle aus der Transaktionsanalyse und der themenzentrierten Interaktion)
- ihre persönliche Wirkung kennen (praxisnahe Rollenübungen)
- wissen, wie Unternehmensinformation (Marketing-Aktionen) wirken und bedarfsbezogen umgesetzt werden
- Techniken der Moderation für Kurzbesprechungen und Mitarbeiter-Meetings kennen
- den Entwurf einer „Team-Charta“ kennen und Schritte zur Anwendung beschließen.

Die Teilnehmer einigten sich zu Beginn des Seminars auf diese Ziele und entwickelten einen detaillierten Ablaufplan für das Seminar. So konnten sich die Teilnehmer mit „ihrem“ Seminarprogramm identifizieren, und der Berater konnte sich auf die Einzelheiten im Training präzise vorbereiten und Erfolge und Mißerfolge meßbar machen.

### 4.3 Systemregeln: Team Charta im DJH-Landesverband Rheinland

Ein Schwerpunktthema des Seminars waren die formellen und informellen Regeln innerhalb des Landesverbandes. Im Rahmen der Analyse war deutlich geworden, daß eine Reihe dieser Regeln zwar nicht eingehalten, dies aber auch nicht sanktioniert wurde. Dies erschwerte die Zusammenarbeit erheblich. Von den ursprünglich 13 Verhaltensregeln der „Team-Charta im Landesverband“ wurden die wesentlichen Regeln in acht Team-Regeln zusammengefaßt. Die Teilnehmer wünschten insbesondere ein Training der folgenden Themen:

- Durchführung von Besprechungen
- Pünktlichkeit
- faire Kommunikation mit „Zuhören“ und „Ausreden lassen“
- Bezugnahme auf Beiträge des Vorredners
- Bemühungen um ein konstruktives Besprechungsergebnis
- Protokollierung der Ergebnisse und Verteilung der Protokolle
- konsequente Umsetzung der Absprachen
- engagierte Unternehmensentwicklung

Deutlich wurde in der Diskussion, daß diese Formulierungen stellenweise noch zu allgemein waren und keine konkreten Regeln enthalten. Z.B. benennt „Durchführung von Besprechungen“ lediglich den Themenbereich, für den Regeln erforderlich sind, enthält aber noch keine konkreten Handlungsgrundsätze.

Auf dem Hintergrund dieser Diskussion wurde die Team-Charta von einem Herbergsvater gemeinsam mit der Landesgeschäftsstelle überarbeitet. Daraus entstand folgende Endfassung:

„Wir beachten beim täglichen Umgang miteinander, bei Gesprächsrunden und Tagungen etc. folgendes:
1. Ehrlicher und offener Umgang miteinander.
2. Positives und konstruktives Denken.
3. Kritikfähig und kompromißbereit sein.
4. Keine persönlichen Angriffe.
5. Die Inhalte kurz und sachlich vortragen.
6. Aktiv zuhören, Verständnisfragen erwünscht.
7. Ergebnisse akzeptieren und gemeinsam tragen.“

### 4.4 Regeln und Methoden für Team-Besprechungen

Nach dem gleichen Verfahren wurden Regeln für künftige Team-Besprechungen festgelegt, auf die sich die Team-Mitglieder einigten. So sollen Team-Besprechungen regelmäßig zu festen Zeiten stattfinden, nach bestimmten Regeln ablaufen und protokolliert werden. Zudem wurden Fragen formuliert, die in jeder Team-Sitzung geklärt werden sollen. Gleichzeitig wurde aber auch versucht, Regeln zu finden, um die Atmosphäre der Team-Sitzungen zu verbessern. Entwicklungsfragen dazu waren:

**„Wie praktizieren wir systematische Zielvereinbarungen und leben eine partnerschaftliche, verbindliche Kommunikation in Rolle und Funktion?“**

**„Wie können wir Produktivität und Menschlichkeit so miteinander verbinden, daß Klarheit, Herzlichkeit und Lebensfreude in unserem Team entwickelt werden?“**

## 4.5 Die Teamentwicklungsuhr

Das Trainings-Team diskutierte die einzelnen Phasen der Gruppendynamik bezüglich des Führungs- und Team-Bildungsprozesses des
- Gesamtsystems DJH Landesverband
- Subsystems der Jugendherberge
- Subsystems der Herbergseltern und Mitarbeiter der Landesgeschäftsstelle
- Subsystems der Trainings-Tischgruppe.

**Die einzelnen Phasen der Veränderung des sozialen Systems**

Hintergrund dazu bildeten die von Tuckman und Bernstein/Lowy erarbeiteten „Phasen der Gruppenentwicklung“:

| | | | |
|---|---|---|---|
| forming | = | Orientierung | Phase 1 |
| storming | = | Machtkampf Frustration | Phase 2 |
| norming | = | Intimität Harmonie | Phase 3 |
| performing | = | Produktivität Abschluß | Phase 4 |

Die Team-Trainingsgruppen versuchten dabei, den jeweiligen Entwicklungsstand der einzelnen Systeme festzustellen, definierten den Entwicklungsstand der einzelnen Gruppen in einer „Teamentwicklungsuhr“ und formulierten Ideen, die zur Weiterentwicklung der Systeme beitragen.

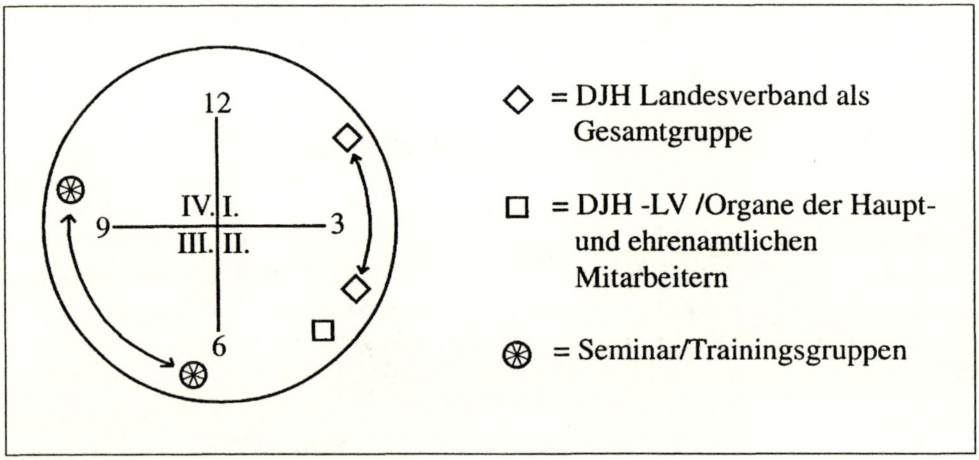


Dabei ergab sich:

- Vier der fünf Team-Trainingsgruppen sind der Ansicht, daß sich der Landesverband als Gesamtgruppe noch in der Phase 1 (Orientierung) befindet.
- Alle Teams sind der Ansicht, daß sich der Landesverband mit seinen Mitgliedern (Organen der haupt- und ehrenamtlichen Mitarbeiter) auch in der 2. Phase (Machtkampf) befindet.

- Fast alle Teams erkennen sich in der 3. Phase des Norming bei der Team-Entwicklung als Seminargruppe. Einige Teams betonen hierbei die noch kritischen Punkte, z.B.:
  Abstand/Kluft zwischen Anspruch und Wirklichkeit, das heißt unter anderem, es sind Intra-/Interrollenkonflikte sowie das Verhältnis zur Führung in Düsseldorf zu klären, Prioriäten zu setzen, Zielvereinbarungen stärker zu verfolgen und durchzusetzen, offene und faire Kommunikation, mehr Feedback und Vertrauen zu fördern.
- Zwei Teams sahen sich im Team-Training in der 4. Phase, der des Performing.

## 4.6 Der Aktivitätenspeicher

In der Auseinandersetzung mit Fragen zur Team-Entwicklung und zu Wegen der Entwicklung des Systems ist ein dynamisches Verfahren sichtbar geworden, das dokumentiert wurde (Maßnahmenplan). Für die Beteiligten des Systems gibt es Orientierung und eröffnet Chancen zur Team-Entwicklung im DJH Landesverband Rheinland e.V.

Zur weiteren Bearbeitung des anstehenden Maßnahmenbündels im Sinne der Organisations- und Personalentwicklung wurden verbindliche Kontrakte geschlossen und die Ergebnisse im Aktivitätenspeicher festgehalten:

| | |
|---|---|
| Lfd.-Nr.: | ........................................................ |
| Titel/Thema/Aktivtät: | ........................................................ |
| Wer mit wem: | ........................................................ |
| Bis wann: | ........................................................ |
| Ergebnis: | ........................................................ |

Im einzelnen ergaben sich daraus Maßnahmen zu 4 Themenbereichen:

### Themenbereich 1: Unternehmensentwicklung

- Ziele des Landesverbandes (Definition der strategischen und operativen Ziele)
- Richtlinien überarbeiten (zur Führung einer Jugendherberge)
- Interne Organisation definieren und Kompetenzen in der Landesgeschäftsstelle Düsseldorf festlegen (Stellenbeschreibung, Kompetenzen, Rollen, Beurteilungsgespäche mit Mitarbeitern führen etc.),
- Besprechungen im Landesverband optimieren (auf allen Ebenen)
- Information und Kommunikation weiter verbessern (Ergebnisse der Team-Entwicklung beachten!),
- Gegenseitige Information, z.B. dem Kennenlernen der Arbeitsplätze in den Jugendherbergen und in der Landesgeschäftsstelle

### Themenbereich 2: Interviewergebnisse

- sichten, bewerten, in Folgeplanung einbeziehen

- Ergebnisse des Erfahrungsaustausches schriftlich fixieren etc.
- Wünsche und Erwartungen an die Landesgeschäftsstelle bzw. den Landesgeschäftsführer bearbeiten.

**Themenbereich 3: Team-Entwicklung**

- Vertrag mit sich selbst bearbeiten. Motto: Was war für mich das Wichtigste, was verändere ich ab wann in meinem persönlichen Verhalten, in meinem Umfeld, bis wann überprüfe ich welche Teilergebnisse? etc.
- Lernpartnerschaft/Lern-Tandem verbindet Personen mit vertrautem Umgang, Wertschätzung und gegenseitiger Akzeptanz mit dem Ziel des gegenseitigen Erfahrungsaustausches, Begleitung des persönlichen Lernvertrages und Unterstützung beim Praxistransfer
- die Thematik „Team-Entwicklungsuhr“ wird in regelmäßigen Abständen erörtert und erneut bewertet
- der Umgang mit schwierigen Situationen und Konfliktmanagement, verstanden als Prozeß der ständigen Entwicklung und Sensibilisierung.

**Themenbereich 4: Folgeschritte**

- interne Absprachen zum Praxistransfer kontraktieren
- weitere Qualifizierungsschritte erörtern und beschließen
- Planung der Bausteine zur Team-Entwicklung Teil 2

## 5. Ergebnisse und Ausblick

Im Auswertungsgespräch zeigte sich, daß das gewohnte Kampf- und Angriffsverhalten noch immer auftritt. Einzelne Mitarbeiter scheinen sich an den Veränderungen kaum beteiligt zu haben. Die Mitarbeiter waren sich jedoch einig, daß weitere Trainings- und Arbeitsschritte – mit Supervision in kritischen Situationen und Prozeßbegleitung – folgen sollten.

Nach einem Zeitraum von sechs Monaten zeigten sich konkrete Ergebnisse zur Verbesserung der internen Informations- und Kommunikationsstruktur zwischen Herbergseltern und Mitarbeitern der Landesgeschäftsstelle. Zur langfristigen, produktiven Team-Entwicklung im Landesverband tragen insbesondere die Lern- und Aktionsschritte der Mitarbeiter bei. Wichtig waren aus der Sicht der Team-Mitglieder vor allem das Training einer sensibleren Gesprächsführung, die Einführung der Team-Charta und bessere telefonische Kontaktmöglichkeiten.

**Franziskus Sauer**

# Systemische Organisationsentwicklung an der Hochschule für Technik und Wirtschaft des Saarlandes im Bereich Forschung und Entwicklung (F&E)

## 1. Einleitung

Für Forschung und Entwicklung stehen in der Bundesrepublik Deutschland heute weniger finanzielle Ressourcen zur Verfügung als vor zehn Jahren. Der Aufbau einer leistungsfähigen Infrastruktur für Forschung und Entwicklung kann daher nicht mehr allein durch finanzielle Anreize erreicht werden. Es geht vielmehr darum, bestehende Strukturen und Mittelverteilungen so zu verändern, daß ohne eine nennenswerte Erhöhung der Ausgabenseite mehr Innovation durch Forschung und Entwicklung erreicht wird. Es geht darum, die Kreativität und Innovationsfreudigkeit der Mitarbeiter in den Unternehmen von „innen heraus" durch ihre Beteiligung und Berücksichtigung ihrer Bedürfnisse zu mobilisieren.

Im Folgenden wird ein Modellvorhaben dargestellt, in dem durch systemische Organisationsentwicklung versucht wird, die Innovation im Bereich Forschung und Entwicklung (F&E) an einer Fachhochschule zu steigern. Dabei werden zunächst die Elemente des Systems „Hochschule" ausführlich dargestellt. Es wird gezeigt, daß es nicht sinnvoll ist, scheinbar unbeteiligte Personengruppen aus dem Veränderungsprozeß auszuschließen. Ein zweiter Schwerpunkt der Darstellung liegt auf der Ebene von Regeln, die Veränderungen an einer öffentlichen Institution unterstützen können.

## 2. Ausgangssituation

Die Aufgaben der Fachhochschulen waren bis vor wenigen Jahren auf die Lehre beschränkt. Erst in den vergangenen Jahren wurden in den einzelnen Bundesländern die gesetzlichen Rahmenbedingungen für Technologietransfer erweitert. Angewandte Forschung und Entwicklung ergänzen nun den Lehrauftrag. Diese neuen Aufgaben sind vor allem durch die Praxisorientierung der Fachhochschulen gerechtfertigt, die eine fast ideale Einheit von Lehre und Technologietransfer ermöglicht.

An den Fachhochschulen studieren überwiegend Studenten aus der umliegenden Region. Diese regionale Verbundenheit ist auch auf die angewandte Forschung und Entwicklung übertragbar und führt so insbesondere zu einem Technologietransfer zu kleinen und mittleren Unternehmen (KMU). Diese Unternehmen können normalerweise aus finanziellen Gründen keine eigenen Forschungs- und Entwicklungsabteilungen aufbauen. Andererseits sind sie im Vergleich zu Großunternehmen wesentlich flexibler. Eine funktionierende Kooperation in den Bereichen Technologietransfer und Forschung und Entwicklung kann daher zu einem wesentlichen strukturpolitischen Faktor werden.

Die Infrastruktur der Fachhochschulen ist für eine angewandte Forschung und Entwicklung noch sehr ungenügend entwickelt. Die Lehrbelastung der Fachhochschullehrer ist mit 18 Stunden Lehrverpflichtung deutlich höher als an Universitäten (8 Stunden). Es stehen kaum Wissenschaftliche Mitarbeiter zur Verfügung. Eine Promotionsmöglichkeit, als Motivator für die besten Absolventen, ist an Fachhochschulen bislang so gut wie nicht vorhanden. Die finanzielle Förderung der Forschungs- und Entwicklungsprojekte ist im Vergleich zu Universitäten oder gar den nationalen Forschungseinrichtungen äußerst gering.

An der Hochschule für Technik und Wirtschaft des Saarlandes wurde in den Jahren 1989 bis 1992 ein Modellvorhaben „Stimulierung anwendungsbezogener Forschung und Entwicklung an Fachhochschulen (SAFF)" durchgeführt. Dieses Vorhaben wurde vom Bundesminister für Wissenschaft und Bildung und dem Saarland je zur Hälfte finanziert. Ziel dieses Modellvorhabens war die Entwicklung und Erprobung eines anreizorientierten Instrumentariums zur Stimulierung und Stärkung der anwendungsbezogenen Forschung an Fachhochschulen sowie des Technologietransfers in enger Verzahnung von Hochschule und Wirtschaft (vgl. Abschlußbericht zum Modellvorhaben SAFF 1992).

## 3. Theoretischer Rahmen

### 3.1 Elemente des Systems Hochschule

Eine Hochschule ist ein soziales System. Dieses soziale System setzt sich zunächst aus Individuen zusammen, die im wesentlichen den Gruppen der Hochschullehrer (Professoren), der Hochschulverwaltung (Beamte und Angestellte), Studenten (im Studium, Diplomanden, im Praxisjahr) und Wissenschaftlichen Mitarbeitern (in Forschungs- und Entwicklungsprojekten) zuzuordnen sind.

Die einzelnen Gruppen und deren Mitglieder haben unterschiedliche Erwartungen an das System Hochschule. Diese resultieren vorrangig aus den jeweiligen Gruppeninteressen. Die Mitglieder dieser unterschiedlichen Gruppen haben jeweils gemeinsame Verhaltensregeln und darauf basierende jeweils gemeinsame Deutungen (vgl. König/Volmer 1999, 31ff.). Die Gruppeninteressen sind sehr stark tradiert. Daraus ergeben sich die spezifischen Rollen des Hochschullehrers, des Studenten, des Verwaltungpersonals und des Wissenschaftlichen Mitarbeiters. Einer Veränderung des Systems Hochschule stehen damit diese traditionellen Rollen in erheblichem Maße hemmend entgegen.

Die Studenten streben ein Diplom an, um ihre Möglichkeiten im Erwerbsleben zu verbessern. Ihre Rolle ist von einem Interessenkonflikt bestimmt. Einerseits möchten sie eine möglichst hohe professionelle Qualifikation für den Beruf erreichen. Dies bedeutet für sie eine hohe Anforderung an die Studierfähigkeit. Andererseits haben sie in vielen Jahren die Schülerrolle so verinnerlicht, daß sie versuchen, ihren persönlichen Aufwand zu minimieren, um zur Verbesserung ihres Lebensunterhaltes zu jobben sowie einen hohen Freizeitwert während des Studiums zu erreichen. Der Interessenkonflikt zeigt sich auch in der lautstarken Forderung nach möglichst großer akademischer Freiheit und gleichzeitiger Forderung nach kleinen Semesterverbänden (Klassenbildung), Lehrstoffeingrenzung (Stoffpläne), eng definierten Prüfungsthemen und Reduzierung der Fächervielfalt. Für Veränderungen des Systems sind die Studenten, sofern nicht ihre Studieninteressen nachhaltig betroffen sind, relativ offen.

Das Personal der Hochschulverwaltung ist Teil des Öffentlichen Dienstes. Damit üben die Verwaltungsmitarbeiter ihren Beruf mit begrenzten finanziellen Erwartungen und geringen Aufstiegsmöglichkeiten aus. Die Eingruppierung erfolgt nach starren Arbeitsplatzbeschreibungen. Das öffentliche Dienstrecht erlaubt außerhalb der Regelbeförderung und des engen Stellenkegels keine Möglichkeit, das Personal durch monetäre Anreize oder Karrierepläne zu motivieren. Eine aktive Personalentwicklung ist kaum möglich. Unter diesen Bedingungen steht die typische Rolle des Personals im Öffentlichen Dienst. Demzufolge ist bei Veränderungen im System mit erheblichem Widerstand zu rechnen. In der Regel wird Dienst nach Vorschrift praktiziert. Diese Vorschriften engen die Rolle ein, geben aber gleichzeitig die Sicherheit, formell keinen Fehler zu machen.

Die Professoren lehren und forschen im Rahmen ihrer Dienstaufgaben. Diese gründen sich vorrangig auf traditionelle Privilegien. Damit ist in erster Linie die akademische Freiheit zu Forschung und Lehre, die Selbstverwaltung und das Berufungsrecht zu nennen. In der Rolle eines Professors wird eine hohe fachliche Reputation als Lehrer und Forscher angestrebt. Bei einigen wird die Persönlichkeit durch eine gewisse pädagogische Neigung sowie fachliche Leidenschaft geprägt. Dazu kommt ein meist stark ausgeprägter Individualismus und – durchaus legitime – Interessen an einer wirtschaftlichen Verwertung ihres Wissens und ihrer Forschungsergebnisse. Aufgrund der dominierenden Stellung der Professoren in der Selbstverwaltung der Hochschule ist eine Veränderung im System Hochschule nur im Konsens mit dieser Gruppe möglich. Dieser Konsens kann nur über einen Organisationsentwicklungsprozeß erreicht werden. In der Regel ist dieser Prozeß eine Anpassung der Hochschule an den Zeitgeist (Nachentwicklung der Hochschulen an gesellschaftliche Prozesse) oder das Ergebnis zielgerichteter individueller Aktivitäten einzelner starker Persönlichkeiten innerhalb des Systems Hochschule. Eine Organisationsentwicklung innerhalb der Hochschule als ein geplanter zielorientierter Prozeß ist eher eine Ausnahme.

Bei den Wissenschaftlichen Mitarbeitern in F&E-Projekten ist das Primärinteresse vorrangig fachlicher Art. Dieses ist aus einer schwerpunktartigen Beschäftigung mit bestimmten Themen während ihres Studiums gewachsen und zeigt eine hohe Beziehungsorientierung zu den jeweiligen projektleitenden Hochschullehrern, die in der Regel auch ihre Diplomarbeit betreut haben. Die wissenschaftlichen Assistenten sind an den Fachhochschulen nur auf Zeit beschäftigt (max. 5 Jahre). Für sie ist damit normalerweise das System Hochschule auf ihre aktuellen F&E-Projekte reduziert. Sie stehen einem Veränderungsprozeß im System Hochschule in der Regel neutral gegenüber.

Das System Hochschule ist in eine Systemumgebung eingebettet. Dies sind die Wissenschaftsverwaltung in den Ministerialbürokratien, die Zulieferer der Hochschule für die Studenten (Gymnasien und Fachoberschulen), die Unternehmen aus Wirtschaft und Verwaltung, die Abnehmer der Absolventen der Hochschule sind oder die an Forschung und Entwicklung sowie dem Technologietransfer interessiert sind und die öffentliche Meinung, bei der das Image der Hochschule eine große Rolle spielt. Auch diese Elemente haben unterschiedliche Erwartungen an die Hochschule und gruppenspezifische Verhaltens- und Deutungsmuster.

Die unterschiedlichen Verhaltensregeln der Personen, die den einzelnen Hochschulgruppen zugehörig sind, führen zu sehr unterschiedlichen Interaktionsstrukturen.

Als Beispiel für die unterschiedlichen Erwartungen und Verhaltensmuster der einzelnen Gruppen möchte ich die Organisation einer Vortragsveranstaltung in den frühen Abendstunden anführen.

Die Hochschullehrer können im Rahmen ihrer Vorlesungsverpflichtung ihre Arbeitszeit frei einteilen. Sie können für eine Mitarbeit gewonnen werden, wenn sie davon überzeugt sind, daß dies für sie selbst oder die Hochschule im allgemeinen sinnvoll ist.

Die Mitarbeiter der Verwaltung im Öffentlichen Dienst sind einer festen Arbeitszeit unterworfen. Sie können dann für eine Mitarbeit gewonnen werden, wenn diese Arbeit zu ihrem beschriebenen Aufgabenbereich gehört und sie einen Ausgleich für die geleistete Arbeitszeit erhalten.

Für Studenten besteht in der Regel keine Anwesenheitspflicht. Sie beteiligen sich an einer Veranstaltung nur dann, wenn dies Themen von gesellschaftlicher Bedeutung sind, sie dafür ein zusätzliches Entgelt als Wissenschaftliche Hilfskraft erhalten oder wenn sie in einem Abhängigkeitsverhältnis zum organisierenden Hochschullehrer stehen.

Die Wissenschaftlichen Mitarbeiter können sich ihre Zeiten nicht völlig frei einteilen. Sie verhalten sich einerseits wie die Gruppe der Hochschullehrer und arbeiten dann mit, wenn sie selbst davon überzeugt sind, daß dies für sie selbst oder die Hochschule im allgemeinen sinnvoll ist. Andererseits zeigt sich auch oft ein „Studentenverhalten". Das heißt, eine Mitarbeit ist nur bei einem Ausgleich oder einem Abhängigkeitsverhältnis (Vorgesetzter ist Veranstalter) zu erwarten.

## 3.2 Ansätze für Veränderungen

Auf Basis eines systemischen Ansatzes ist eine Steigerung der Aktivitäten in Forschung und Entwicklung nicht durch individuelle Maßnahmen zu erreichen, da es nicht ausreicht, nur einzelne Hochschullehrer zu motivieren. Dieser Ansatz verlangt eine Veränderung des sozialen Systems der Fachhochschule.

Damit stellt sich die Frage, wie das soziale System Fachhhochschule zu organisieren ist, um die angestrebte deutliche Steigerung der F&E-Aktivitäten zu erhalten. Grundsätzlich bieten sich dafür drei zentrale Ansätze:

(1) Es müssen die für einen solchen Veränderungsprozeß zentralen Personen (Elemente des sozialen Systems) identifiziert werden. Auf diese richtet sich dann die Aufmerksamkeit des OE-Prozesses.

(2) Es müssen die subjektiven Deutungen verändert werden. Die Wichtigkeit von Forschung und Entwicklung muß den betreffenden Personen deutlich werden und dies muß auch einen vorrangigen Platz im Rahmen ihrer subjektiven Ziele einnehmen.

(3) Es müssen Regeln entwickelt und eine Ablauforganisation geschaffen werden, die die Intensivierung der Forschung und Entwicklung begünstigen.

Das konkrete Vorgehen dieser drei Ansätze wird im folgenden dargestellt.

Eine Ausweitung der Aufgaben der Fachhochschule über die anwendungsbezogene Lehre hinaus auf eine anwendungsbezogene Forschung und Entwicklung ist nur dann möglich, wenn die dominierende Gruppe der Professoren für diese Veränderung gewonnen werden kann. Daher wurden die systemverändernden Elemente gezielt auf diese Gruppe ausgerichtet. Die subjektive Deutung mußte verändert werden. Der Konsens, daß ein guter Professor sich ausschließlich auf die Lehre zu konzentrieren hat, mußte dahingehend verändert werden, daß eine gute praxisorientierte Lehre nur über eine praxisorientierte Forschung und Entwicklung gewährleistet ist. Dazu wurde die Projektleiterversammlung der Professoren, als Gremium der Meinungs- und Willensbildung der forschenden Professoren und eine Forschungskoordinationsstelle zur Beratung der Professoren eingerichtet. Gleichzeitig mußten die Professoren in die Lage versetzt werden, mit zusätzlichen Mitarbeitern und finanziellen Mitteln F&E-Projekte durchzuführen. Die Veränderung des Wertsystems, eine bessere Ausstattung und die Erhöhung des Ansehens sollten die Motivation und Stimulation für Professoren bilden.

Auf eine Integration der Studenten in die Organisationsentwicklung wurde verzichtet, da diese Gruppe als unbedeutend für das Modellvorhaben eingeschätzt wurde.

Des weiteren wurde die Verwaltung in den Modellversuch bewußt nicht eingebunden. Man erwartete von dieser Seite wenig Interesse, eher Ablehnung in Anbetracht der zusätzlichen Arbeitsbelastung. Man befürchtete sogar, daß eine Beteiligung der Verwaltung den Prozeß negativ beeinflussen (bürokratisieren) könne.

Da zu Beginn des Prozesses die Gruppe der Wissenschaftlichen Mitarbeiter noch nicht existierte, wurde diese erst im Laufe der Organisationsentwicklung mit eingebunden.

Die Systemumgebung wurde durch einen Wissenschaftlichen Beirat vertreten, der sich aus Vertretern von Ministerien, Wirtschaft und Verbänden zusammensetzt. Dieses Gremium sollte Veränderungsprozesse zwischen dem System Hochschule und der Systemumwelt unterstützen und die Hochschule bei der Verteilung der Forschungsmittel beraten.

Auf eine formelle Anbindung der Organisationsentwicklung an die Hochschulgremien wurde bewußt verzichtet. Die Regeln dieser Gremien sind vorrangig gruppenorientiert. Dies hätte den erwünschten interdisziplinären Ansatz der Forschung und Entwicklung gestört. Der Prozeß sollte daher informell neben den formellen Strukturen in Gang gesetzt werden.

Der Prozeß der Organisationsentwicklung wurde von zwei Professoren, die den Modellversuch als Geschäftsführung leiteten, und einer Forschungskoordinationsstelle gelenkt.

Diese hatten vorrangig die Aufgabe, die Hochschullehrer anzusprechen, die subjektiven Deutungen bezüglich der Forschung und Entwicklung an der Fachhochschule zu verändern und eine neue Ablauforganisation für Forschung und Entwicklung aufzubauen.

## 4. Konkretes Vorgehen

Zu Beginn des Modellvorhabens wurden einige Voraussetzungen geschaffen. Dazu gehörten ein erforderlicher Finanzrahmen und Regeln für die Vergabe der Mittel, Foren der Forscher, ein Beratungsgremium, eine Betreuungsstelle und ein flexibles Regelwerk (Verfahrensordnung), welches den Prozeß der Zusammenarbeit definiert.

### 4.1 Finanzierung

Zur Finanzierung der F&E-Projekte wurden ein flexibler Stellenpool und ein Finanztitel geschaffen, der ausschließlich einer Anschubfinanzierung dient. Dafür wurden entsprechende Regeln aufgestellt. Die F&E-Projekte sollen sparsam haushalten und Drittmittel einwerben. Die Höhe der Drittmittel waren die Indikatoren für Praxisorientierung und Marktnähe. Die maximale Projektförderung von zwei Jahren gewährleistet die Flexibilität des Finanzinstruments, da die Mittel nicht für bestimmte Projekte gebunden waren. Obwohl Forschung und Entwicklung bei einer längerfristigen Grundfinanzierung wesentlich einfacher ist, hat sich über die Jahre bei den betroffenen Professoren eine allgemeine Akzeptanz dieser Grundsätze durchgesetzt.

Um die Effektivität der Verwendung der Mittel zu gewährleisten, wurden die Projektleiter ermuntert, durch inhaltlich und finanziell aufeinander abgestimmte Forschungs- und Entwicklungsprojekte Schwerpunkte zu bilden. Auch diese finanzpolitische Regelung hat sich bewährt. So haben verschiedenene Projekte eines Schwerpunktes gemeinsam auf Wissenschaftliche Mitarbeiter, Geräte und auch Finanzmittel zurückgegriffen.

### 4.2 Regelwerk

Zu Beginn des Organisationsentwicklungsprozesses wurde in der Diskussion mit interessierten Professoren und dem Wissenschaftlichen Beirat eine Verfahrensordnung geschaffen. Diese fixiert schriftlich die Funktionen der einzelnen Gremien und das Verfahren für die Vergabe der Fördermittel. Dabei wurde vor allem auf Flexibilität und die Entscheidungsfreiheit der Gremien geachtet. Auf einengende Vorschriften wurde verzichtet. Dieses Regelwerk diente als formelle Ausgangsbasis für den Umgang miteinander. Sie bietet genügend Spielraum, um mit ihr im Konsensverfahren informell zu arbeiten und gibt gleichzeitig klare Regelungen, um ohne Streitereien Entscheidungen zu fällen.

### 4.3 Gremien und Arbeitskreise

Die Initiatoren und Leiter von F&E-Projekten sind die Professoren. Ihr Forum ist die Projektleiterkonferenz. Die meisten Veränderungen des Organisationsentwicklungsprozesses gingen von diesem Gremium aus. Bis auf wenige Ausnahmen konnten alle Entscheidungen im Konsens getroffen werden. Die Projektleiter haben sich regelmäßig über ihre F&E-Vorhaben gegenseitig informiert. Aus dieser offenen Informationspolitik resultieren starke synergetische Effekte und Schwerpunktbildungen.

Der Wissenschaftliche Beirat berät die Hochschule und gibt Empfehlungen für die Förderung von F&E-Projekten und die Schwerpunktbildung für F&E an der Hochschule. Insbesondere die Interaktionen zwischen der Projektleiterkonferenz (Forscher und Antragssteller) und dem Beirat (Praktiker und Gutachter) haben zu einer deutlichen Verbesserung der F&E-Anträge und des transparenten Antragsverfahrens geführt. Als positiv wurde empfunden, daß die Annahme bzw. Ablehnung eines beantragten Forschungs- und Entwicklungsprojektes von einem unabhängigen externen Gremium vorgenommen wurde. So wurden absehbare Konflikte um die Verteilung der begrenzten Mittel auf die Projektanträge, die in der Summe das Haushaltsvolumen normalerweise um ein Mehrfaches überschritten, vermieden.

Die Wissenschaftlichen Mitarbeiter haben sich zur Wahrung ihrer Interessen zu einem Arbeitskreis zusammengeschlossen. Die Anregungen dieses Arbeitskreises werden an die Projektleiterkonferenz weitergegeben.

Zur Beratung und Betreuung der F&E-Projekte wurde eine Forschungskoordinationsstelle eingerichtet. Daneben betreut sie die Öffentlichkeitsarbeit für die F&E und Antragstellungen zur Finanzierung durch den Bund oder der Europäischen Union.

### 4.4 Aufgaben einer Forschungskoordinations-Stelle

Die Stimulierung der Forschungs- und Entwicklungsaktivitäten ist nur über freiwilliges Engagement der einzelnen Hochschullehrer zu erreichen. Diese gehen in ihren subjektiven Deutungen vorrangig davon aus, daß ihre Arbeitsbelastung kaum erhöht werden kann und daß die Qualität ihrer Lehre auch ohne Forschung und Entwicklung gewährleistet ist.

Zuerst wird das Interesse der Personen im System Hochschule geweckt. So wird durch Ausstellungen und Informationsveranstaltungen die interne Öffentlichkeit des Systems auf die F&E-Aktivitäten aufmerksam gemacht. Damit wird das Interesse einzelner Hochschullehrer geweckt. Dies gelingt insbesondere dann gut, wenn Repräsentanten aus der Politik und der Wirtschaft in derartige Veranstaltungen mit eingebunden werden und dabei die Leistungen der Forschungs- und Entwicklungsprojekte explizit anerkannt werden. Durch derartige Veranstaltungen wird die subjektive Deutung „angewandte Forschung und Entwicklung ist gut für die Lehre, die Hochschule und die Region" verstärkt. Hochschullehrer, die sich an F&E-Projekten beteiligen, werden anerkannt und steigen in der Wertschätzung.

Die Professoren werden regelmäßig und gezielt von der Forschungskoordination auf F&E-Projekte angesprochen. Ausschlaggebend dafür ist das Lehrgebiet, welches die bestehenden Aktivitäten ergänzen könnte, die Persönlichkeit des betreffenden Hochschullehrers oder wenn diese ihr Interesse bereits explizit oder implizit geäußert haben. In diesen Motivationsgesprächen wird der Nutzen von F&E-Projekten für die Hochschule und die Region herausgestellt. Diese allgemein anerkannten Deutungen werden mit den subjektiven Deutungen der Gesprächspartner (z.B. Umweltschutz ist wichtig! oder Energiesparen ist notwendig!) in Verbindung gebracht und eine Möglichkeit erkundet, eine spezielle F&E-Idee zu entwickeln, bei der die Interessenlage des angesprochenen Hochschullehrers abgedeckt ist. Häufig werden in diesen Gesprächen bereits mögliche F&E-Projekte und deren Finanzierung formuliert.

Ein F&E-Projekt beginnt mit einem Finanzierungsantrag in Konkurrenz zu anderen F&E-Anträgen. Dafür muß die Projektidee inhaltlich durchdacht und nach zeitlichen, personellen und finanziellen Kriterien in einem Formular zu Papier gebracht werden. Dies bedeutet für den Erstantragsteller einen erheblichen Aufwand, wofür eine ausreichende Motivation vorliegen muß. Es sind aber gerade die Antragsteller, die eine ständige Verfeinerung der Antragsformulare initiieren. Die Mehrzahl der Antragssteller befürwortet schon bei der zweiten Antragsstellung das formale Verfahren, da es ihnen hilft, ihre Ideen nach den Kriterien des Projektmanagement zu durchdenken.

Die finanziellen Bedürfnisse für die beantragten F&E-Projekte übersteigen die finanziellen Möglichkeiten um ein Vielfaches. Daher müssen die meisten Antragsteller mit weniger Mitteln oder einige gar mit einer Ablehnung rechnen. Damit die Antragsteller bei Enttäuschungen nicht demotiviert werden und die Forschung und Entwicklung beeinträchtigt wird, muß das Verteilungsverfahren nach festgelegten Regeln transparent und gerecht verlaufen.

Deswegen stellen die Professoren ihre Projekte auf einer Projektleiterkonferenz vor und diskutieren gemeinsam darüber. Damit werden die subjektiven Deutungen über die eigenen und die anderen F&E-Projekte verändert. Dies hat zu erheblichen Synergieeffekten geführt, da die unterschiedlichen Qualifikationen der Antragsteller in vielen Fällen zu einer Zusammenarbeit in den vorgestellten oder ergänzenden Projekten geführt hat. Aus diesem Verfahren sind fast alle Kooperationen und Forschungsschwerpunkte entstanden. Heute arbeitet die Mehrzahl der Projekte über Fachgebiete und Fachbereiche hinweg zusammen.

So ist z.B. eine Zusammenarbeit im Bereich des Autorecyclings entstanden, bei dem Fahrzeugtechniker (Wie ist ein recyclinggerechtes Fahrzeug aufgebaut?) mit Chemikern (Wie kann man Kunststoffe zum Recycling identifizieren?), mit Konstrukteuren (Wie kann ich eine Recycling-Straße aufbauen?), mit Werkzeugwissenschaftlern (Wie müssen Trennwerkzeuge für Recycling aussehen?) und Betriebsinformatikern (Wie können Recycling-Kreisläufe gesteuert werden?) kooperieren.

Jeder Antragsteller kennt so die Konkurrenzanträge und deren Antragsteller und kann die Qualität der Projektideen mit dem eigenen Antrag vergleichen.

Alle Anträge werden nach einem vorher vereinbarten Bewertungsverfahren durch die Forschungskoordination vorbewertet. Je höher ein Antrag bewertet wird, um so mehr Stellen und Finanzmittel werden zur Verfügung gestellt. Daneben ist die „Lebensfähigkeit“ (Unter welchen Minimalbedingungen kann das Projekt noch durchgeführt werden?) zu berücksichtigen. Damit wird versucht, dem Zielkonflikt, „nur gute Projekte zu fördern“ und „möglichst viele Projekte zu fördern“, gerecht zu werden. Bessere Projektideen bekommen mehr Geld als schlechtere. Gleichzeitig soll die Anzahl der Projekte, die noch gefördert werden können, möglichst hoch sein. So wird erreicht, daß möglichst viele F&E-Projekte durchgeführt werden, ohne daß dabei die Qualität der Projektergebnisse zu sehr leidet (Vermeidung eines Gießkannenprinzips).

Das transparente Verfahren wurde akzeptiert, da alle Beteiligten die subjektive Deutung haben, daß ihre Anträge fair behandelt wurden. Die Professoren müssen das Gefühl haben, daß noch eine Möglichkeit besteht, ihre eigenen Projekte zu finanzieren, auch dann, wenn sie erkennen, daß bessere Anträge als ihre eigenen vorliegen. Es liegt eine Form von Gerechtigkeit vor, die zwar nie vollständig objektiv ist, aber im Verhältnis von Aufwand zu Ertrag den Versuch macht, möglichst objektiv zu sein. Das Bewertungsverfahren ist selbstverständlich regelmäßig in der Diskussion auf den Projektleitersitzungen. Ein anderes „vermeintlich besseres" Verfahren wurde nach Meinung der Projektleiter bisher nicht gefunden. Sie haben in der Vergangenheit immer diesem Verfahren den Vorzug gegeben.

Die F&E-Anträge und deren Vorbewertung werden von dem Wissenschaftlichen Beirat beraten, diskutiert und validiert. Er lädt einzelne Antragsteller für eine Erläuterung ihrer Projektidee ein und verändert die Vorbewertung aufgrund eigener Einschätzung. Der Beirat beschließt eine Empfehlung über die Förderung der Anträge an die Haushaltskommission.

Die abschließende Entscheidung obliegt der Haushaltskommission der Hochschule. Diese hat sich in der Vergangenheit immer der Empfehlung des Wissenschaftlichen Beirates angeschlossen, um internen Streitigkeiten aus dem Wege zu gehen. Interessanterweise ist insbesondere die subjektive Deutung der Freiwilligkeit des Verfahrens bei gleichzeitigen Mitwirkungsmöglichkeiten bei den Regeln für die Mittelverteilung und die transparente Vorgehensweise die Ursache für die hohe Akzeptanz.

Die Antragsteller werden über die Beweggründe der Empfehlungen des Wissenschaftlichen Beirates informiert. Anschließend entsteht sozusagen eine Tauschbörse, bei der die Antragsteller Stellen gegen Fördermittel oder Drittmittel tauschen, je nachdem welche Finanzierungsform ihnen als die geeignetste für ihr Projekt erscheint. Dies ist ein freiwilliger Korrekturmechanismus, der in gewissem Umfang akzeptiert wird, um Enttäuschung und Demotivation durch die Mittelverteilung zu vermindern. Bis heute hat sich diese Korrektur so in Grenzen gehalten, daß sie bisher an keiner Stelle thematisiert wurde.

## 5. Bewertung

Das Modellvorhaben „Stimulierung anwendungsbezogener Forschung und Entwicklung" an Fachhochschulen war erfolgreich. Heute werden Forschung und Entwicklung an der Hochschule für Technik und Wirtschaft des Saarlandes akzeptiert. Der Anteil der Professoren, die sich an Forschungs- und Entwicklungsprojekten beteiligt, liegt mit steigender Tendenz bei 40 Prozent. Die entscheidenden Faktoren für diese Entwicklung sind die Kommunikationsplattform der Projektleitersitzung, die den Professoren die Möglichkeit bietet ihre Interessen einzubringen, und das transparente

Verteilungsverfahren der Forschungsmittel durch einen unabhängigen Wissenschaftlichen Beirat.

Die Forschungskoordination hat sich im Laufe des Organisationsentwicklungsprozesses zum Zentrum der Kommunikation für alle F&E-Projekte entwickelt. Durch die systemische Betrachtungsweise wird versucht, die individuellen Vorstellungen aller Beteiligten des Systems und der Systemumgebung anzusprechen und zu diskutieren. Den an F&E-Projekten interessierten Professoren ist auf vielen Ebenen die Möglichkeit gegeben, ihre Vorstellungen einzubringen. Diese werden durch die Meinungen der Wissenschaftlichen Mitarbeiter, Diplomanden und beteiligten Studenten ergänzt. Die Systemumgebung ist im Wissenschaftlichen Beirat vertreten. Damit werden weitgehend im Konsens die Kriterien für die Bewertung von Forschungs- und Entwicklungsanträgen und die Forschungsschwerpunkte festgelegt. Die endgültige Verantwortung der Empfehlung für die Förderung der einzelnen Anträge wird freiwillig an den Wissenschaftlichen Beirat als ein externes, nicht aus Hochschulmitgliedern bestehendes Gremium gegeben. Damit werden mögliche Konflikte über die Bewertung und Verteilung innerhalb der Hochschule ausgeschlossen.

Die Studenten, die anfangs nicht in den Organisationsentwicklungsprozeß mit einbezogen wurden, werden erst gegen Ende ihres Studiums über Studienarbeiten und Diplomarbeiten mit F&E-Projekten konfrontiert. Diese scheinbare untergeordnete Rolle muß aber revidiert werden. Insbesondere die umweltrelevanten Themen der Forschung und Entwicklung haben sich sehr schnell als Schwerpunkte an der Hochschule herausgebildet. Die hohe Nachfrage nach umweltrelevanten Diplomarbeitsthemen von Seiten der Studenten hat diese Entwicklung maßgeblich mitbeeinflußt. Dieser Umstand zwang die forschenden Professoren, entweder Diplomarbeiten zu interessanten Umweltthemen abzulehnen oder die Forschungsaktivitäten auszubauen und in Zusammenarbeit mit Wissenschaftlichen Mitarbeitern die Diplomarbeiten in die Forschungsarbeit zu integrieren. Insbesondere die guten Absolventen wurden damit die Basis für engagierte Wissenschaftliche Mitarbeiter. Dies wiederum hat die Professoren motiviert, diese Themen in Forschung und Entwicklung weiter auszubauen. Hier zeigt sich deutlich, daß eine Gruppe, die offiziell am Modellvorhaben nicht beteiligt wurde, aus systemischer Sicht immer einen Einfluß hat.

Die formelle Nichtbeteiligung der Verwaltung am Organisationsentwicklungsprozeß war kontraproduktiv. Auch hier zeigt sich, daß alle Systemelemente den Prozeß beeinflussen. Bis heute hat die Forschung Schwierigkeiten, von der Verwaltung akzeptiert zu werden. Die für die Forschung und Entwicklung notwendigen Verwaltungsprozesse laufen äußerst langsam (bürokratisiert) und mit wenig Verständnis für die besondere Situation von risikobehafteten Forschungs- und Entwicklungsprojekten. Interessanterweise gibt es Ausnahmen, z.B. eine Sachbearbeiterin, die aus der Forschung in die Verwaltung gewechselt ist. Sie hat ein gutes Verständnis für die Probleme. Die Ausgrenzung der Verwaltung vom Entwicklungsprozeß hat einen negativen Einfluß auf die Verzahnung von Forschung und Entwicklung mit der Verwaltung. Die Zusammenarbeit mit der Verwaltung muß in hohem Maße verbessert werden.

Der Erfolg, so ist bei diesem Modellvorhaben deutlich geworden, hängt im wesentlichen von einer systemischen Sichtweise und dabei insbesondere von der Beteiligung aller relevanten Systemelemente und der Berücksichtigung ihrer subjektiven Deutungen ab. Eine Ausgrenzung von vermeintlich nicht relevanten oder unliebsamen Systemelementen ist aus einer systemischen Sichtweise nicht möglich. Deren Einfluß zeigt sich dann immer durch unvermutete Wirkungsweisen. Dies heißt letztendlich, daß der Erfolg einer systemischen Organisationsentwicklung von der Kompetenz der „Macher" in diesem Prozeß abhängt.

# Literaturverzeichnis


ARGYRIS, CH/SCHÖN, D.A.: Organizational Learning: A Theory of Action. Perspective, Reading (Mass.) 1991.

BARTELS, CH.: Lean Production. Köln 1992.

BERNE, E.: Spiele der Erwachsenen. Reinbek 1970.

BLOMBERG, P. v. (Hrsg.): Weiterbildung im Wandel. Hamburg 1987.

BMW AG: Rahmenbetriebsvereinbarung der BMW AG zur pilothaften Einführung von Neuen Arbeitsstrukturen. 1991.

BMW Werk Regensburg, Betriebsrat: Neue Arbeitsstrukturen. Broschüre 1994.

BÖSENBERG, D./METZEN, H.: Lean Management. Landsberg 1993.

BOLBRÜGGE, G.: Projektarbeit verändert die Kultur im Unternehmen. In: Computerwoche 36/37, 1990.

BOY, C. u.a.: Projektmanagement, Grundlagen-Methoden und Techniken-Zusammenhänge. Bremen 1994.

BUNDESVEREINIGUNG DER DEUTSCHEN ARBEITGEBERVERBÄNDE (Hrsg.): Möglichkeiten zur Ermittlung des Weiterbildungsbedarfs im Betrieb. Köln 1988.

BURGHARDT, M.: Projektmanagement. Berlin/München (2. Aufl.) 1993.

CHIN, R./BENNE, K.: General strategies of effecting change in human systems. In: BENNIS, W./BENNE, K./CHIN, R.: The planning of change. New York 1970, S. 32-59.

DAENZER, W.F. (Hrsg.): Systems Engineering: Leitfaden zur methodischen Durchführung umfangreicher Planungsvorhaben. Zürich 1988.

DELL, P.: Klinische Erkenntnis. Dortmund 1986.

DYBOWSKI, G./HERZER, H.: Bildungsbedarfsermittlung als Schnittstelle zwischen Arbeitsstrukturierung und Qualifizierung. In: DYBOWSKY, G. (Hrsg.): Strategien qualitativer Personal- und Bildungsplanung bei technisch-organisatorischen Innovationen. Neuwied 1989.

DYBOWSKI, G. u.a. (Hrsg.): Strategien qualitativer Personal- und Bildungsplanung. Neuwied 1989.

FATZER, G/ECK, C.D.: Supervision und Beratung. Köln 1990.

FLICK, U.: Qualitative Sozialforschung. Reinbek 1995.

GAGNÉ, R.: Die Bedingungen des menschlichen Lernens. Hannover (5. Aufl.) 1980.

GASSNER, M.: Bildungsbedarfsermittlung. Grundsätze und Methoden. In: NEUBAUER, R.v.; ROSENSTIEL, L.v. (Hrsg.): Handbuch der angewandten Psychologie. München 1980, Bd. 1, S. 250-262.

GEIßLER, H.: Grundlagen des Organisationslernens. Weinheim (2. Aufl.) 1995.

GEIßLER, H. (Hrsg.): Neue Qualitäten betrieblichen Lernens. Frankfurt 1992.

GLASL, F.: Strategien zur Veränderung der Gesellschaft. In: Der Christ in der Welt. Stuttgart 1972, S. 53-73.

GLASL, F./LIEVEGOED, B.: Dynamische Unternehmensentwicklung. Stuttgart 1993.

GLASL, F.: Konfliktmanagement. Stuttgart 1990.

GLASL, F.: Verwaltungsreform durch Organisationsentwicklung. Bern/Stuttgart 1983.

GÖTZ, K./HÄFNER, P.: Didaktische Organisation von Lehr- und Lernprozessen. Weinheim (3. Aufl.) 1994.

GORDON, TH.: Die neue Familienkonferenz. Hamburg 1993.
GOTTSCHALL, D.: Von 152 auf 110 Sekunden. In: Manager Magazin 12/1994, S. 239-247.
GREIF, S.: Bildungsbedarfsanalyse und Definition neuer Aufgaben. In: GREIF, S./KURTZ, H.-J. (Hrsg.): Handbuch Selbstorganisiertes Lernen. Göttingen 1996, S. 197-209.
GROCHOWIAK, K.: Das NLP-Practitioner-Handbuch. Paderborn 1995.
GROEBEN, N. u.a.: Forschungsprogramm Subjektive Theorien. Tübingen 1988.
HESSE, H.: Siddhartha. Frankfurt 1974.
HOCHSCHULE FÜR TECHNIK UND WIRTSCHAFT DES SAARLANDES: Abschlußbericht zum Modellvorhaben SAFF.1992.
HOFFRITZ, J.: Einmal im Monat. In: Wirtschafts Woche Nr. 44/1994, S. 108-110.
KÖNIG, E./VOLMER, G.: Systemische Organisationsberatung. Weinheim (6. Aufl.) 1999.
KÖNIG, E./ZEDLER, P. (Hrsg.): Bilanz qualitativer Forschung. Weinheim 1995 (2 Bde.).
KÖNIG, M./RIEKER, J.: Sand im Getriebe. In: Manager Magazin 12/1994, S. 234-239.
KREIBISCH, R.: Die Wissenschaftsgesellschaft. Frankfurt 1986.
KRYSTEK, U./MÜLLER-STEWENS, G.: Frühaufklärung für Unternehmen. Stuttgart 1993.
LAMNEK, S.: Qualitative Sozialforschung Bd. 2: Methoden und Techniken. München (2. Aufl.)1993.
LANGMAAK, B./BRAUNE-KRICKAU, M.: Wie die Gruppe laufen lernt. München (5. Aufl.) 1995.
LEITER, R.: Neuere Ansätze der individuellen Bedarfsanalyse am besonderen Beispiel von Assessment-Center und Führungsstilanalyse. In: BLOMBERG, P. v. u.a. (Hrsg.): Weiterbildung im Wandel. Hamburg 1987.
LITKE, H.-D.: Projektmanagement. München/Wien (2. Aufl.) 1993.
MANAGEMENTCENTER VORARLBERG: Aktionshandbuch OE-Prozesse initiieren und gestalten.1988.
MAYRING, P.: Qualitative Inhaltsanalyse. Grundlagen und Techniken. (4. Aufl.) Weinheim 1993.
MÜLLER, H.-J./STÜRZL, W.: Dialogische Bildungsbedarfsanalyse. In: GEIßLER, H. (Hrsg.): Neue Qualitäten betrieblichen Lernens. Frankfurt 1992.
OLESCH, G.: Die Personalentwicklung und ihre Aufgaben in einer Unternehmung. In: Personal, 40/1988, S. 122-127.
PAUTZKE, G.: Die Evolution der organisationalen Wissensbasis. Herrsching 1989.
REINHARDT, R.: Das Modell der organisationalen Lernfähigkeit und die Gestaltung lernfähiger Organisationen. Frankfurt (2. Aufl.) 1995.
RIECKMANN, H.: Was ist „Organisationsentwicklung" und wo kann sie was leisten? In: Grundsätze und Leitbilder der GOE e.V. 1983, S. 151-155.
ROBINSOHN, S.B.: Bildungsreform als Revision des Curriculum und ein Strukturkonzept für Curriculumentwicklung. Neuwied (3. Aufl.) 1971.
RUSTEMEYER, R.: Praktisch-methodische Schritte der Inhaltsanalyse. Eine Einführung am Beispiel der Analyse von Interviewtexten. Münster 1992.
SATTELBERGER, T.: Die lernende Organisation. Wiesbaden 1991.
SCHELLE, H. u.a.: Projekte erfolgreich managen. Köln 1994.
SCHLEGEL, L.: Die Transaktionsanalyse. Tübingen/Basel (4. Aufl.) 1995.
SCHOLZ, CH.: Personalmanagement. München 1989.
SCHULER, H./FUNKE, U.: Diagnose beruflicher Eignung und Leistung. In: SCHULER, H. (Hrsg.): Lehrbuch Organisationspsychologie. Bern 1993, S. 253-283.
SCHULZ VON THUN, F.: Miteinander reden: Störungen und Klärungen. Reinbek 1981.
SCOTT-MORGAN, P.: Die heimlichen Spielregeln: die Macht der ungeschriebenen Gesetze im Unternehmen. Frankfurt/M. (2.Aufl.) 1995.
SENGE, P.: Die fünfte Disziplin. Stuttgart 1995.
SERVATIUS, H.G.: Vom strategischen Management zur evolutionären Führung. Stuttgart 1991.
SONNTAG, K.: Lernen im Unternehmen. München 1996.
STEWART, I./JOINES, V.: Die Transaktionsanalyse. Freiburg 1990.
STÜRZL, W.: Lean Production in der Praxis. Paderborn 1993.

TREBESCH, K.: Wieviel Weiterbildung verträgt ein Unternehmen? In: Organisationsentwicklung. Köln 2/1993, S. 46-47.
ULRICH, H./PROBST, G.J.B.: Anleitung zum ganzheitlichen Denken und Handeln. Bern/Stuttgart 1988.
VOPEL, K.W.: Interaktionsspiele. Hamburg 1990.
WATZLAWICK, P. u.a.: Menschliche Kommunikation. Formen, Störungen, Paradoxien. Bern 1969.
WATZLAWICK, P.: Wie wirklich ist die Wirklichkeit? München (17. Aufl.) 1992.
WEINBERGER, S.: Klientenzentrierte Gesprächsführung. Weinheim (5. Aufl.) 1994.
WEINERT, A.B.: Lehrbuch der Organisationspsychologie. München (2. Aufl.) 1987.
WILLKE, H.: Systemtheorie. Stuttgart 1994, Bd. 1 und 2.
WIRTZ, T./MEHRMANN, E.: Effizientes Projektmanagement. Düsseldorf/Wien 1992.

# Die Autorinnen undAutoren

**Gisela Bolbrügge**, Jahrgang 1954, Dipl.-Pädagogin und Dipl.-Volkswirt; arbeitet nach langjähriger Industriepraxis im In- und Ausland als selbständige Beraterin und Trainerin in Neufahrn bei München. 1997 Promotion zum Dr. phil. mit einer Forschungsarbeit auf dem Gebiet „Selbstorganisation sozialer Systeme". Arbeitsgebiete: Teamentwicklung, Kommunikations- und Handlungstraining, Management-Training, Projekt-Training.
Anschrift: Albert-Einstein-Str. 8, 85375 Neufahrn

**Markus Brust**, Jahrgang 1964, studierte Betriebswirtschaftslehre und Betriebspädagogik. Als Gründungsmitglied des Berater- und Trainerteams SynCom (1990) arbeitet er seitdem mit den Schwerpunkten Organisations- und Teamentwicklung, Train-the-Trainer-Qualifikation sowie Projekt- und Konfliktmanagement für unterschiedlichste Unternehmen.
Anschrift: Am Edelspfad 12, 61169 Friedberg

**Axel Hillbrink**, Jahrgang 1960, studierte Mathematik und Pädagogik. Mitarbeit an verschiedenen Forschungsprojekten. Seit 10 Jahren freiberufliche Tätigkeit mit den Schwerpunkten Entwicklung von Bildungskonzeptionen, Führungskräfte-Trainings, Teamberatung und Unternehmensentwicklung. Lehrauftrag an der Universität Paderborn.
Anschrift: Fingerhutweg 19, 33651 Bielefeld

**Jutta Honikel**, Jahrgang 1955, Diplom-Volkswirtin, ist nach langjähriger Praxis als Analystin und in der Weiterbildung in den Bereichen Organisation und Systemanalyse in der Organisationsabteilung einer Großbank tätig. Sie arbeitet u.a. als Projektleiterin, seit 1995 als interne Beraterin für strategische Konzeptentwicklungen und Veränderungsprojekte.
Anschrift: Königsteinerstr. 41, 65719 Hofheim

**Christoph Janke**, Jahrgang 1931, studierte von 1952-1957 Bergbauwissenschaften an den Technischen Universitäten Clausthal und Berlin. Als Assessor des Bergfachs war er von 1961-1992 in verschiedenen Führungspositionen im Steinkohlenbergbau tätig, zuletzt als Werksleiter eines Bergwerks der RAG.
Anschrift: Helgolandring 17, 45149 Essen

**Eckard König**, Jahrgang 1944, Studium in Philosophie, Psychologie, Erziehungswissenschaft und Betriebswirtschaftslehre, 1969 Promotion zum Dr. phil., 1976 Habilitation mit einer Arbeit über Grundlagen der Sozialwissenschaften. Seit 1976 Professur an der Universität Paderborn. Arbeitsschwerpunkte: Systemische Organisationsberatung, Weiterbildung, Forschungsmethoden der Sozialwissenschaft. Langjährige Erfahrung in den Bereichen Organisationsentwicklung, Coaching, betriebliche Weiterbildung.
Anschrift: Universität Paderborn, Warburger Str. 100, 33095 Paderborn

**Helmut Kutschbach**, Jahrgang 1955, Studium der Betriebspädagogik, war viele Jahre für ein großes deutsches Kreditinstitut, zuerst im operativen Geschäft, dann in der Stabsabteilung „Bil-

dungspolitik/Führungsausbildung“, tätig. Für Wirtschaft und Verwaltung führt er in seinem eigenen Unternehmen seit Jahren Bildungs- und Unternehmensberatungen und die dazugehörigen Trainingssequenzen durch. Außerdem Beratung und Betreuung von Kindern, Jugendlichen und Erwachsenen bei Lernschwierigkeiten und -blockaden im Rahmen ganzheitlicher Bildungsarbeit.
Anschrift: Usinger Str. 58, 61440 Oberursel/Ts.

**Jochen Lindig**, Jahrgang 1950, studierte Erziehungswissenschaften und Psychologie, war u.a. als Bildungsreferent für das Deutsche Jugendherbergswerk (DJH) tätig. Als freiberuflicher Trainer und Berater einer Unternehmensberatung verfügt er über langjährige Erfahrung in den Bereichen Beratung und Training von Wirtschaftsunternehmen und sozialen Einrichtungen (Non-Profit-Organisationen).
Anschrift: Im Höhngesgarten 23, 51491 Overath

**Peter Nieborg**, Jahrgang 1946, Studium der Elektrotechnik und Betriebspädagogik, 15 Jahre Führungskraft in der Industrie in den Bereichen Personal-, Organisations- und Arbeitsorganisationsentwicklung, davon vier Jahre in Asien. Selbständiger Unternehmensberater mit den Schwerpunkten KVP und Gruppenarbeit.
Anschrift: An der Isar 4, 82049 Großhesselohe

**Ulrich Plattmann**, Jahrgang 1949, absolvierte eine Ausbildung als Industriekaufmann. Studium der Betriebswirtschaft. Ausbildung zum Systemischen Organisationsberater. Tätig bei SNI als Leiter der Nachwuchsförderung in der Ausbildung und als Trainer von Führungskräften mit mehr als 10-jähriger Trainings- und Führungserfahrung.
Anschrift: Verner Str. 6, 31154 Salzkotten

**Franziskus Sauer**, Jahrgang 1954, studierte an verschiedenen Hochschulen Wirtschaftsingenieurwesen und Erziehungswissenschaften. Nach mehreren Jahren in der freien Wirtschaft und in der Bildungsplanung eines Ministeriums seit 1989 Forschungskoordinator der Hochschule für Technik und Wirtschaft des Saarlandes.
Anschrift: Saargemünder Str. 7, 66130 Saarbrücken

**Ludwig Stehberger**, Jahrgang 1952. Ausbildung als Maschinenschlosser und Maschinenbau-Techniker. Studium der Erziehungswissenschaften, Psychologie und Soziologie. Seit 1976 bei der BMW AG München beschäftigt, davon 12 Jahre auf den Gebieten Lernstatt, Organisationsentwicklung und Führungstraining tätig. Heute Leiter der beruflichen Grundausbildung (Erstausbildung).
Anschrift: Ebereschenstr. 28, 80935 München

**Gerda Volmer**, Jahrgang 1956, Studium der Erziehungswissenschaft, Psychologie und Betriebswirtschaftslehre an den Universitäten Paderborn und Hagen. 1989 Promotion an der Universität Hagen mit einer Untersuchung über Kommunikationsstrukturen. Nach mehreren Jahren Projektleitertätigkeit seit 1985 Leiterin des Wissenschaftlichen Instituts für Beratung und Kommunikation Paderborn. Arbeitsschwerpunkte: Durchführung von OE-Projekten, Teamentwicklung, Projektmanagement, Coaching. Lehrauftrag an der Pädagogischen Hochschule Erfurt.
Anschrift: Neuhäuser Str. 108, 33102 Paderborn

**Siegfried Ziegler**, Jahrgang 1957, Studium der Psychologie und Elektrotechnik, war 4 Jahre als EDV-Dozent in einem Berufs-Bildungsinstitut tätig; von 1988 bis 1990 Führungstrainer und Lernstatt-Promotor, von 1990 bis 1992 Organisationsentwickler bei BMW München. Seit 1992 Referent für Bildung und Organisationsentwicklung im BMW Werk Regensburg; ab 1995 freiberuflich als Berater und Trainer tätig.
Anschrift: Andreasstr. 17c, 93059 Regensburg

**Manfred Zink**, Jahrgang 1954, studierte an verschiedenen Universitäten Personalwirtschaft, Betriebspädagogik und Erziehungswissenschaften. Er ist seit Jahren im Industrie- und Dienstleistungssektor in den Bereichen Personal- und Organistionsentwicklung tätig. Seit 1993 Lehrauftrag an der Hochschule für Wirtschaft und Technik des Saarlandes.
Anschrift: Ahornring 27d, 61191 Rosbach